DONAU-AUEN
Naturreichtum im Nationalpark

Werner Gamerith

Mit Beiträgen von Bernd Lötsch
und Reinhold Gayl

Tyrolia-Verlag · Innsbruck-Wien

INHALT

BERND LÖTSCH: Über den Autor SEITE 10

AUEN: Land im Fluß SEITE 15

AUENDYNAMIK: Die Kraft des Wassers und des Lebens SEITE 31

WASSER: Gleichnis, Stoff und Raum des Lebens SEITE 55

AUWALD: Dschungel mit Pausen SEITE 87

AUWIESEN: Heißländen, Trockenrasen und Naßwiesen SEITE 125

ERDGESCHICHTE: Schicksal und Spuren eines Stromes SEITE 149

INSELBERGE: Vom Reichtum des Ödlandes SEITE 161

MARCHAUEN: Wasserwald und Wasserwiesen SEITE 193

NATIONALPARK: Entwicklung, Probleme, Zugänge SEITE 219

Übersichtskarte SEITE 250

Quellen SEITE 262

Literatur SEITE 263

Register SEITE 266

Statt eines Vorwortes:
ÜBER DEN AUTOR

Seite 4/5:
Ein trockengefallener Seitenarm bei Schönau wurde Fischen zur Falle und Reihern zum Frühstückstisch.

Seite 8/9:
Hunger nach Licht und Angriffe von Hochwässern lassen die Uferweiden in der Regelsbrunner Au das Gewässer förmlich überwölben.

Seite 12/13:
In strömungsberuhigten Bereichen wie unterhalb dieser Insel bei Orth werden Ufer immer wieder umgelagert und bieten so Lebensraum für Kiesbewohner.

Werner Gamerith ist studierter Kulturtechniker, lebt mit seiner Frau auf einem abgeschiedenen Bauernhof und ernährt sich vom Kunsthandwerk, sowie aus dem eigenen Biogarten. Die meiste Zeit aber widmet er der Ökopublizistik und Naturfotografie. Gamerith ist Träger des Konrad-Lorenz-Preises, den der Umweltminister jährlich für überragende Leistungen im Naturschutz vergibt. Er erhielt den Preis gemeinsam mit seiner Frau Tatjana, der natursensiblen Malerin, im Juni 1984, unter dem damaligen Thema „Ökologie und Kunst".

In der Begründung der Jury hieß es: Das Künstlerpaar Gamerith hat durch sein Werk und sein unangepaßtes Leben den Inbegriff einer „ländlichen Gegenkultur" verwirklicht, eine Zweipersonenavantgarde gegen den Hauptstrom einer alles nivellierenden globalen Urbanzivilisation.

Werner Gamerith war es auch, der uns bereits in den frühen 70er Jahren durch seine Schriften und Rundfunksendungen (gemeinsam mit Gernot Graefe) auf den biologischen Landbau als umfassende Alternative aufmerksam machte. Er durchschaute früher als die meisten Zeitgenossen die eingebildete Energiekrise unserer tumben Verschwendungswirtschaft und war daher sehr rasch imstande, die geplante Ersäufung des mittleren Kamptales für aufwendige hydroelektrische Speicher auch energiepolitisch in Frage zu stellen. Sein Engagement für den Tiroler Lechfluß und die großartigen Menschen, die er hier traf, war die konsequente Weiterführung seiner Arbeit. Nach den bewegenden Ton-Dia-Serien und Büchern über das Kamptal und das Lechtal ist Gameriths vorliegendes Buch, an dem er zehn Jahre lang als Gast unseres Nationalparkinstitutes arbeitete, ein weiterer Höhepunkt in seinem Schaffen.

Werner Gamerith ist für mich einer der überzeugendsten Vordenker und Praktiker des Wertewandels an der Jahrtausendwende. Seine Fotos und Texte vermitteln nicht nur eine Fülle von Information und den Zauber der Wildnis. Sie erschließen auch Zugänge zu ökologisch-ganzheitlichem Denken, zu einer behutsameren Behandlung unserer Mitwelt und zu einem bewußteren Verhältnis zur Wirklichkeit.

Dieser Bildband vermag zu begeistern. Nicht nur für die Donau-Auen.

Univ.-Prof. Dr. Bernd Lötsch
Direktor des Naturhistorischen
Museums Wien und der
Nationalparkakademie
Donau-Auen

Werner Gamerith (Mitte) gemeinsam mit Friedensreich Hundertwasser bei der Au-Besetzung im Dezember 1984

HEUTE WÄRST DU AUCH DABEI

Die Besetzung der Stopfenreuther Au bei Hainburg im Dezember 1984

*Eiskalte Tage, endlose Nächte
lagerten wir in der Au am Strom,
solidarisch mit der Wildnis
gegen Bagger, Beton und Profit.
Wir türmten Fallholz zu Barrikaden,
am Feuer teilten wir Tee und Brot.*

*Wir hatten uns noch nie gesehen,
doch sagten wir gleich „du" zueinander.
Frei waren wir, gleich und geschwisterlich,
Tausende junge Herzen im Wald,
zitternd vom Nachtfrost, von Ärger und Angst
vor den Knüppeln und Stiefeln der Polizei.*

*Doch das Opfer war sinnvoll, das Recht war bei uns,
und unter uns Freundschaft und Liebe.
Wir strahlten uns im Vorbeigehen an,
als ob aus unseren Augen bereits
die fernen Enkel glücklich lächeln,
für deren Welt wir gewaltlos kämpften.*

*Nie werden wir dies Strahlen vergessen,
es war das gemeinsame Zeichen
in unseren erfrorenen Gesichtern.
Fast schöner noch als unser Sieg
war in der Kälte des Dezember
die Wärme der Verbundenheit.*

Werner Gamerith

AUEN
Land im Fluß

Auen sind die Landschaftsformen und Lebensgemeinschaften auf Ablagerungen im Hochwasserbereich von Fließgewässern. Je nach Klima, Substrat und Überflutungshäufigkeit können Auen sehr verschieden aussehen. Gemeinsam ist ihnen ihre Abhängigkeit vom Fluß, der sie einerseits mit Wasser und Nährstoffen versorgt, andererseits bei hohen Wasserständen immer wieder umgestaltet. Bei solchen Ereignissen gehen unzählige Tiere und Pflanzen zugrunde. Ganze Uferbereiche können unterspült und mit dem daraufstehenden Wald abgetragen werden, andere Stellen werden mit Schlamm und Schotter zugedeckt, Gerinne verlagern sich. Das Land im Fluß ist selber im Fließen, jedes größere Hochwasser modelliert an ihm und läßt es verändert wieder auftauchen.

Veränderung ist ein Gesetz allen Lebens und jeder Landschaft, selbst Gesteine, Gebirge und der gesamte Kosmos unterliegen ihr. Einem Baum, einem Wald können wir ein Menschenleben lang zusehen, wie er heranwächst, wie sich darunter Schatten, Klima und Bewuchs verändern. Von den Alpen wird in hundert Millionen Jahren nicht mehr viel übrig sein, falls sie nicht erneut gehoben werden, aber auch dann würden wir sie nicht wiedererkennen. Sogar die ewig scheinende Sonne wird in etlichen Jahrmilliarden ausgebrannt sein. Ende und Änderung ist in allem, Unterschiede gibt es nur in den Zeithorizonten.

Die Erkenntnis, daß alle Dinge im Flusse sind, hat bereits vor zweieinhalb Jahrtausenden Heraklit in Ephesos in die Worte „panta rhei" gefaßt. Er erklärte, daß der Widerspruch von Werden und Vergehen, Aufbau und Zerstörung bei aller Dissonanz letztlich eine Harmonie bewirkt, welche wir bewundern, aber kaum begreifen können. Uns Menschen ist dieses Naturgesetz der Veränderlichkeit unheimlich. Da wir es bestenfalls mildern, aber nicht ausschalten können, verdrängen wir es gerne aus unserem Bewußtsein und reagieren dann mit Bestürzung auf so selbstverständliche Dinge wie Pannen, Krankheiten oder Todesfälle. Offensichtlich können wir ohne das kindliche Urvertrauen in die Sicherheit unserer Umwelt, ohne die trügerische Hoffnung, daß uns nichts passieren wird, nicht leben. Andererseits scheinen wir für ein wirklichkeitsnahes Wertebewußtsein persönliche Erschütterung und Betroffenheit nötig zu haben. Vieles schätzen und schützen wir erst, wenn es verlorengeht. Um fröhlich und dankbar, liebevoll und menschlich zu werden, muß uns erst so mancher schmerzliche Abschied beibringen, daß das einzig Beständige der Wandel ist.

Solche Einsichten vermittelt uns auch die Beobachtung der Natur. Besonders die Wildnis fasziniert wegen der Schönheit einer Welt, die nicht von Menschen gemacht ist. Das unmittelbare Erleben ihrer übermächtigen Gewalten läßt uns körperlich, geistig und seelisch die eigenen Möglichkeiten und Grenzen erfahren. Ihre manchmal stetige, manchmal von Katastrophen begleitete Entwicklung führt uns die gestaltenden Kräfte der Schöpfung vor Augen. Keine Landschaft unserer Heimat verändert sich so schnell und eindrucksvoll wie die Au.

Nach jedem Hochwasser tauchen frische Kiesbänke zwischen den Weideninseln bei Orth auf und werden von ersten Pioniergewächsen besiedelt.

Die Stopfenreuther Au, vom Braunsberg gesehen. Mitten in dieser besonders ursprünglichen Au war das Donaukraftwerk Hainburg geplant und wurde durch die Aubesetzung im Dezember 1984 verhindert.

Die Spiegelschwankungen des Flusses schwingen unterirdisch im Grundwasserstrom mit und lassen den flußfernsten Altarm oder Autümpel schwellen und schwinden. Die amphibischen Waldgesellschaften werden von Überflutungen und Trockenphasen geprägt. Die wirksamste Kraft ist aber die Bewegungsenergie des Wassers. Sie wächst mit der Geschwindigkeit und diese wieder mit Gefälle und Tiefe eines Fließgewässers. Die Wasserkraft, mit der ein Fluß seine eigenen Ablagerungen immer wieder umgestaltet, ist wesentlich für eine vitale Au. Denn sie schafft offene Standorte und Strukturen, die für viele Lebewesen wichtig sind, räumt verlandende Stillgewässer wieder aus und hält die Poren des Untergrundes für den Luft- und Wasseraustausch offen. Die Dynamik der wechselnden Wasserführung und ihrer Folgen ist der Schlüssel zum Verständnis einer Au.

Die von Hochwässern bewegten Schwebstoffe, Sande und Schotter sind der Stoff, aus dem die Auen sind. Die Tätigkeit des Flusses ließ diese besondere Landschaft mit ihren vielfältigen Lebensgemeinschaften entstehen und erhält sie. Zwischen Nieder- und Hochwasserständen ist sie abwechselnd trocken und untergetaucht, voll von üppigem Wachstum oder wüsten Zerstörungen.

Bevor seit ein bis zwei Jahrhunderten ein systematischer Flußbau die Hochwasserbetten unserer Tieflandflüsse immer mehr einengte, waren solche Landschaften im Fluß nichts Ungewöhnliches. Nach dem inten-

Nur in der innigen Verbindung mit einem Fluß kann der urtümliche Charakter der Auen dauerhaft erhalten bleiben: Donauarm bei Schönau.

siven Wasserkraftausbau im zwanzigsten Jahrhundert sind in Mitteleuropa nur mehr wenige ökologisch intakte Aureste übrig. Der größte davon sind die fünfzig Kilometer langen, 11.500 Hektar großen Donau-Auen zwischen Wien und der Grenze zur Slowakei, von denen im Jahr 1996 vorerst 9300 Hektar Nationalpark wurden. An sie schließen sich nördlich von Hainburg die Auen an der March und an der Thaya an. Diese Stromlandschaft ist zwar nicht unberührt, sondern vom Menschen genutzt und verändert. So zwang die Regulierung den unsteten Lauf der Donau in ein festes Bett und die Hochwässer hinter den Marchfeldschutzdamm. Entlang beider Ufer ist aber Platz für eine große Au geblieben, in der die Dynamik von Fluß- und Grundwasser noch wirksam ist und die Voraussetzungen für paradiesische Lebensvielfalt erhält.

In allen übrigen Donauebenen Österreichs ist diese lebensspendende Verbindung von Fluß und Au durch dichte Dämme entlang von Kraftwerksstauräumen weitgehend ausgeschaltet. Die kontrollierte Dotation eines Gießganges in der Stockerauer Au kann niemals die Wirkung von Hochwässern ersetzen. Selbst im überflutbaren Machland an der Stauwurzel des Kraftwerks Ybbs-Persenbeug führen die Hochwässer statt zu Räumungen von Nebengewässern zu deren Verschlammung. Die feuchten Wälder entlang solcher Flußstaue werden einförmiger, weil sie von der Flußdynamik abgeschnitten sind.

Die Donauregulierung vor hundert Jahren war ein weniger einschneidender Eingriff in das Gefüge der Au als der Bau der Stauhaltungen in der zweiten Hälfte des zwanzigsten Jahrhunderts. Buhnen und Traversen aus Bruchsteinen haben zwar die einstigen Inseln zugänglich gemacht und verbunden. An flachen Donauufern sind dafür im Strömungsschatten von Querwerken neue Inseln entstanden, welche den charakteristischen Abtragungs- und Anlandungsvorgängen unterliegen. So enthält unser Gebiet trotz starker Verluste von Wasser- und Schotterflächen immer noch alle Strukturen und Lebensgemeinschaften einer Stromau und vermittelt einen großartigen Eindruck dieser von Wasser- und Lebenskraft strotzenden Wildnis.

Das Instrument des Nationalparks ermöglicht es, die manchmal widerstreitenden Interessen von Forst und Jagd, Erholung und Fischerei der Erhaltung und Wiederherstellung der Natur unterzuordnen. Im Schutzkaufgebiet des World Wide Fund for Nature (WWF) bei Regelsbrunn hat man bereits vor der Nationalparkgründung beispielgebend damit begonnen. Dort werden nicht nur monotone Hybridpappelkulturen wieder in standortgemäße Wälder umgewandelt, der Angelsport und die Jagd reduziert. Auch das Gewässersystem wurde wieder stärker an die Donau angebunden. Die naturnähere Gestaltung der Wasserstraße im Nationalpark ist in diesem Ausmaß bislang einmalig in Europa und findet internationale Beachtung.

Schotter – durch oberhalb gelegene Staue zurückgehalten – wird dennoch erst seit kurzer Zeit beim Ausbaggern der Schiffahrtsrinne nicht aus dem Fluß entfernt, sondern zur Gestaltung eines naturnahen Flußlebensraumes verwendet.

Rechts oben: Im Zuge der Gewässervernetzung wurde die Mitterhaufentraverse in der Regelsbrunner Au abgesenkt und durchlässiger gemacht. Die verstärkte Dynamik ist an frischen Schotterbänken zu sehen.

Rechts: Seit der Regulierung im neunzehnten Jahrhundert sind die Inseln durch befestigte Traversen zugänglich. Die Folge war ein deutlicher Verlust von Wasser- und Schotterflächen.

Eine Gefahr für die Au stellt die Eintiefung der Donau dar. Der Flußbau hat mit der Einengung des Donaubettes die Fließgeschwindigkeit erhöht und dadurch die Sohlerosion verstärkt. In den oberhalb errichteten Sturäumen bleibt Schotter wegen der verminderten Schleppkraft liegen, wird ausgebaggert und fehlt in unserem Donauabschnitt. Schließlich wurde auch zwischen Wien und Hainburg Kies aus der Donau gebaggert.

Die Vernetzung von Strom und Nebengewässern mittels Durchlässen und Absenkungen von Traversen und Ufern verlagert jetzt bei höheren Wasserständen einen Teil der Erosionskraft des Stromes in die Au. Der natürliche Gerölltrieb von 300.000 Kubikmeter pro Jahr läßt sich nicht wieder herstellen, aber

Auf der Südseite wird die Au von einem steilen Hochufer begrenzt, das den tiefstgelegenen Buchenwald Österreichs trägt: Seehöhe 150 bis 180 Meter.

die Zugabe von Grobschotter wird die Stromsohle stabilisieren. Und die Unterbrechung von hart verbauten Uferlinien durch vorgelagerte Kieshaufen garantiert neben Flachwasserzonen auch eine ausreichende Spiegelhöhe für die Schiffahrt. Diesen Durchlässen in der Regelsbrunner Au sollen weitere Gewässervernetzungen folgen. Auch für die außerhalb des Schutzdammes gelegene Lobau wird ein Anschluß an die Donau vorbereitet. Der Nationalpark muß erst wachsen. Damit sein hohes Naturpotential zur vollen Entwicklung kommen kann, bedarf es eines behutsamen Managements, eines ständigen Lernens und Anpassens. Da niemand im einzelnen wissen kann, was in der Au passieren wird, ist die Zusammenarbeit von Naturschutz, Wasserbau und Wissenschaft auch ein spannendes Experiment.

Während die überflutbare Au zum Marchfeld durch den Hochwasserschutzdamm künstlich begrenzt wird, findet sie an der Südseite ein natürliches Ufer an einer steil hochragenden Böschung. Sande aus dem Tertiärmeer und verwitterte grobe Quarzschotter, welche die Donau in einer frühen Eiszeit darüber abgelagert hat, sind hier vom Strom angeschnitten und bauen eine bis zu vierzig Meter hohe Geländestufe auf. Die flußnahe und dennoch hochwassersichere Kante war seit Menschengedenken ein beliebter Siedlungsplatz – vom römischen Legionslager Carnuntum über Schloß Petronell bis zum Marktflecken Fischamend und Bauern- oder Fischerdörfern wie Maria Ellend, Haslau, Regelsbrunn und Wildungsmauer.

Quellhorizonte sorgen für Abwechslung im Gelände und Pflanzenkleid des Hochufers, aus dem im Mai der blühende Bärlauch leuchtet.

Dieses Hochufer trägt in manchen Bereichen einen ursprünglichen Wald, die tiefstgelegene Buchenwaldgesellschaft Österreichs. Das schattige Lokalklima des Nordhanges kommt ihren Ansprüchen entgegen. Charakteristische Begleitkräuter der Buche wie das Christophskraut und der im späten Frühling blühende Waldmeister kennzeichnen eine Pflanzengesellschaft, die uns eher an den Wienerwald denken läßt. Unmittelbar neben Weiden- und Eschenauen können wir da die Unterschiede zwischen Au- und Buchenwäldern beobachten. Beispielsweise bildet die goldene Färbung der Buche im Herbst einen auffallenden Kontrast zu den Auen, in denen sich leuchtende Herbstfarben auf die Strauchschicht beschränken.

Kleine Rinnsale gliedern mit ihren Gräben die Stufe. Die Hangquellen, welche sie speisen, sorgen ab und zu sogar für Erdrutsche, sodaß merkwürdige Hügel im Unterhang sowie senkrechte Abbrüche unter der Oberkante eine immer noch aktive Entwicklung anzeigen. Dieser schmale Waldhang, selber keine Au, ist dennoch eine organische Grenze des Auen-Nationalparks. Seine Steilheit und seine dichte Strauchschicht bilden eine schwer zugängliche Pufferzone gegen die unmittelbar anschließende Agrarsteppe. Der dichte, von Düngezeigerpflanzen geprägte Waldmantel wirkt auch ideell wie eine schwer überwindbare Barriere zwischen gegensätzlichen Formen von Naturverständnis und Landnutzung, die allerdings durch zeitgemäße biologische Agrarverfahren zu harmonisieren wäre.

Die Fischa erreicht die Au bei Fischamend, den Donaustrom allerdings erst in einer fünf Kilometer verschleppten Mündung bei Maria Ellend.

Rechts: Vor ihrer Mündung ist die Fischa ein sanft strömender, von Seggen und Röhricht gesäumter Nebenarm der Donau.

Durch das natürliche Hochufer war von Fischamend donauabwärts nie ein Hochwasserdamm erforderlich. Die Au blieb in ihrer Ausdehnung erhalten, und die Nebenarme sind im allgemeinen stärker durchströmt als am Nordufer. Von ihnen sind die einmündenden Flüsse Schwechat und Fischa kaum zu unterscheiden. Kilometerlang schlängeln sie sich parallel zur Donau durch die Au, bevor sie in einer „verschleppten Mündung" den Strom erreichen.

Nördlich der Donau erstreckt sich die weite Ebene des Marchfeldes. Die Siedlungen am Rande der Au, mehrere Kilometer vom Strom entfernt, liegen nur wenige Meter über seinem Niveau. Große Hochwässer haben zwar auf der einen Seite die „Kornkammer Österreichs" mit Feuchtigkeit und fruchtbarem Schlamm angereichert, andererseits aber manche Ernte vernichtet und große Not in den Dörfern verursacht, bis in den Jahren zwischen 1870 und 1900 der Marchfelddamm errichtet wurde. Nahezu schnurgerade verläuft er quer durch die Au und zerstückelt Seitenarme, die seither mangels stärkerer Durchströmung allmählich verlanden. Im Bereich von Wien schließlich setzt er sich im uferbegleitenden Hubertusdamm fort und trennt den Wiener Anteil der Au, die berühmte Lobau, vollständig vom Donaustrom.

Fragen, wie man die Dammführung naturverträglicher hätte gestalten können, sind heute müßig. Wir können froh sein, daß man dem Strom so viel Überflutungsraum belassen hat. Die geplante Aktivierung der Lobauwässer sowie des Fadenbachsystems zwischen Schönau und Stopfenreuth durch kontrollierte Dotationen kann zwar aus einer abgedämmten keine dynamische Au machen, aber doch dem Land fehlende Feuchte und belebte Gewässer zurückgeben. Damit im Damm nicht durch Wurzeln Wasserbahnen entstehen können, wird er regelmäßig gemäht und hat sich zu einer Magerwiese voller Blumen entwickelt. Heute ist er ein ebenso erhaltenswerter Lebensraum wie die vielen Wiesen in der Au.

Der Hochwasserschutz und die Absenkung des Grundwassers haben neben der Pappel- und Hartholzau auf feinerdearmen Böden die Entstehung von Trockensavannen begünstigt, und die landschaftliche wie ökologische Besonderheit der Lobau liegt gerade in ihren zwischen Wäldern und Gewässern eingebetteten Trockenstandorten, die als Heißländen bezeichnet werden. Kaum eine andere Großstadt hat an ihrem unmittelbaren Siedlungsrand nicht nur einen Nationalpark aufzuweisen, sondern ein Gebiet, welches sich seit langem für so viele Arten von naturnaher Erholung bewährt – als Spielwiese für Freikörperkultur ebenso wie zum Beobachten, Entspannen oder Träumen in der Natur. Nahezu ohne Pflegeaufwand bietet diese halboffene, fast parkartige Wildnis naturbezogene Erlebnisqualitäten, wo sich der zivilisationsmüde Mensch vom Streß der Arbeitswelt ebenso erholen kann wie von der Monokultur der Freizeitindustrie.

Trockenrasen charakterisieren auch die Hainburger Berge, die im Osten an die Donau-Auen anschließen und mit dem Thebener Kogel auf slowakischer Seite die „Hainburger oder Ungarische Pforte" bilden. Durch diese verläßt die Donau unser Staatsgebiet und strebt dem ungarischen Becken zu. Die Inselberge um Hainburg erlauben einzigartige Tiefblicke auf die Auen und ihre Umgebung, sind aber selber eine Welt für sich.

Gegenüber von ihnen mündet die March, nach dem Inn der zweitlängste Nebenfluß der österreichischen Donau. Mit einem sehr geringen Gefälle ist sie im Gegensatz zur Donau ein ausgeprägter Tieflandfluß, der eher zum Schlängeln neigt als zum Verzweigen, sein Schwemmland aus wesentlich feinerem, außerdem kalkarmen Material gebildet hat und meistens im zeitigen Frühjahr über die Ufer tritt. Daher sehen auch die Auen der March anders aus als jene der Donau. Sie haben zwar längst nicht ihre Breite, aber naturnahe Wälder, Wiesen und Gewässer machen auch die Marchauen zu einem Feuchtgebiet von internationalem Rang. So grenzt der Nationalpark Donau-Auen keineswegs nur an Siedlungs- und Produktionslandschaften, sondern ist auch mit verschiedenen Lebensstätten verbunden. Daher führen nach der Beschreibung der Dynamik, der einzelnen Lebensraumtypen sowie der Erdgeschichte der Donau-Auen zwei Kapitel über die derzeitigen Grenzen des Nationalparks hinaus auf die Hainburger Berge, in die Sanddünen des Marchfeldes und die Auen der March, die alle mit ihrer spezialisierten Flora und Fauna ebenso interessant und schützenswert sind.

Die obere Lobau im Stadtbereich von Wien ist durch den Hubertusdamm vom Strom getrennt. Ihre parkartig aufgelockerten Gehölze, Gewässer und Trockenrasen bilden jedoch ohne Pflegeaufwand eine von vielen Wienern geschätzte Erholungslandschaft.

Seite 28/29: Das Glanzgrasröhricht auf jungen Ablagerungen im Haslauer Arm wurde inzwischen von einem Hochwasser wieder abgetragen.

Ein Biotopverbundsystem, welches engmaschig über die Landschaft verteilt ist, gibt vielen Arten die Möglichkeit zum Wandern, Ausweichen und genetischen Austausch mit anderen Populationen, die dann als sogenannte Nützlinge die durch Monokulturen unbeabsichtigt gezüchteten Schadorganismen kontrollieren helfen. Ebenfalls segensreich für die agrarische Umgebung ist die Luftbefeuchtung durch die riesige Blattfläche gerade bei warmem Sonnenschein und die Anreicherung des Bodens mit bewegtem Grundwasser. Luftfeuchte und Grundwasser stammen aus den Hochwässern, welche von der Au zurückgehalten und gereinigt werden.

Mit rund 700 Gefäßpflanzenarten und 5000 Tierarten beherbergt die Au für europäische Verhältnisse einmalige Genreserven. Allein als „Arche Noah" des Industriezeitalters ist sie von unschätzbarem Wert. Höchst unterschiedlich sind die Lebensräume der Donau-Auen, reichen sie doch vom Gebirgsfluß über verträumte Weiher und ausgedehnte Wälder bis zur trockenen Steppe. Viele Tiere sind Wanderer zwischen diesen Welten und führen uns so vor Augen, wie sehr es auf die kleinräumige Durchdringung der Lebensstätten ankommt. Die dabei entstehenden Saumbiotope (Ökotone) wie Ufer und Waldränder empfinden auch wir als besonders reizvoll und anziehend. Was jedoch dieser Vielfalt zugrunde liegt, sind die dynamischen Vorgänge, welche die Auen ausmachen und von anderen Landschaften unterscheiden.

AUENDYNAMIK
Die Kraft des Wassers und des Lebens

Die Formen jeder Landschaft sind das Werk verschiedenster geologisch wirksamer Kräfte. Eine der wichtigsten ist das fließende Wasser. Die Kraft des schmiegsamen Wassers ist zwar nicht zu vergleichen mit den gewaltigen Schubkräften in der Erdrinde, welche Ozeane öffnen und Gebirge auftürmen. Selbst der Angriff von Gletscherströmen ist weit wirksamer. Die relativ schwache Wasserkraft schafft dafür unablässig, Tag und Nacht, hunderte Millionen Jahre lang, unabhängig von Eiszeiten oder Gebirgsbildungsphasen. Angetrieben wird diese Wasserbewegung durch die Sonnenstrahlung, deren Wärme auf allen Meeres- und feuchten Landflächen Wasser zum Verdunsten bringt, in die Atmosphäre hebt und mit den Winden verfrachtet, bis es durch Abkühlung kondensiert und als Niederschlag zur Erde fällt. Nach verschieden langen Umwegen über Berg- oder Grundwässer speist es die Quellen unserer Fließgewässer.

Jeder Wasserlauf, vom kleinen Bach bis zum großen Strom, modelliert sein Tal auf zwei gegensätzliche Arten, nämlich durch Abtragung (Erosion) und Ablagerung (Akkumulation). Im Gebirge herrscht durch die steilen Gefällsverhältnisse naturgemäß die Erosion vor, die in standfestem Gestein tiefe Kerbtäler ausarbeitet. Daneben gibt es die Trogtäler mit ebenen Talböden, welche als nacheiszeitliche Auffüllung übertiefter Gletscherbahnen zu verstehen sind. Die ausgedehnten Ebenen der Beckenlandschaften, welche sich entlang der österreichischen Donau auf so besonders reizvolle Weise mit Durchbruchstälern abwechseln, sind ebenfalls angeschwemmte Flußschotter, -sande und -lehme.

Bei Hochwasser entwurzelte und anderswo abgelagerte Bäume illustrieren die in der dynamischen Au wirksamen Naturgewalten: Spittelauer Arm bei Stopfenreuth.

Links: Inseln können sich im durch die Regulierung beengten Strom nur im Strömungsschatten von Buhnen und sonstigen Einbauten bilden und verändern: Donau bei Regelsbrunn.

In den Donau-Auen können wir auch heute den Fluß bei seiner Arbeit beobachten. Seine Ufer sind zwar durch schwere Bruchsteine gesichert, aber Inseln im Strom und durchströmte Seitenarme verändern sich bei Hochwasser durch neue Schotterhaufen und Uferanbrüche. Obwohl das ganze Land aus abgelagertem Schwemmaterial besteht, gibt es hier auch Abtragungsvorgänge. Besonders die Prallufer an der Außenseite von Flußbiegungen sind dem Angriff der Strömung ausgesetzt, werden manchmal unterspült und zum Einsturz gebracht. Am gegenüberliegenden Gleitufer fließt das Wasser hingegen langsamer und muß mitgeführtes Geröll liegen lassen. Beide Vorgänge verursachen das bekannte Schlängeln natürlicher Flußläufe.

Bei Röthelstein unterhalb von Hainburg dürfen Wasser und Wurzeln noch um ihren Raum kämpfen und so paradiesisch anmutende Ufer gestalten.

Gebirgsflüsse mit starkem Gefälle und hoher Schotterfracht haben außerdem eine charakteristische Neigung zu Verzweigungen, zu immer neuen Verlagerungen von Inseln und Rinnen. Heute gibt es bei uns nur mehr wenige Beispiele von aktiven Verzweigungsstrecken, das bedeutendste ist wohl die Wildflußlandschaft im Tiroler Lechtal. So wie die meisten Flüsse darf auch die Donau ihr reguliertes Bett nicht mehr verlegen, selbst im Nationalpark hat ihre Funktion als Wasserstraße Vorrang. Die vielen Seitenarme in der Au mit einer Breite bis über hundert Meter waren alle einmal Teile eines netzartig verästelten Stromes. Auf Schritt und Tritt erinnern uns Verzweigungen und grobe Schotter bis zu einer Größe von fünfzehn Zentimetern an den Gebirgscharakter von Strom und Au, stammen doch alle großen

Der Thebener Kogel bildet den slowakischen Pfeiler der Ungarischen Pforte. Von ihrer Quelle bis hierher ist die Donau nahezu tausend Kilometer unterwegs. Am Ende ihres Oberlaufes ist sie hier ein schnell strömender Gebirgsfluß.

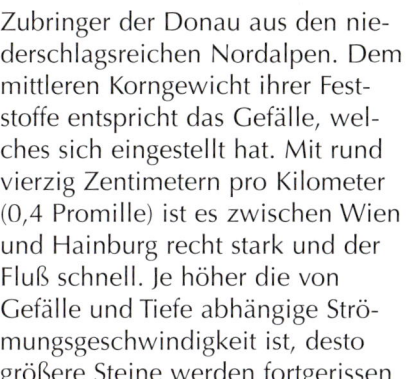

Zubringer der Donau aus den niederschlagsreichen Nordalpen. Dem mittleren Korngewicht ihrer Feststoffe entspricht das Gefälle, welches sich eingestellt hat. Mit rund vierzig Zentimetern pro Kilometer (0,4 Promille) ist es zwischen Wien und Hainburg recht stark und der Fluß schnell. Je höher die von Gefälle und Tiefe abhängige Strömungsgeschwindigkeit ist, desto größere Steine werden fortgerissen und am Grund dahingerollt. Läßt in flacheren Bereichen oder bei fallendem Wasserstand die Strömung nach, werden erst große, dann kleinere Körner abgelegt. So schleift und sortiert der Strom mit jedem An- und Abschwellen seine Feststoffe, trennt Steine und Sand, Schluff und Schlick.

Flache Schotterufer am Donaustrom sind von mehrfachem Reiz. Für Vogelwelt und Fischfauna sind sie ein wichtiges Raumelement. Zwischen Wellenschlag und Weidendschungel kann uns an warmen Sommertagen zuweilen die Atmosphäre tropischer Küsten berühren. Die genauere Betrachtung der nassen, bunten Quarze und Schiefer, Kalke und anderen Kieselsteine führt unsere Gedanken in den weiten Einzugsbereich, wo der Gesteinskundige manchmal recht genau den Herkunftsort angeben kann. Die Au ist wie die Donau ein Kind des Gebirges. Das „Land der Berge" der österreichischen Bundeshymne hat das „Land am Strome" hervorgebracht und geprägt. Kein anderer Lebensraum vermittelt uns diese Prägung so sinnfällig wie diese jüngste, noch immer im Werden begriffene Landschaft.

Hohe Wasserstände machen aus der idyllischen Au ein Netz von schäumenden Wildbächen. Die Inseln bei Orth stehen dann ganz unter Wasser.

Oben: Bei Niederwasser ist die Donau bei Petronell ein klarer Fluß, der gemächlich den Hainburger Bergen im Hintergrund zustrebt.

Rechts: Bis zu sieben Meter schwankt der Wasserstand der Donau. Beim herbstlichen Niederwasser erscheinen rund um die von Weidenwurzeln befestigte Insel bei Orth weite Schotterufer.

Die Donau, in ihrem heutigen Bett zwischen 300 und 400 Meter breit, führt im Mittel 1900 Kubikmeter Wasser pro Sekunde. Dieser Wert sinkt bei Niederwasserführung auf etwa ein Viertel, während er sich bei einem Hochwasser vervier- oder verfünffachen kann. Bis zu sieben Meter kann der Wasserstand schwanken. Diese Unruhe im Flußregime ist wesentlich für die Au und hat weitreichende Folgen.

Zunächst schafft sie Abwechslung im Relief, gliedert das ebene Schwemmland in Flutmulden und Aufschüttungen, welche „Haufen", in Wien „Häufel" und an der March „Parzen" heißen.

Größere Materialmengen kommen freilich nur bei hohen Wasserständen in Bewegung. Wenn die gelbbraunen Fluten über die Ufer treten und die Au unter Wasser setzen, können wir meist nur aus sicherer Entfernung an der Schnelligkeit dahintreibender Bäume das Toben der Elemente erahnen. Im Wald ist es zwar ungewohnt still und die Fluten zwischen dem schwimmenden Fallholz spiegelglatt. Aber in Mulden eilen

Wegameisen benützen ein Eichenblatt als Rettungsfloß. Ohne Königin ist ihr Volk dennoch verloren.

Oben: Große Hochwässer wie jenes im August 1991 ereignen sich meist im Sommer, zur Zeit der alpinen Schneeschmelze. Die gesamte Au wird dabei überflutet und damit zu einem bedeutenden Rückhalte- und Speicherraum.

Bäche dahin, und stille Nebenarme haben sich in reißende Flüsse verwandelt. Bei einem dreißigjährlichen Hochwasser – die letzten ereigneten sich 1954 und 1991 – steht die gesamte Au unter Wasser. Bodentiere werden aus ihren unterirdischen Verstecken getrieben und versuchen sich auf treibende Blätter oder Hölzer zu retten, größere Tiere schwimmen zum Ufer, aber viele finden in den gurgelnden Fluten ein nasses Grab.

Die Feldmaus und andere Bodentiere versuchen sich schwimmend zu retten, viele gehen dabei zugrunde. Was für die einzelnen Lebewesen eine Katastrophe ist, schafft für andere neuen Lebensraum und gehört zum Charakter der Wildnis.

Oben: Im Gegensatz zum Hochwild, das sich meist schwimmend an ein Ufer rettet, stand dieser kleine Rehbock orientierungslos und verängstigt unter der Hainburger Brücke, bis er von der steigenden Flut fortgerissen wurde.

Erst nach dem Hochwasser sehen wir, was sich alles verändert hat. Uferanrisse und abgelagerter Schotter oder Sand lassen auf unterschiedliche Strömungsgeschwindigkeiten schließen. Der feine Lehm, welcher als Schwebstoff mit den trüben Fluten überall hinkommt, bedeckt buchstäblich alles und markiert an Stämmen noch nach Jahren den Höchststand des Wassers. Er bewirkt, daß der Auboden allmählich höher und immer seltener überschwemmt wird. Zunächst trocknet die Schlammschicht und bildet polygonale Schwundrisse, durch welche sich alsbald die ersten frischen Blätter herausstrecken. Von dichtem Lehm überdecktes Pflanzenmaterial würde durch Fäulnis großflächigen Sauerstoffschwund im Boden hervorrufen, wenn nicht das fallende Grundwasser Luft aus der Atmosphäre in den Boden saugen würde.

Hochwässer drängen die Vegetation wieder zurück und machen Platz für Wasser- und Kiesflächen. Nur an wenigen Stellen ist die Dynamik so wirksam wie am Haslauer Arm.

Oben: Die kleine Flutmulde bei Schönau würde ohne reißende Hochwässer bald zuwachsen.

Mitte: Schwebstoffe markieren als grauer Film noch lange Zeit den hohen Wasserstand.

Unten: Dickere Schlammablagerungen reißen beim Trocknen auf und öffnen den Boden für Luft, Licht und erstes Wachstum.

Unterspülte Prallufer mit freigelegten Wurzeln und Erdwänden sind die geeigneten Brutplätze des Eisvogels. Hier gräbt er eine Röhre, in der er sein Nest anlegt, und späht von einer Warte nach kleinen Fischen. Ohne eine starke Hochwasserdynamik würden solche Steilufer verflachen und verwachsen und für den Eisvogel unbrauchbar. Die vor der Donauregulierung wesentlich zahlreicheren Wände waren von Uferschwalben und Bienenfressern besiedelt. Zumindest erstere könnten nach der verbesserten Gewässervernetzung bald in die Au zurückkehren.

Der Eisvogel braucht vegetationsarme lehmige Steilufer zum Bau seines Nestes in einer tiefen, selbstgegrabenen Röhre.

Oben: Uferanrisse mit freigespültem Wurzelwerk – für viele Menschen der Inbegriff von Unordnung – bilden für manche Vogelarten ein knapp gewordenes Nisthabitat.

Selbst unter der Eisdecke zieht sinkendes Sickerwasser Luft in den Boden und sorgt so für die Trinkwasserqualität des donaubegleitenden Grundwassers.

Oben: Jedes Gewässer der Au ist über das Grundwasser mit dem Strom verbunden. Die dynamischen Spiegelschwankungen bewirken intensive Wasser- und Luftbewegungen im Untergrund.

Die durchlässigen Ufer und Schotterkörper unter der Au ermöglichen eine Grundwasserdynamik, welche für die Produktivität der Auböden ebenso wichtig ist wie für die Qualität des Grundwassers selber. Bei fallendem Donaustand strömt Grundwasser in den Fluß. Steigt dagegen die Donau, so steigt auch das Grundwasser im Untergrund der Au und preßt die Luft aus den Poren an die Oberfläche. Auch weit entfernt vom Strom lassen die verzögerten und gedämpften Spiegelschwankungen erkennen, wie über das Sickerwasser alle Gewässer der Au mit der Donau verbunden sind. Neben dem „Durchatmen" und Austauschen der Bodenluft bewirkt die Dynamik des Grundwassers auch eine Belebung der stehenden Augewässer. Bei steigenden Wasserständen werden auch sie aufgefüllt, wobei großflächige Quellen auf ihrem Grund Lehmschichten durchstoßen, die Poren öffnen und im Schlamm Fäulnisprozesse durch Sauerstoffeintrag beenden.

Außer angerissenen Ufern und dem allgegenwärtigen Schlick hinterlassen Hochwässer Sand- und Schotterbänke. Vor den ersten Pflanzen finden sich Tiere ein, sobald die Haufen aus dem Wasser auftauchen. Kormorane, Enten und andere Wasservögel bevorzugen ebenso wie Reiher Uferplätze mit einer weiten Übersicht für ihre ausgiebigen Ruhepausen. Flußregenpfeifer und Flußuferläufer, die ihre Nahrung im Spülsaum suchen, brüten sogar ausschließlich auf solchen wenig bewachsenen Kiesflächen, wo ihre vier Eier von Steinen kaum zu unterscheiden sind. In den Lücken der Schotterufer verbergen sich etliche Laufkäferarten, die sich ebenfalls von angeschwemmtem Treibgut ernähren. Auch unter Wasser sind flache Kiesufer von hohem ökologischen Wert. Denn strömungsliebende Fische brauchen solche Plätze, die durch die nahezu flächendeckenden Flußkanalisierungen kaum noch vorhanden sind, zum Laichen und sind vielfach vom Aussterben bedroht.

Reiher fühlen sich nur dann sicher, wenn freie Flächen einen weiten Überblick und schnelle Flucht ermöglichen.

Links: Der Flußuferläufer ruht auf wenig bewachsenen Kiesbänken nicht nur aus, sondern sucht hier auch Nahrung und Nistplatz.

Rechts: Auch Kormorane, Stockenten und andere Schwimmvögel benutzen gerne die Schotterflächen als Rastplatz.

Jedes offene Land wird rasch von Pionierarten besiedelt, die sehr lichtbedürftig, sonst aber anspruchslos sind. Auf flußnahen Ablagerungen überleben freilich nur jene, welche Nässe ertragen. Das Weiße Straußgras bildet auf frischen Sandbänken manchmal ungemein gleichmäßige, weiche Rasen. Knöterich und Krauser Ampfer, Barbarakraut oder Helmkraut lassen meist noch genügend Platz für Keimlinge von Strauchweiden, die als dichter Flaum emporschießen. Das derbe Röhricht des Glanzgrases kann dagegen längere Zeit erfolgreich jegliche Konkurrenz unterdrücken.

Schon die niederste Vegetation wirkt mit ihren unzählbaren Stengeln als Strömungsbremse, kämmt bei kleineren Überflutungen Sand und Lehm aus dem Wasser. So wird zum einen auch grobes Substrat mit Feinmaterial angereichert, zum anderen das Bodenniveau laufend erhöht. Die Überschwemmungen werden seltener, die Verlandung schreitet voran. Purpurweiden und andere Strauchweiden bilden nach wenigen Jahren ein dichtes Gebüsch, dem im Boden ein noch dichteres Wurzelgeflecht entspricht. In ihrem Schutz siedeln Horstgräser und einzelne Blumen wie die stattliche Erzengelwurz, eine alte Speise- und Heilpflanze.

Links: Purpurweiden und andere Strauchweiden ertragen mit ihrer Elastizität und Ausschlagfähigkeit das Verschütten genauso wie lange anhaltende Überflutung.

Oben: Das Gemeine Barbarakraut mit seinen gelben Kreuzblüten zählt zu den ersten Pionierpflanzen, die Rohböden besiedeln.

Mitte: Weidensamen sind nur wenige Tage keimfähig und müssen in dieser Zeit auf eine feuchte Sandbank fallen. Dann bilden ihre Keimlinge einen dichten Flaum, bis die allermeisten von der nächsten Flut fortgerissen werden.

Unten: Glanzgras breitet sich auf Flußablagerungen mit zähen Ausläufern oft zu dichten Röhrichtbeständen aus.

Nur selten wird ein Weidenbaum vom Ansturm des Hochwassers entwurzelt. Doch in jeder Lage treibt er sogleich neu aus.

Oben: Silberweiden panzern regelrecht ihren Standraum mit einem zähen Wurzelkuchen.

Rechts: Die Silberweide erträgt wie kein anderer heimischer Baum lange Überflutungen. Schwere Hochwässer verliehen diesem Exemplar bei Schönau eine ungewöhnliche Gestalt.

Zu jedem Zeitpunkt kann jedoch diese grüne Pracht von einem starken Hochwasser wieder vernichtet werden. Schwerer gelingt dies schon bei der Weidenau, welche als Dauergesellschaft schließlich aus dieser Sukzession hervorgeht. Die Silberweide, der einzige heimische Baum, der unbeschadet mehr als die Hälfte des Jahres im Wasser stehen kann, bildet nämlich unter der Oberfläche

zahlreiche rötliche Feinwurzeln. Damit kann sie dem Wasser Nähr- und Sauerstoff entnehmen, weiteren Lehm herausfiltern und ihren Wurzelraum mit einem zähen Filz gegen den Angriff der Strömung panzern. Nur in seltenen Fällen und an exponierten Stellen unterspülen Extremhochwässer diesen Wurzelkuchen und fällen große Silberweiden.

Wo in der dauernden Auseinandersetzung zwischen dem Strom und der Landvegetation die Besiedlung sich zu weit in den Fluß vorgewagt hat, wird sie meist bereits in einem frühen Stadium abgetragen. Solche Störungen in der Sukzession sind notwendig, damit offene Standorte mit Pioniergesellschaften entstehen können. So schnell und intensiv sich Kieswüsten bedecken, so rasch entstehen sie wieder neu.

Im Gegensatz zu einem Fluß, der als wanderndes Wasser den benötigten Raum behauptet, unterliegt jedes stehende Gewässer einer allmählichen Verlandung. Das ruhige Wasser, vor allem der unbewegte Untergrund erlauben die Ansiedlung von Wasserpflanzen. Die Wassertiefe ist der entscheidende Faktor, nach welchem sich die verschiedenen Arten zu charakteristischen Gesellschaften ordnen. Die Seggen- und Röhrichtzone, die Schwimmblatt- und Tauchpflanzengesellschaft bilden in Altarmen prachtvolle Wassergärten.

Dieser dichte Pflanzenbestand erzeugt eigenen Abfall und fängt eingewehtes Material ein. Blätter, fliegende Samen und Blütenstaub von Weiden und anderen Windblütlern landen auf der Oberfläche, werden schwimmend zum Ufer oder Bewuchs getrieben und von Algen besiedelt, bis sie faulend zu Boden sinken. Schlamm sammelt sich an, das Wasser wird seichter, die Standorte der Pflanzengesellschaften verlagern sich zur Wasserseite hin. Es entsteht eine Verlandungssukzession, deren zeitliche Abfolge sich auch in einer räumlichen Anordnung darstellt. Wenn nicht ein starkes Hochwasser Schlamm und Wasserpflanzen fortreißt, wächst das freie Wasser mit Seggen oder Röhricht zu. Im verlandenden Schilfwald machen sich Silberweiden breit, und schließlich bildet sich eine Weidenau.

So entwickelt sich ein Weiher ebenso wie die Sandbank zur Weidenau. Allerdings dauert die Verlandung eines Stillgewässers wesentlich länger als das Zuwachsen einer Flußablagerung. Während eine Flußinsel oder eine Uferbank in wenigen Jahren bewaldet ist, benötigt die Entwicklung eines Altwassers zum Wald Jahrhunderte. Ein Hochwasser kann durch Schwebstoffeintrag den Prozeß beschleunigen, eine etwas stärkere Durchströmung kann ihn aber auch wieder zurückversetzen.

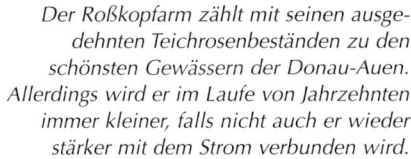

Der Roßkopfarm zählt mit seinen ausgedehnten Teichrosenbeständen zu den schönsten Gewässern der Donau-Auen. Allerdings wird er im Laufe von Jahrzehnten immer kleiner, falls nicht auch er wieder stärker mit dem Strom verbunden wird.

Links oben: Teichbinsen und Seerosen säumen Stillgewässer wie das Kühwörter Wasser und tragen zur allmählichen Verlandung bei.

Links Mitte: Die Horste der Steifsegge wachsen als erste Inseln aus dem seichten Wasser.

Links unten: Eingewehtes Material wird abgebaut, von Algen besiedelt und erhöht schließlich als Schlamm den Gewässerboden.

Links: Die hellen Unterseiten der Silberweidenblätter bilden im Herbst erst an der Oberfläche, dann auf dem Grund leuchtende, vergängliche Muster.

Ausgedehnte Schilfbestände bei Schönau weisen auf eine ungestörte Verlandung im Schutz des Marchfelddammes hin.

Lange Zeit beherrscht die Silberweide nahezu alleine die tiefe Au. In ihrem Schatten, der die Strauchweiden verdrängt hat, gedeihen Brennesseln, Glanzgras und Schilf, aber fast keine Sträucher. Dennoch ist dieser aus dem Wasser gewachsene Wald niemals einförmig. Allein die Wuchsformen, welche die Silberweide in ihrem Streben nach Licht hervorbringt, variieren außerordentlich. Da gibt es massige Stämme, die lotrecht wie Säulen ihr filigranes Astgewölbe tragen, große Buschformen, die aus Stockausschlägen stammen, oder schräge Typen an Ufern, die ihre Kronen über das Gewässer erheben.

Hochwässer unterbrechen durch Sedimentauflagen die Bodenbildung immer wieder, bewirken aber eine allmähliche Landhebung, und die Böden können schließlich einen Humushorizont entwickeln. Grauerlen, die auch im Schatten heranwachsen können, sowie Silber- und Schwarzpappeln bestimmen alsbald einen fortgeschritteneren Auwaldtyp. Wird der Abstand zum Grund- und Flußwasser noch etwas größer, so lösen Eschen und Flatterulmen als erste Hartholzarten die Pappeln ab. Die Eschenau ist die höchstgelegene Auwaldgesellschaft. Die noch seltener überflutete sogenannte Harte Au unterscheidet sich mit ihrer Garnitur von Harthölzern kaum von einem Eichen-Hainbuchen-Wald, der reifen, unserem Klima entsprechenden „Klimaxgesellschaft".

Silberweiden bilden sowohl auf einer flußnahen Schotterbank als auch bei der Verlandung eines stehenden Gewässers die Schlußgesellschaft ganz unterschiedlicher Besiedlungsabfolgen.

So wächst das Land aus dem Wasser, und wir können die Entwicklungsstufen nebeneinander sehen. Die Höhe entscheidet unerbittlich über die Häufigkeit und Dauer der Überschwemmungen und damit über die Artenzusammensetzung. Jüngere Besiedlungsphasen sind allerdings auf die Umlagerungsaktivität eines dynamischen Flusses angewiesen. Außerhalb des Hochwasserdammes verlanden die Altwässer, entwickelt sich die Au zum Eichenmischwald.

Unterschiede in den Korngrößen des Untergrundes, in den Grundwasserverhältnissen, in der Häufigkeit der Überflutungen und in der Heftigkeit ihres Angriffs haben einen Wechsel des Erscheinungsbildes und der Lebensraumqualitäten zur Folge. Entsprechend verschieden sind die Lebensgemeinschaften zusammengesetzt. Im geologisch einheitlichen Schwemmland, dem ebenen Alluvium, hat stets der Wasserstrom gearbeitet, umgelagert, sortiert und so diese entscheidenden Differenzierungen geschaffen. Und auch heute überschwemmt er, transportiert Feststoffe, bewegt das Grundwasser. Diese gleichsam von außen eingetragene Flußdynamik wird überlagert von der Eigendynamik der sich entwickelnden Vegetation. Jeder Halm wirkt als Strömungsbremse und trägt zur Verlandung bei. Jedes Grasbüschel, jede Wurzel ist eine Lebendverbauung des lockeren Sedimentes. Mit der Sukzession zu einem dichten Pflanzenbestand, zur Weichen und Harten Au wächst das Land aus dem Fluß, das Leben greift in geologische Vorgänge ein.

WASSER

Gleichnis, Stoff und Raum des Lebens

Ein großer Fluß mit seiner verändernden Kraft, mit seinem klaren oder trüben Wasser, welches wilde Wellen schlagen und den Himmel spiegeln kann, ist ein Sinnbild unseres dahineilenden Lebens. Auf etwas andere Weise symbolisiert ein stehendes Gewässer das Leben. Daß dieses nicht nur vom Wasser abhängt, sondern dort auch entstanden ist, läßt sich beim Betrachten eines Weihers voll von wuchernden Wasserpflanzen, wimmelnden Insekten-, Frosch- und Fischlarven leicht denken. Dennoch trügt diese Vorstellung, denn das Leben ist im Meer entstanden, das mit seinem Salzgehalt eine gänzlich andere Umwelt darstellt. Weil im Süßwasser die Zell- und Körpersäfte der Organismen salzhaltiger sind als ihre Umgebung, neigen sie zur Wasseraufnahme. Nur Organe zur Wasserausscheidung wie die Nieren von Fischen verhindern, daß der Körper anschwillt und platzt. Diese schwierige Osmoseregulation wird als Grund dafür angesehen, daß die meisten Meerestiere, etwa Korallen oder Stachelhäuter, niemals das Süßwasser besiedeln können.

Tatsächlich stammen außer den Krebsen und Fischen die meisten Bewohner des Süßwassers von Landformen ab. Wassermilben, Wasserkäfer und Wasserwanzen sind vom Land aus eingewandert. Bei Lurchen und Insekten, die als Larve im Wasser, als Erwachsene am Land leben und zur Fortpflanzung wieder das Gewässer aufsuchen, demonstriert die Entwicklung und Verwandlung jedes Individuums die Einpassung in neue Lebensräume. Selbst die meisten Wasserschnecken sind Lungenschnecken, kommen jedoch nicht immer zum Atmen an die Oberfläche, sondern nehmen Sauerstoff auch durch die Haut auf.

Donau bei Regelsbrunn an einem Herbstmorgen.

Links: Das Leben im Süßwasser stammt zum großen Teil von Landformen ab. Die Wiege des Lebens war das Meer.

Seerosen verwandeln ehemalige Donauschlingen in der Lobau in blühende Wassergärten.

Rechts: Der Stengel des Wasserknöterichs ist im Wasser schlaff und wird durch Luftkammern stabilisiert. Am Land bildet die Pflanze steife Stengel, die Schwimmblätter werden zu abstehenden Laubblättern.

Rechts oben: Obwohl Wasserlinsen manchmal unscheinbare Blüten bilden, vermehren sie sich fast nur durch Teilung und können bei Massenentwicklung kleinere Stillgewässer mit einer Schwimmdecke überwachsen.

Rechts Mitte: Solange die Blätter der Teichrose untergetaucht sind, haben sie ein salatartig zartes Aussehen. Erst an der Oberfläche werden sie zu derben, wasserabweisenden Schwimmblättern.

Rechts unten: Den sternförmig angeordneten Schwimmblattrosetten verdankt der Wasserstern seinen Namen. Auch diese Art kann – mit jeweils charakteristischen Blattformen – untergetaucht oder am Land leben.

Alle höheren Wasserpflanzen sind im Grunde ebenfalls Sonderformen von Landbewohnern. Haben sie doch die mühsam erworbenen Anpassungen an das Leben auf dem Festland wie die Differenzierung von Wurzel, Sproß und Blatt oder die Ausbildung von Blüten weitgehend beibehalten. Umgeben vom Lebenselement Wasser, das meistens auch genügend Kohlendioxid und Nährstoffe enthält, könnten sie auf diese Errungenschaften der Evolution verzichten. Nur die Wasserlinsengewächse sind ein wenig dieser Versuchung erlegen, sie ähneln eher einer Alge als einer Blume, wenn sie als winzige Blättchen zu Millionen die Oberfläche bedecken. Holzige Stützgewebe sind unter Wasser ebenso sinnlos wie Spaltöffnungen, die als Transpirationsorgane nur im Luftraum funktionieren können. Dafür zeichnen sich Wasserblätter zwecks Stoffaustausch über die Oberhaut durch zarte, oft durch Fiederung vergrößerte Oberflächen aus. Und zum Aufrichten der Pflanze genügen Luftgewebe in den Stengeln als Schwimmorgane.

Manche, wie Teichrose, Wasserhahnenfuß oder Pfeilkraut, bilden sehr verschieden gebaute Blätter, je nachdem, ob sie unter oder über Wasser stehen. Wie sehr organische Formen von ihren Funktionen bestimmt sind, zeigen die Schwimmblätter von Seerosen, Teichrosen, Wasserknöterich und anderen Pflanzen. Sie sind im Gegensatz zu untergetauchten Blättern von gedrungener Form, haben eine derbe, wasserabweisende Oberhaut und, als Unikum der Pflanzenwelt, die Spaltöffnungen auf der Oberseite.

Eine einmalige Blattbildung sind die Fangbläschen vom Wasserschlauch, der einzigen fleischfressenden Pflanze der Au. Die geschlossenen Deckel ihrer drei bis fünf Millimeter großen Blasen locken mit zuckerhaltigem Schleim Kleinkrebse und Mückenlarven an. Bei Berührung öffnet sich die Falltüre, und ein Unterdruck in der Blase saugt in Sekundenbruchteilen das Tier ins Innere. Der Deckel schließt sich, mit Fermenten wird die Beute verdaut, und nach längstens einer Stunde ist die Falle wieder fangbereit. Wurzeln hat diese eigenartige Wasserpflanze nicht, dafür prachtvoll goldgelbe Blüten, die einzigen Organe, die sie über die Oberfläche hebt.

Oben: So schlaff die meterlangen Sprosse vom Tannenwedel im Wasser dahintreiben, so standfest bilden sie sich bei der Landform aus.

Mitte: Die Krebsschere oder Wasseraloe kommt in Österreich nur selten in den Donau- und Marchauen vor. Im Gegensatz zu den oben gezeigten Arten ist sie gegen Spiegelschwankungen und Trockenfallen empfindlich.

Unten: Der Wasserschlauch ist ans Wasserleben so angepaßt, daß er keine Wurzeln besitzt. Dafür kann er mit Fangbläschen kleine Tiere erbeuten und verdauen.

Mit den Naßlebensräumen sind nicht nur zahlreiche Tierarten, sondern auch schönste Blütenpflanzen in unserer Heimat selten geworden. Auen sind allein schon wegen ihrer unterschiedlichen Gewässer schutzwürdig.

Die aufwendige Bildung und Befruchtung von Blüten ist im Wasser eigentlich entbehrlich, weil die ungeschlechtliche Vermehrung einfacher ist. Ableger, oft bloß abgebrochene Sproßteile werden von Strömungen oder Vögeln weitergetragen, die Gefahr des tödlichen Vertrocknens wie am Land besteht ja kaum. So haben sich nicht nur Wasserlinsen weltweit in zusagenden Klimagebieten verbreitet. Selbst die erst in jüngster Zeit eingebrachte Wasserpest hat ausschließlich durch vegetative Verbreitung ganze Kontinente besiedeln können. Trotzdem blühen fast alle Wassergewächse, die „Sumpfblüten" zählen sogar zu den kostbarsten Gestalten unserer Pflanzenwelt. Auen mit ihrer Vielfalt von Naßstandorten enthalten besonders viele davon. Für die meisten Arten ist doch auch die Verbreitung durch schwimmende oder anhaftende Samen von Bedeutung. Jedenfalls fällt auf, daß die meisten Wasserpflanzen über mehrere Erdteile verbreitet sind. Endemische, nur auf ein kleines Areal beschränkte Arten, wie wir sie auf alpinen oder trockenen Standorten antreffen, gibt es an Gewässern nicht, wohl aber äußerst seltene wie Krebsschere oder Schwanenblume, die durch Veränderung oder Vernichtung ihrer Lebensräume bedroht sind.

Die höheren, als Makrophyten bezeichneten Wasserpflanzen wie die Laichkrautarten spielen in vielen Gewässern eine untergeordnete Rolle. Oft werden sie hinsichtlich ihrer Produktion von Biomasse von den Algen übertroffen, welche als Aufwuchs den Boden und große Pflanzen besiedeln oder als Phytoplankton frei im Wasser schweben. Mikroskopische Algen im Wasser, die bei starker Vermehrung als „Wasserblüte" eine grüne Trübung hervorrufen, verschwinden ebenso schnell, wie sie gekommen sind, denn sie sind das richtige Futter für das Zooplankton, vornehmlich Kleinkrebse wie Wasserflöhe und Hüpferlinge sowie Rädertiere.

Oben: Neben den als Makrophyten bezeichneten Schwimmblatt- und Tauchpflanzen sind in stehenden Gewässern wie dem Roßkopfarm die unscheinbaren Algen in erheblichem Maß an der Primärproduktion beteiligt.

Bei Niederwasser hängen abgestorbene Algenhäute auf im Wasser liegenden Ästen. Die Teichrose findet hingegen auch als Landpflanze noch ein bescheidenes Auskommen.

Das Männchen des Gelbrandkäfers erkennt man an seinen grün schillernden Deckflügeln sowie den Saugnäpfen an den Vorderbeinen zum Festhalten am Weibchen.

Links: Die Gelbrandkäferlarve hat eine Kaulquappe erbeutet. Sie zählt zu den gefräßigsten Jägern unter Wasser. Mit einem Atemrohr holt sie an der Oberfläche Luft.

Kein anderer Lebensraum ist so gut wie ein Gewässer geeignet, Formen, Anpassungen und Zusammenhänge des Lebens zu beobachten. Es ist kein Zufall, daß viele Biologen ihre ersten prägenden Naturbegegnungen an Teichen und Tümpeln hatten. Konrad Lorenz hat oft von der paradiesischen, damals noch ungestauten Donau seiner Kindheit geschwärmt, wo sein Forscherdasein bereits im Volksschulalter an den Weihern und Altarmen der Greifensteiner Au begann. Ein stehendes Kleingewässer, unter dessen durchsichtiger Oberfläche unzählige Tiere schweben, fordert den aufmerksamen Betrachter geradezu heraus, die entdeckten Arten zu bestimmen, ihren Lebensweisen und gegenseitigen Beziehungen nachzugehen. Eine Gelbrandkäferlarve beispielsweise ist nicht bloß in ihrer systematischen Stellung als *Dytiscus marginalis* aus der Familie der Schwimmkäfer zu definieren. Noch interessanter ist, welche Rolle sie im Gewässer spielt, welche ökologische Nische sie besetzt. Diese besteht neben dem Wohnort, dem Habitat, welches sie bevorzugt, auch darin, was sie dort macht, wie sie dabei andere Glieder ihrer Lebensgemeinschaft beeinflußt. Dazu gehört vor allem die Art ihrer Ernährung. Ihre große Zange am Kopf weist die Larve des Gelbrandkäfers als Beutegreifer aus. Sie schnappt damit nach allem, was nicht größer ist als sie selber. Und sie wird immerhin vier Zentimeter lang. Indem sie nach Art der Spinnen ihre Beute erst auflöst und dann aussaugt, zählt sie zu den gefräßigsten Räubern. Von Wasserflöhen bis zu Kaulquappen oder kleinen Fischen ist nichts vor ihr sicher. Freilich schützt sie das nicht davor, selber von einem Barsch oder Hecht verschluckt zu werden.

Auf diese Weise entstehen die Nahrungsketten. Sie beginnen immer bei den grünen Pflanzen, den Primärproduzenten. Denn nur sie können mit Hilfe des Chlorophylls und der Energie des Lichtes Wasser und Kohlendioxid zu Zucker zusammenfügen und in der Folge mit einigen Nährstoffen alle organischen Verbindungen aufbauen. Die pflanzenfressenden Tiere sind die Primärkonsumenten. Kleinkrebse, Mückenlarven oder Schnecken gehören zu ihnen ebenso wie Kaulquappen, Bläßhühner oder Schwäne. Von den kleineren unter ihnen leben kleine Räuber wie Gelbrandkäfer- und Libellenlarven, über denen dann die erwähnten Raubfische stehen. Diese können wiederum von Reihern oder Seeadlern erbeutet werden. Da jedes Tier viele Beutearten und auch viele Freßfeinde hat, verknüpfen sich die Ketten zu Nahrungsnetzen. Die Größe der Tiere nimmt mit jeder Stufe zu. Ihre Gesamtmasse im Ökosystem nimmt hingegen bis auf ein Zehntel ab, weil von der aufgenommenen Nahrungsenergie der Großteil im Betriebsstoffwechsel verbraucht wird und nur ein kleiner Teil den Körper aufbaut. Eine Übernutzung von Nahrungsressourcen schadet immer auch den Nutzern, weshalb große Beutegreifer oft große Reviere beanspruchen und wenig Nachkommenschaft hervorbringen.

Ein schönes Beispiel, wie Tierpopulationen mit ihrer Nahrungsbasis im Gleichgewicht stehen, liefern Amphibien. Die See-, Teich- und Kleinen Teichfrösche, die wegen ihrer schwierigen Unterscheidbarkeit einfach Wasserfrösche genannt werden, zählen zu den populärsten Wasserbewohnern. Erst wenige Meter vor uns springen sie von ihrem Sonnenplatz ins Wasser. In der warmen Jahreszeit ist ihr Quarren und Meckern im akustischen Stimmungsbild des Weihers nicht zu überhören. Hier leben sie

Auch die Erdkröten suchen nur im Frühling zum Laichen ein Gewässer auf und kommen dort bereits fest verpaart an.

Links oben: Bläßhühner nützen als Pflanzenfresser die üppige Primärproduktion verkrauteter Gewässer.

Links Mitte: Die Rotbauch- oder Tieflandunken verlassen nur ungern ihr Wohn- und Laichgewässer.

Links unten: Dagegen ziehen die Laubfrösche an Land, sobald sie fertig verwandelt sind, und leben in Bäumen von der Insektenjagd.

von den zahlreichen Insekten und anderen Wirbellosen, so wie die kleineren Rotbauchunken. Die braunen Spring-, Gras- und Moorfrösche sowie verschiedene Kröten wohnen am Land, die kleinen Laubfrösche klettern mit ihren Saugnapfzehen sogar ins hohe Geäst. Gemeinsam ist den fleischfressenden Froschlurchen, daß sie als Larve nicht nur im Wasser leben, sondern sich dort auch vegetarisch ernähren. Alle Kaulquappen raspeln Algenbewuchs und sogar faulenden Abfall. Erst diese Anspruchslosigkeit ermöglicht ihre große Zahl. Die meisten Laichballen enthalten mehrere tausend Eier. Die Erdkröten legen ähnliche Massen schwarzer, von durchsichtiger Gallerte umgebener Eier in Schnüren unter Wasser aus.

Während die Kaulquappen heranwachsen und sich schließlich zu Jägern verwandeln, werden sie entsprechend weniger. Die Froschbrut ist für Schwimmkäfer- und Libellenlarven, Ringelnattern und Sumpfschildkröten zeitweilig die wichtigste Nahrung. So ist dafür gesorgt, daß die Frösche bei ihrem Aufstieg vom Primär- zum Sekundärkonsumenten entsprechend dezimiert werden. Aus gutem Grund lieben Amphibien besonders die zeitweise austrocknenden Tümpel, denn hier können sie ihre Beweglichkeit an Land sowie ihre relativ rasche Jugendentwicklung gegenüber Konkurrenten und Feinden ausspielen. Die verschieden schnelle Entwicklung der einzelnen Arten im Zusammenhang mit der von Jahr zu Jahr und von Gewässer zu Gewässer wechselnden Periodik erklärt die ebenso wechselnde Dominanz bestimmter Tiere.

Die Umstellung vom Pflanzen- zum Fleischfresser ist eine Besonderheit der Froschlurche. Die Schwanzlurche lauern bereits als kleine Larven tierischen Organismen auf, wie sie auch in ihrer schlanken Gestalt mit zarten Beinchen den erwachsenen Stadien ähneln. Daß sie weit seltener als die manchmal in Massen vorkommenden Kaulquappen sind, hat wohl mit ihrer räuberischen Lebensweise zu tun. Teich- und Kammolche, die sich mit den Fröschen besonders vegetationsreiche Gewässer als Laich- und Lebensstätte teilen, legen nur einige hundert Eier in jedem Frühling, entwickeln niemals deren Biomasse und Bedeutung im Nahrungsnetz.

Wie die meisten Tiere pflanzen sich alle Amphibien im Frühjahr fort, damit die heranwachsende Brut die Zeit der optimalen Wärme- und Nahrungsbedingungen nützen kann. Innerhalb dieser Vorgabe hat jede Art ihren eigenen Entwicklungszyklus. An dessen Beginn steht die Paarungszeit, die, von der Tageslänge gesteuert, recht genau eingehalten wird. Am eiligsten haben es die braunen Spring-, Gras- und Moorfrösche. In den ersten milden Märztagen stoßen sie geradezu explosiv ihren Laich aus, der in großen Klumpen an der Oberfläche schwimmt. Bald danach versammeln sich die Erdkröten im Wasser zu einer Laichgemeinschaft. Wochenlang klammern sich die kleineren Männchen am Rücken der Weibchen fest. Der Laichvorgang selbst, bei dem die austretenden Eischnüre sogleich im Wasser besamt werden, währt mehrere Tage. Erst Ende April, wenn das Gewässer wärmer wird, kommen Grünfrösche, Laubfrösche, zuletzt die Molche, welche sich übrigens ausgiebig von Amphibienbrut ernähren, zur Eiablage.

Der besonders schlanke Springfrosch ist in der Au häufiger als der Grasfrosch. Alle Braunfrösche laichen in den ersten Vorfrühlingstagen und produzieren dabei schwimmende Pakete mit einigen tausend schwarzen, von Gallerte umgebenen Eiern.

Oben: Die Teichmolchmänner tragen im Frühling ein prächtiges Hochzeitskleid.

Rechts oben: Die Wasserfrösche sind in ihrer pflanzenreichen Umgebung ausgezeichnet getarnt.

Rechts Mitte: Die Larven der Knoblauchkröten brauchen ein ganzes Jahr zur Entwicklung, werden dafür aber besonders groß.

Rechts unten: Trotz seiner Kleinheit verfügt der Laubfrosch bei der Balz über eine sehr laute Stimme. Dabei wird außer der Kehle der ganze Körper aufgeblasen, der Mund bleibt aber geschlossen.

Besonders die erste Nachthälfte ist jetzt vom Chorgesang der grünen Frösche beherrscht. Die grunzenden Brunstschreie der Wasserfrösche mischen sich in das gleichmäßige, aber ebenso durchdringende Tremolo der Laubfrösche, die im Röhricht oder Gebüsch am Ufer sitzen und den ganzen Leib dabei zu einem imposanten Resonanzkörper aufblasen. Die Molche, deren Männchen ein prächtiges Hochzeitskleid mit einem Rückenkamm anlegen, haben eine innere Befruchtung, sodaß die Eier erst nach der Balz gelegt werden. Während sich zum Sommerbeginn die meisten Froschlurche bereits verwandeln und teilweise das Gewässer verlassen, beginnen die Molchlarven erst diesen Lebensraum zu besiedeln. Am längsten brauchen die seltenen Knoblauchkröten zur Entwicklung. Ihre Kaulquappen verwandeln sich erst im nächsten Frühjahr.

Die Metamorphose vom jugendlichen Wachstumsstadium der Larve zum erwachsenen Tier mit einer völlig veränderten Erscheinung und Lebensweise gehört zu den interessantesten Phänomenen im Reich der Tiere. Da sie bei Säugern und Vögeln nicht vorkommt, ist sie uns nicht geläufig, tatsächlich ist sie aber sehr verbreitet. Bei Froschlurchen dauert die Verwandlung mehrere Tage. Der Schwanz wird zurückgebildet und die Froschaugen beginnen aus dem runden Kinderkörper zu quellen. Gleichzeitig entstehen Lungen sowie ein starkes, den Lasten des Landlebens gewachsenes Skelett, und der lange Darm des Pflanzenfressers wird deutlich verkürzt. Es ist erstaunlich, wie aus schwänzelnden Quappen springende Fröschchen entstehen und jedes Individuum das Festland erobert. Bei Insekten mit vollständiger Metamorphose, etwa Schmetterlingen und Käfern, vollzieht sich ein vergleichbarer Umbau unsichtbar in der Puppe.

Dagegen offenbaren Libellen als große Insekten mit unvollständiger Metamorphose dieses Wunder der Natur auf besonders sinnfällige Weise. Da können wir zusehen, wie die Larve an einer Pflanze aus dem Wasser steigt, am Rücken aufplatzt, Kopf, Brust, Beine und schließlich den Hinterleib aus der engen Hülle zieht, sich auf die

Bei der Blutroten Heidelibelle und anderen Großlibellen beanspruchen die Männchen ein Revier, aus dem sie Rivalen vertreiben.

Oben links: Frisch geschlüpfte Plattbauchlibellen ruhen im Röhricht. Eine ihrer soeben verlassenen Larvenhüllen (Exuvien) ist unten im Bild zu sehen.

Oben rechts: Eine Mosaikjungfer am Beginn ihrer Verwandlung. Wenige Stunden später kann sie bereits fliegen.

Die Königslibelle ist mit zehn Zentimetern Flügelspannweite unsere größte Libelle. Das Weibchen legt seine Eier in abgestorbene, an der Oberfläche treibende Pflanzenteile.

doppelte Länge aufpumpt und durchsichtige Flügel ausbreitet. In wenigen Stunden wird aus dem langsam pirschenden Wassertier ein gewandter Jäger der Lüfte, der auch weitab von Gewässern fliegende Mücken greift. Nach ihrem monate-, bei manchen Arten sogar jahrelangen Larvendasein währt das Leben der erwachsenen Libelle nur wenige Wochen, in denen die Fortpflanzung im Mittelpunkt steht. Bei den rasanten Großlibellen ebenso wie bei den gemächlich schwebenden Kleinlibellen oder Wasserjungfern ergreifen die Männchen mit ihren Hinterleibsanhängen die Vorderbrust des Weibchens. Aus diesem Tandem entsteht das Paarungsrad, sobald das Weibchen seinen Hinterleib zur Brust des Männchens krümmt und aus einer Tasche den vorher dort deponierten Samen entnimmt. Zum Liebesreigen dieser elfenschlanken Geschöpfe gehört schließlich die Ablage der Eier, wobei viele Arten ausgeprägte Ansprüche an die Qualität ihres Laichgewässers stellen. So wird man die Gebänderte Prachtlibelle nur in der Nähe langsam strömender Arme antreffen, die meisten anderen Kleinlibellen an pflanzenreichen Ufern, während der Plattbauch offene Uferstellen bevorzugt, hier bestimmte Ruhe- und Aussichtsplätze immer wieder anfliegt. Diese verschiedenen Vorlieben helfen, die Konkurrenz zu verringern. Obwohl alle Libellen eine ähnliche Lebens- und Ernährungsweise haben, können mehrere Dutzend Arten in den Donau-Auen leben.

So wie die Adonislibellen bilden alle Libellen bei ihrer im Flug erfolgenden Paarung das sogenannte Rad.

Vielerlei Vertreter anderer Insektenordnungen bevölkern als Larve die aquatischen Lebensräume. Außer den berüchtigten Stechmücken und den noch unangenehmeren Gnitzen gibt es viele nicht stechende Mücken. Besonders hübsch sind die fünfzehn Millimeter langen Larven der Büschelmücken. Sie schweben waagrecht im Wasser, wozu sie durch zwei Schwimmblasen befähigt werden, die in ihrem durchsichtigen Körper deutlich zu sehen sind. Von den Köcherfliegen bemerken wir meistens zuerst den Köcher, eine längliche Ansammlung von Pflanzenresten, die langsam im Wasser dahinkriecht. Erst dann entdecken wir Kopf und Beine des kleinen Tieres, welches sich bei Beunruhigung vollständig in seinen mobilen Bau zurückzieht. Ganz anders sehen die Larven der Eintagsfliegen aus, die so wie die kurzlebigen Erwachsenen drei Schwanzborsten tragen. Alle diese als Fliegen bezeichneten Tiergruppen sind eigene Ordnungen. Sie besitzen vier Flügel, sind daher keine echten Fliegen, die wie die Mücken und Schnaken zu den Zweiflüglern gehören.

Die vielen nahrhaften Dinge, welche an der Wasseroberfläche schwimmen, werden von unten und von oben abgeweidet. Unter dem Wasserspiegel hängt gerne der Rückenschwimmer, eine Wasserwanze, auf der anderen Seite stehen die langbeinigen Wasserläufer und Teichläufer auf dem Oberflächenhäutchen. Dieses ermöglicht selbst Wasserschnecken wie der Spitzschlammschnecke, sich am Wasserspiegel hängend fortzubewegen. Wenn sie sich bedroht fühlt, kann sie blitzschnell Luft ausstoßen, wodurch sie wie ein Stein

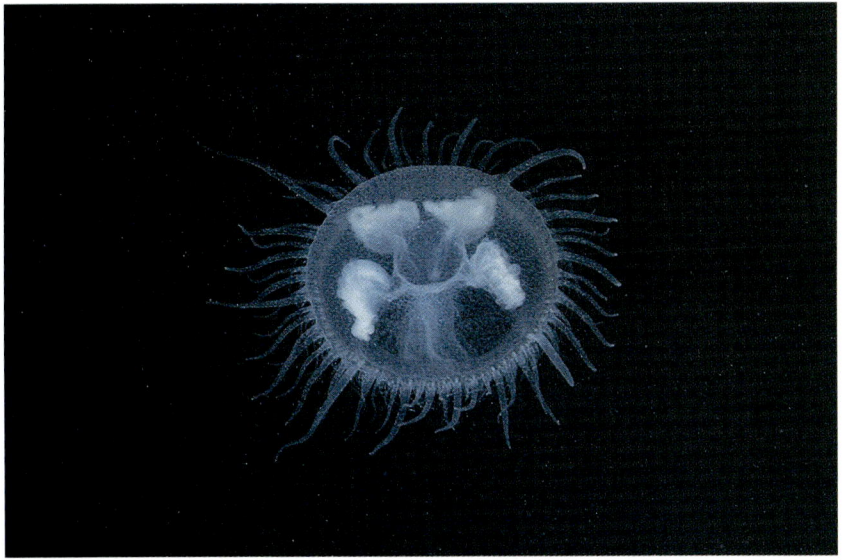

Süßwassermedusen, bis zu zwei Zentimeter große Nesseltiere, schwimmen nur in besonders warmen Sommern in stehenden Gewässern. Wie alle Quallen, bewegen sie sich durch rhythmische Kontraktionen ihres glockenförmigen Körpers.

zu Boden sinkt. Umgekehrt kann sie vom Grund aufsteigen, indem sie ihre Luftkammer ausdehnt und damit Volumen und Auftrieb vergrößert. Meistens kriecht sie so wie die drei Zentimeter große Posthornschnecke auf Steinen und Pflanzen und raspelt mit ihrer Reibeisenzunge Algenaufwuchs oder totes organisches Material.

Die Verwertung aller abgestorbenen Reste beschäftigt das Heer der Detritusfresser. Solange faulende Blätter oder tierische Ausscheidungen noch etwas Energie enthalten, ernähren sich Lebewesen davon. Die wahrscheinlich arten- und individuenreichste Insektenfamilie unserer Binnengewässer sind die Zuckmücken, die als Larven meistens am Grund leben. Besonders fallen die roten Arten auf, deren Blut Hämoglobin enthält. Gemeinsam mit Schlammröhrenwürmern durchwühlen sie oft in Massen den schlammigen Gewässergrund. Wie jeder Aquarianer weiß, sind sie die Lieblingsnahrung vieler Fische. In rastloser Grabe- und Verdauungsarbeit sammeln sie letzte verwertbare Nahrungsteilchen vom Boden. Daß im Haushalt der Natur nichts verlorengeht und nichts übrigbleibt, jeder Abfall wieder als Rohstoff genutzt wird, mag unserer Wegwerfgesellschaft als Zeichen einer Mangelwirtschaft erscheinen, gehört aber zur Strategie, mit der das Unternehmen Leben immerhin seit einer Milliarde Jahren erfolgreich und nachhaltig unseren Planeten bewirtschaftet.

Schlammröhrenwürmer und Zuckmückenlarven verwerten organische Reste am Grund und sind eine wichtige Nahrung für Fische.

Links oben: Die durchsichtigen Büschelmückenlarven können mit ihren beiden Schwimmblasen in waagrechter Lage ihre Position im Wasser steuern. Mit ihren Fühlern fangen sie vor allem Kleinkrebse.

Links Mitte: Der Rückenschwimmer, eine flugfähige Wasserwanze, sammelt Kleintiere von der Oberfläche.

Links unten: Die häufige Spitzschlammschnecke kann auch an der Wasserfläche dahinkriechen. Deutlich ist das geöffnete Atemloch zu erkennen.

Die Teichmuschel braucht zur Fortpflanzung Fische, in deren Kiemenraum sich ihre kleinen Larven eine Zeitlang als Parasiten entwickeln. Beim Bitterling ist es auch umgekehrt: Die Befruchtung und Jugendentwicklung seiner Brut erfolgt in der Muschel.

Im und vom Bodensatz lebt auch die größte und einzige lebendgebärende Schnecke, die kiemenatmende Sumpfdeckelschnecke, sowie mehrere Muschelarten. Teichmuscheln und Malermuscheln sehen wie Steine aus. Wenn wir sie nicht stören, ist aber ihre Doppelschale einen Spaltbreit geöffnet, ein Fuß ragt hervor, mit welchem sie noch langsamer als Schnecken dahinkriechen. Ein Wasserstrom durch den Weichtierkörper ermöglicht nicht nur den Gasaustausch. Aus dem Atemwasser werden auch Nahrungsteilchen filtriert und Samenzellen empfangen, mit ihm werden Ausscheidungen, Spermien oder Muschellarven ausgestoßen. Letztere, die mikroskopisch kleinen Glochidien, müssen einen Fisch finden und einige Wochen lang von ihm als Parasiten ernährt werden, bis sie sich als Jungmuscheln auf den Boden fallen lassen. Ein guter Muschelbestand kann durch seine Filterleistung wesentlich zur Klarheit eines Gewässers beitragen.

Nicht nur Muscheln brauchen Fische zur Fortpflanzung, es gibt auch einen umgekehrten Fall. Das Weibchen des Bitterlings, eines fingerlangen Bewohners pflanzenreicher Uferzonen, deponiert seine Eier mit einer Legeröhre durch die Atemöffnung in den Kiemenraum einer Muschel. Der Samen wird vom Männchen gleichzeitig ausgestoßen und von der Muschel aufgenommen. So findet nicht nur die Befruchtung im Körper einer fremden Art statt, die Fischlarven leben und ernähren sich auch eine Weile in ihrer Leihmutter.

Der Bitterling ist eine jener Fischarten, die man wenig sieht und noch weniger kennt. Neben Zuchtkarpfen, Hecht und Zander, die als Speise- und „Sportfische" geschätzt und von Anglervereinen gefördert werden, leben in der Donau und ihren Augewässern über fünfzig weitere Arten, mehr als die Hälfte davon ist gefährdet. Sogar Schleie und Karausche, früher durchaus populäre Weißfische stehender und langsam strömender Gewässer, zählen bereits dazu. Als Krautlaicher, die sich von Pflanzen auch teilweise ernähren, finden sie gerade in den Donau-Auen noch gute Bedingungen. Sogar der Hundsfisch, der in Österreich bereits als ausgestorben galt, wurde hier wieder entdeckt. Der nur bis zu zwölf Zentimeter lange Hechtverwandte lebt in schlammigen Gräben und Tümpeln von kleinen Tieren und überdauert sogar Trockenzeiten, indem er sich vergräbt. Das Weibchen legt im Frühling seine Eier in ein vorbereitetes Nest, welches dann bewacht wird.

Oben: Der Hecht ist noch häufig, weil er von Anglervereinen durch Besatz gefördert wird. Für die natürliche Fortpflanzung braucht er so wie der Wildkarpfen überschwemmte Wiesen.

Mitte: Die Schleie bewohnt vegetationsreiche Stillgewässer.

Unten: Der anspruchslose, dennoch nahezu ausgestorbene Hundsfisch wurde in den Donau-Auen wiederentdeckt.

Der Schrätzer, ein am Grund lebender, anpassungsfähiger Barsch, kommt nur in der Donau vor.

Oben: Die Barbe, ein nachtaktiver Bodenfisch, ist als Kieslaicher und Bewohner sauerstoffreicher Flüsse die Leitart unseres Donauabschnittes.

Links: Nur vierzig Prozent des Donauufers sind als natürlicher Strand ausgebildet und bieten geeignete Aufwuchsbedingungen für strömungsliebende Fischarten.

Enger wird es für die Flußfische. Die Barbe, die Leitart der Barbenregion, der unser Donauabschnitt angehört, und die Nase, der seltene, nur im Donausystem heimische Frauennervling, die ebenfalls endemischen Barsche Zingel, Streber, Schrätzer und Donaukaulbarsch finden zwar als Adultfische in der frei fließenden Donau ausreichende Lebens- und Nahrungsräume. Zum Laichen brauchen sie jedoch strömungsgeschützte Kiesböden, von denen sich dann die Jungfische, je größer sie werden, in immer stärker durchströmte und nahrungsreichere Zonen wagen. Nur strukturierte Ufer mit Schotterbänken bieten bei wechselnden Wasserständen jederzeit alle benötigten Strömungsverhältnisse in einem kleinräumigen Gradienten. Die Donauregulierung hat nur wenige solcher naturnahen Ufer als Kinderstuben für Fische übriggelassen. Sechzig Prozent der Uferlinie sind einförmige steile Kanten aus Blockwürfen, absolut ungastlich für jegliche Fischbrut.

Gefährdet in ihrem Bestand sind auch jene Fische der Nebenarme, welche zum Laichen und für die Entwicklung ebenfalls das sauerstoffreichere Wasser überströmter Kiesbänke im Fluß brauchen. Zope und Schied zum Beispiel sind darauf angewiesen, auch bei niederem Wasserstand zwischen Donau und Nebengewässern wechseln zu können. Der starke Rückgang vieler Spezies der einmalig artenreichen Fischfauna zeigt, daß die angelaufenen flußbaulichen Renaturierungsmaßnahmen hoch an der Zeit sind. Gewässervernetzungen und vorgelagerte Kiesbänke verbessern den ökologischen Wert über und unter Wasser.

Fischen mit ausgeprägtem Wandertrieb wird selbst der schönste Nationalpark zu klein. Nasen und Barben sind früher hunderte Kilometer die Donau und ihre Nebenflüsse auf und ab gezogen. Der Hausen, mit bis zu neun Metern Länge einer der größten Süßwasserfische, kam zum Laichen gar vom Schwarzen Meer 2000 Kilometer weit heraufgewandert. Die Staudämme am Eisernen Tor versperren heute den Zugang zum Reproduktionsraum und ließen diesen einst so wichtigen Speisefisch an der Donau verschwinden. Bloß der kleinere Sterlet und der bereits verschwundene Glattdick bleiben im Süßwasser, doch sind auch die isolierten Vorkommen des letzten verbliebenen Vertreters der so elegant geformten Knochenschmelzschupper in der Donau gefährdet.

Unter schnell strömenden Gewässern stellen wir uns meist reißende Gebirgsflüsse der Forellen- und Äschenregion vor. Tatsächlich ist die Donau in unserem Bereich noch schneller. Bereits bei Mittelwasserführung eilt sie mit bis zu zwei Metern pro Sekunde oder sieben Stundenkilometern dahin. Erst im Mittellauf, der nach der Hainburger Pforte beginnt, wird sie mit einem deutlichen Gefällsknick langsamer. Die starke Bewegung bedingt einen hohen Sauerstoffgehalt, den nicht nur strömungsliebende Fische vom Eistadium an brauchen. Er ermöglicht auch ein reichhaltiges Kleintierleben am und im Grund des Stromes, von dem sich die Fische ernähren.

Ausschließlich im Donausystem heimisch, lebt der Sterlet im Gegensatz zu seinen ausgestorbenen Verwandten ständig im Süßwasser.

Oben: Die Nase besiedelte einst in Massen schnell fließende Gewässer der Äschen- und Barbenregion, in denen sie weite Wanderungen unternahm. Die hellen Punkte signalisieren als „Laichausschlag" Hochzeitsstimmung.

Hohe Wasserstände bedeuten für die Flußbewohner nicht nur reißende Strömung, sondern auch Dunkelheit. Die stärkste Produktion erfolgt daher bei Niederwasser im Winter.

Die Basis des Nahrungsnetzes ist in der Donau weitaus schwieriger auszumachen als in einem stehenden Gewässer. Höhere Pflanzen können wegen der schnellen Strömung und unruhigen Unterlage nicht wachsen. Plankton wird abgetrieben, und selbst am Kiesgrund werden kleine Tiere leicht fortgerissen. Die Primärproduzenten beschränken sich auf einen grünen Algenbelag. Diese Mikrovegetation entfaltet sich am stärksten im Winter, wenn durch den niederen Wasserstand der Kies stabil, das Wasser klar und der Grund gut belichtet ist. Viele flußbewohnende Eintagsfliegen und andere Insekten haben ihren Entwicklungszyklus darauf abgestimmt, daß ihre Larven im Winter heranwachsen und den aquatischen Rasen beweiden können. Extrem abgeflachte Körperformen und Haftorgane ermöglichen den strömungsliebenden Kleinorganismen den Aufenthalt auf ihren ausgesetzten Nahrungsgründen. Flußbewohnende Köcherfliegenlarven bauen ihr Gehäuse aus Steinchen und heften sich an ihre Unterlage. Die meisten Bodentiere halten sich jedoch in den geschützten obersten Hohlräumen des Flußgrundes auf und bauen aus der Au eingetragenes Laub und anderen Abfall ab.

Fische, Vögel und unsere schönheitsdurstige Seele suchen natürliche Ufer wie jene Stelle zwischen Haslau und Regelsbrunn. Selbst im Nationalpark ist die Donau als Lebensraum durch überzogene Ausbaupläne gefährdet.

Rechts oben: An ihren gekielten Schuppen ist die Ringelnatter als Wasserschlange zu erkennen. Ihre lange, gespaltene Zunge ist Tast- und Riechorgan.

Rechts Mitte: Die seltene Sumpfschildkröte ernährt sich besonders in ihrer Jugend von Kleinkrebsen, Insekten- und Amphibienlarven. Fische sind für sie eher Konkurrenz als Beute, deshalb sind unbewirtschaftete Kleingewässer auch für sie so wichtig.

Rechts unten: Vor allem im Winter fällen die Biber ufernahe Bäume, um an junge Rinde zu kommen. Bei dieser starken Weide haben sie allerdings wieder aufgegeben.

Die hohe Produktivität der fließenden und stehenden Gewässer zieht auch Vertreter von Wirbeltierklassen an, die primär auf dem Land leben: Reptilien, Vögel und Säugetiere. Die Ringelnatter beispielsweise jagt gerne an ruhigen Gewässern und erbeutet Amphibien und Fische. Sie ist eine hervorragende Taucherin und Schwimmerin. Die Kiele auf den Schuppen von Wasserschlangen dienen wie Schiffskiele der hydrodynamischen Stabilität und Manövrierfähigkeit. Trotz solcher Anpassungen an das Wasserleben ist die Ringelnatter auf Sonnenplätze und Verstecke am Land angewiesen sowie auf Laub- und Reisighaufen, in deren Verrottungswärme sie ihre Eier legt und ihre Winterruhe hält.

Ähnlich lebt die weitaus wärmebedürftigere Europäische Sumpfschildkröte. Am Rande ihres mediterranen Verbreitungsgebietes reagiert sie besonders empfindlich, wenn sonnige Ufer verwachsen, Gewässer verlanden, die Wasserqualität abnimmt oder die Störung durch Menschen zunimmt. Langlebige Organismen am Ende der Nahrungsketten sind zudem am stärksten von persistenten Umweltgiften betroffen. Das vom Aussterben bedrohte Reptil hat in den Auen das einzige Vorkommen in Österreich, wo es sich nachweislich noch fortpflanzt.

Der Biber war in unserem Land ein Jahrhundert lang ausgestorben. Sein schöner Pelz und besonders die Verwendung seiner Duftdrüsen mit dem salicinhaltigen „Bibergeil" als Heilmittel führten zu einer hemmungslosen Verfolgung, ähnlich wie es heute bei Nashörnern und Tigern der Fall ist. Erst in den Jahren 1976 bis 1985 wurden Biber am Inn und an der Donau östlich von Wien wieder angesiedelt und vermehren sich seither wieder. Ursprünglich war der Biber bis hoch in den Norden an allen größeren Gewässern zu Hause, die von reichlicher Kraut- und Weichholzvegetation gesäumt sind. Im Sommer sind krautige Wasser- und Uferpflanzen, im Winter die Rinde von Gehölzen, vornehmlich Weiden und Pappeln, die Nahrung der Biber. Die kegelförmigen, von groben Spänen umgebenen Stümpfe, gestürzte Bäume und abgenagte Zweige bezeugen eindrucksvoll den Biß der etwa einen Meter großen und dreißig Kilogramm schweren Nager. Die Eingänge zu ihren Bauen, welche sie in steile lehmige Ufer graben, befinden sich unter Wasser. Beim Schwimmen erfolgt der Antrieb durch die mit Schwimmhäuten ausgestatteten Hinterbeine. Der Schwanz dient als Steuer. Mit dieser „Kelle" wird bei Gefahr im Abtauchen auf das Wasser geklatscht, um Artgenossen zu warnen.

Am sinnfälligsten vermittelt uns die Vogelwelt die Lebensfülle von Feuchtgebieten. Verschiedenste Vogelgruppen haben sich an das Leben am Wasser angepaßt und sind von Naßlebensräumen abhängig. Die Spezialisierung auf bestimmte Ernährungsweisen hat gerade bei der Wasservogelfauna eine unglaubliche Vielfalt an vollendeten Formen hervorgebracht. Viele von ihnen stehen wegen des Schwundes an Lebensräumen auf der Roten Liste. In den Auen zählen sie jedoch zu den auffallendsten und am häufigsten zu beobachtenden Tieren.

So bietet sich der Graureiher geradezu an, zum Wappentier der Donau-March-Auen stilisiert zu werden. Hier befinden sich seine wichtigsten österreichischen Brutvorkommen, er jagt am Wasser, rastet und horstet auf knorrigen Bäumen, ist im Stehen wie im Fliegen eine ungemein schlanke und edle Erscheinung. Obwohl er in der Au verbreitet und häufig zu sehen ist, vermittelt sein Anblick stets den Eindruck exklusiver Eleganz. Sein überschlanker Körper eignet sich ideal zum Pirschen und Lauern im seichten Wasser. Minutenlang können Reiher unbeweglich verharren, um bei passender Gelegenheit mit ihrem spitzen Pinzettenschnabel blitzschnell zuzustoßen. Es ist spannend zu beobachten, wie gekonnt und doch auch mühsam sie sich ernähren. Ihre Jagdmethode erfordert Distanz zu Artgenossen, ihr Sicherheitsbedürfnis macht sie aber gesellig. Daher rasten sie gerne gruppenweise und bauen ihre Horste in Kolonien, obwohl sie sich nicht gerade zu lieben scheinen – ein Mindestabstand in der Reichweite ihrer Schnäbel wird eingehalten. Vereinzelt, aber regelmäßig halten sich Silberreiher in den Donau-Auen auf. Sie brüten hier nicht, sondern kommen einzeln oder in kleinen Trupps als Sommer- und Wintergäste.

Graureiher stehen oft lange Zeit unbeweglich im Wasser. Aber ihr erhobener Kopf verrät höchste Aufmerksamkeit.

Links: So wie viele Jäger pflegen Reiher die energiesparende Tugend der Faulheit.

Links oben: Der schlanke Körperbau der Reiher ist eine ideale Anpassung an die Jagd auf flinke Beute in seichtem Wasser.

Links Mitte: Auch wenn die jungen Graureiher bereits fliegen, warten sie im Horst auf die Fütterung durch die Eltern.

Links unten: Der Silberreiher schreitet beim Jagen oft schnell und stößt nach aufgescheuchten Fischen.

Noch mehr Besucher beherbergt die Donau im Winter. Bei großer Kälte konzentrieren sich die verschiedenen Schwimmvögel auf die eisfrei bleibenden Wasserflächen. Wenn die Nebengewässer immer mehr von Eis bedeckt werden, bleibt schließlich nur mehr der Strom übrig, dessen starke Bewegung ein Zufrieren lange verhindert. Scharenweise gründeln Stockenten in Flachwasserbereichen oder ruhen auf Schotterbänken. In kleineren Trupps schwimmen Schellenten, die zu den Tauchenten gehören und daher auch in tieferen Bereichen Insektenlarven und andere Kleintiere vom Flußgrund aufsammeln.

Von ihnen und den vielen anderen Enten-, Säger- und Taucherarten sind die großen, schwarzen Kormorane leicht zu unterscheiden. Als spezialisierte Fischjäger können sie tief und lange tauchen. Einmalig in der Welt der Wasservögel ist ihr benetzbares Gefieder zur Verminderung des Auftriebes. Ohne Luftpolster um den Körper können sie zwar gewandter unter Wasser ihre Beute verfolgen, verlieren aber auch mehr Wärme. Daher sind besonders im Winter ausreichende Fischbestände für den Kormoran wichtig, damit die Jagd nicht zu lange dauert. Nach deren Beendigung werden am Ufer die Flügel kräftig ausgeschüttelt und selbst bei klirrendem Frost zum Trocknen ausgebreitet. Zum Übernachten versammeln sich hunderte Kormorane in Schlafkolonien an wenig gestörten Ufern auf hohen Bäumen, die im Laufe des Winters vom Kot eine weiße Patina bekommen. Das abendliche Aufbaumen ist mit aufgeregtem Flattern und Rufen verbunden, denn oft finden die gänsegroßen Vögel erst nach mehreren Anflügen einen Ast, der ihrem Gewicht gewachsen ist. Kolonieweise brüten sie auch, oft zusam-

Links oben: Schellenten kommen als nordische Brutvögel an die eisfreie Donau.

Links Mitte: Kormorane müssen ihr benetzbares Gefieder nach ihren Tauchgängen trocknen lassen.

Links unten: Lachmöwen finden an Ufern ebenso ihre Nahrung wie auf Äckern und sogar in großen Städten. Als Brutvögel sind sie jedoch bei uns stark gefährdet.

Tagsüber verraten die vom Kot weiß getünchten Bäume den Schlafplatz der Kormorane.

Oben: Bei Sonnenuntergang versammeln sich die Kormorane, die an der Donau den Winter verbringen, immer auf denselben Schlafbäumen.

men mit Graureihern. Allerdings nicht mehr in Österreich, wo sie immer wieder als „Fischräuber" systematisch geschossen wurden. Die deutliche Zunahme überwinternder Kormorane in den letzten Jahren läßt hoffen, daß diese urtümlichen Tiere gerade in den Donau- und Marchauen, wo noch vor achtzig Jahren hunderte Horste existierten, auch wieder brüten werden. Eine zeitgemäße Fischerei schöpft den natürlichen Ertrag mit tierschutzgerechten Methoden ab. Sie fühlt sich dem Schutz aller Fischarten und ihres Lebensraumes verpflichtet. Dazu gehört, daß sie Kormorane und andere Fischjäger, die großteils ohnehin wirtschaftlich uninteressante Arten verfolgen, als Kollegen und Verbündete respektiert, die lange vor ihr da waren.

Die meisten Wasservögel sowie Möwen und andere Watvögel, die wir im Winter oder zu den Zugzeiten an der Donau beobachten, brüten in den ausgedehnten Feuchtgebieten Nord- und Nordosteuropas. Das winterliche Zufrieren ihrer Nahrungsgründe zwingt sie zum Zugvogeldasein. Dabei ist nur bei wenigen Wasservögeln das Zugverhalten starr angeboren. Spieß- und Knäkente zum Beispiel treten unabhängig von den momentanen Wetterbedingungen ihre Reise in den Süden an, wie wir es auch von Störchen oder vielen Singvögeln kennen. Die meisten Schwimmvögel passen sich den schwankenden Bedingungen flexibler an und weichen dem Eis nur so weit nach Süden aus, bis sie wieder offene Gewässer als Rastplatz und Nahrungsquelle finden.

Morgen bei Schönau. Österreich hat sich zum Schutz seiner bedeutendsten Feuchtgebiete verpflichtet. Auch nach der Einrichtung des Nationalparks Donau-Auen bleibt noch viel zu tun.

Ebenso wie die in die Tausende gehende Zahl gefiederter Gäste an der Donau illustriert die Anwesenheit des Seeadlers den ökologischen Stellenwert dieses Gewässers. Der imposante Greifvogel mit einer Spannweite von über zwei Metern, der sich vornehmlich von Wasservögeln, Fischen und Aas ernährt, eignet sich wie alle Arten am Ende von Nahrungsketten als Bioindikator für die Qualität seines Lebensraumes. Wobei Qualität als ganzheitlicher Begriff alle Umweltfaktoren einschließt, vom Nahrungs- und Strukturangebot bis zu einem ausreichend geringen Maß an Störungen oder naturfremden Giftstoffen. Da der Seeadler am Rand seines nordosteuropäischen Verbreitungsgebietes im Winter regelmäßig in den Donau-Auen jagt und auch während der Brutzeit beobachtet wird, hofft man auf seine Rückkehr als Brutvogel.

Die Abhängigkeit vieler, teils bedrohter Vogelarten von Gewässern wird uns durch ihre winterliche Konzentration an wenigen Orten vor Augen geführt. Aber besonders in den letzten fünfzig Jahren gingen natürliche Ufer und Überschwemmungsflächen in dramatischem Ausmaß verloren. Gerade die österreichische Donau illustriert diesen Verlust: Achtzig Prozent ihres Laufes wurden zu einer Kraftwerkskette umgebaut, wo die von der Regulierung noch übriggelassenen Uferstrukturen durch Dämme mit Asphaltwegen ersetzt sind. Österreich ist der Ramsar-Konvention, einem internationalen Vertrag, dessen Mitglieder sich zum Schutz bedeutender Feuchtgebiete verpflichten, beigetreten und hat unter anderem die Donau-March-Thaya-Auen als Ramsar-Gebiet ausgewiesen. Der lange Marsch vom Wunsch zur Wirklichkeit, mit seinen Höhepunkten in der Aubesetzung 1984 und der Eröffnung des Nationalparks Donau-Auen 1996, ist noch nicht zu Ende. Die Umsetzung von Naturschutzzielen im Nationalpark wie in den noch umfassenderen Europäischen „Natura-2000-Gebieten" erfordert ein allgemeines Problembewußtsein und die Mithilfe vieler Menschen.

AUWALD
Dschungel mit Pausen

Schlinggewächse wie der Hopfen sind charakteristisch für den mit Wasser und Nährstoffen gesegneten Auwald. Selbst am Ufer herrscht Konkurrenz um das Licht.

Links: Von Lianen übersponnene Bäume hüllen den Auwald in eine dschungelartige Dämmerung.

Keine Lebensgemeinschaft führt uns so sinnfällig die Kraft und Fülle der organischen Welt vor Augen wie der Wald. Sind doch seine wesentlichsten Elemente, die Bäume, die größten Lebewesen. Jahrhunderte können sie alt werden, Dutzende Meter hohe Räume überwölben, in deren Schutz und ausgeglichenem Klima die zahllosen Waldbewohner leben. Sträucher und Kräuter, Moose und Pilze, Pflanzen-, Fleisch- und Abfallfresser, grabende und kletternde, laufende und fliegende Tiere haben sich an den Lebensraum Wald angepaßt, dessen Strukturen vom Baumbestand mehr bestimmt werden als vom Gelände oder Untergrund. Die gewachsenen Konstruktionen aus Stämmen, Ästen und Blättern umschließen mit ihrer gewaltigen Biomasse die vielschichtige, geheimnisvolle Welt des Waldes, der höchstentwickelten Vegetationsform.

Eine dynamische Flußau zeigt uns in ihrer räumlichen Anordnung die zeitliche Entwicklung des Auwaldes und seines Bodens zu einem zunehmend komplexen Gefüge. Außerdem ist der Auwald besonders produktiv. Weil es an Wasser und anderer Pflanzennahrung kaum mangelt, kann das verfügbare Licht voll genutzt und ein Höchstmaß an Energie in organischer Masse fixiert werden. Daher konkurrieren die Pflanzen in einem reifen Auwald vor allem um Licht. Lianen sind wohl die ausgeprägteste Anpassungsform dafür. Das Gewirr von krautigen und holzigen Schlinggewächsen macht die Au vollends zu einem von Wüchsigkeit strotzenden Dickicht, das an tropische Dschungel erinnert.

An größeren Nachbarn hochzuwachsen und so eigene Stützgewebe zu sparen, hat wie so vieles Erfolgreiche in der organischen Welt gleich mehrere Techniken hervorgebracht. Am raffiniertesten erscheint das Winden, bei dem sich der Sproß beim Wachsen kreisend an seiner Stütze hochschraubt. So erklimmt die Zaunwinde mit einem wenige Millimeter starken Stengel spielend eine Höhe von fünf Metern. An Ufer- und Auwaldsäumen leuchten ihre großen, reinweißen Trichterblumen, welche besonders von Nachtfaltern besucht werden. Schwärmer schweben in brummendem Rüttelflug wie Kolibris vor der Blüte und senken ihren Saugrüssel in den tiefen Nektargrund. Der Windenschwärmer legt auch seine Eier auf Windenblätter, von denen sich die Raupen ausschließlich ernähren. Sein schneller Flug ermöglicht diesem Kind der Tropen, wie ein Zugvogel jeden Sommer über das Mittelmeer und die Alpen bei uns einzufliegen. Die Kälteperiode kann er bei uns nicht überdauern, aber die Fülle unseres grünen Halbjahres ist ihm die tausende Kilometer weite Reise wert.

Der Windenschwärmer kommt im Sommer aus Afrika zu uns.

Oben: Zaunwindenblüte und Fruchtzapfen vom Hopfen.

Die Wilde Weinrebe, eine botanische Kostbarkeit der Au, leuchtet in der Herbstfärbung von hohen Bäumen.

Die Zaunwinde gibt als krautiges Staudengewächs im Herbst ihre oberirdischen Triebe auf und bildet am Boden Knospen, die auf den Frühling warten. Der Hopfen, der im Gegensatz zur Zaunwinde in linken Schraubenwindungen wächst, macht es ansonsten ähnlich. Nur bildet die wesentlich schwerere Pflanze als zusätzliche Ankerorgane an ihrem Stamm fünf Reihen von winzigen Kletterhaken. An den weiblichen Pflanzen der zweihäusigen Art hängen im Spätsommer die hellgrünen Fruchtzapfen. Unter ihren Schuppen wird in gelben Drüsen das Lupulin produziert, jener Stoff, der dem Bier die rechte Würze verleiht. Zu seiner Gewinnung wird der Hopfen seit dem achten Jahrhundert kultiviert.

Die Stammform einer noch älteren und edleren Kulturpflanze ist sehr selten zu finden: Die Wilde Weinrebe ist ebenfalls eine Kletterpflanze der Au. Da sie nicht geschnitten wird, erreicht die verholzende Weinrebe mit den Jahren eine Länge von dreißig Metern. Sie windet nicht, sondern sichert sich mittels Ranken, die sich im jungen Stadium um alles wickeln, was sie berühren. Oft bemerken wir die Wilde Weinrebe erst im Herbst, wenn ihre Blätter gelb oder rot verfärben. In einem noch intensiveren Rot glüht da die ebenfalls zu den Weingewächsen zählende Jungfernrebe, die aus Nordamerika stammt.

Weitaus häufiger ist die Waldrebe, die oft Bäume und Waldränder überspinnt. Wie viele Hahnenfußgewächse ist sie giftig. Sie ist bei uns der einzige Vertreter ihrer Familie, der zu armdicken Lianen verholzen kann. Ihre rahmfarbenen Blüten im Hochsommer sind ein ebensolcher Schmuck der Au wie die Samenschöpfe, die als behaarte Flugorgane aus den Griffeln entstehen und bis in den Winter am kahlen Gezweig auf einen Sturm warten. Die Waldrebe hält sich ebenfalls mit Ranken fest, die sie aus den Spindeln ihrer gefiederten Blätter bildet.

Der Efeu heftet sich weder durch windendes Wachstum noch mittels Ranken an seine Unterlage, sondern ist ein Wurzelkletterer. Aus seinem Sproß wachsen tausende kleine Wurzeln, die sich in jeder

Links oben: Der Waldrand an einer Wiese bei Orth ist vom Gespinst der Waldrebe wie in einen Mantel gehüllt.

Links unten: Blühende Traubenkirschen und Lianen der Waldrebe spiegeln sich im Haslauer Arm.

Die herbstlichen Efeublüten werden hauptsächlich von Wespen und Fliegen besucht und befruchtet.

Oben: Mit seinem dunklen, immergrünen Laub bildet der Efeu auf einer starken Schwarzpappel bei Petronell einen Kontrast zu den frühlingsgrünen Weiden.

kleinsten Vertiefung verankern. Diese Technik macht es dem Efeu möglich, an starken Baumstämmen oder Felsen hochzuklimmen. Vielleicht hat seine besonders tragfähige Unterlage damit zu tun, daß er sich immergrüne Blätter leisten kann. Winterliche Schneelasten sind für ihn keine Gefahr. So kann der Efeu nicht nur zum Licht emporklettern, sondern überdies auch in tieferen Stockwerken den vermehrten Lichteinfall des winterkahlen Waldes nutzen, sobald frostfreie Tage eine Assimilation erlauben. Als Meister im Vermeiden von Konkurrenz erweist sich dieses einzige Araliengewächs in Europa auch durch seine herbstliche Blühzeit. Bis in den November locken seine hellgrünen Dolden mit ihrem starken Duft letzte Wespen und winterschläfrige Fliegen an.

Uns Menschen symbolisiert der immergrüne Efeu so ernste Begriffe wie Treue, Ewigkeit und Unsterblichkeit. In seiner Umgebung herrschen dagegen Veränderung und Wechsel. Kein anderer Großlebensraum der Erde weist in den vier Jahreszeiten so verschiedene Aspekte auf wie jener des winterkahlen, laubwerfenden Waldes, des nemoralen Zonobioms. Sein phänologisch spektakulärstes Ereignis, die herbstliche Verfärbung, ist gerade nicht die Stärke der Au. Der tiefen Weidenau fehlen die leuchtenden Herbstfarben fast völlig. Weiden und Erlen, die meisten Eschen und Pappeln entledigen sich ihrer Blätter in grünem Zustand. In der Pappelau malen nur Traubenkirschen und Hartriegelsträucher, Schneeball und Pfaffenhütchen bunte Tupfer ins herbstliche Unterholz. In den Kronen leuchten höchstens einmal gelbe oder rote Flatterulmen. Nur die Harte Au wird vor dem Laubfall von jenem goldenen Licht durchflutet, das, von Millionen gelben Blättern gefiltert und reflektiert, die Laubwälder der gemäßigten Breiten so einmalig macht. Die Herbstfärbung, die durch Abbau und Entzug von Blattgrün und anderen wertvollen Stoffen entsteht, ist eine Maßnahme zum haushälterischen Umgang mit Ressourcen. Pflanzen, die im Überfluß leben, können darauf verzichten.

Mit einer eher bescheidenen Verfärbung beendet der Auwald seine Vegetationsperiode.

Rechts: Die verfärbten Herbstblätter werden am Boden schnell zur Streudecke, die von Pilzen durchwachsen und von zahllosen Kleinorganismen zu Humus zersetzt wird.

Schnell werden die abgefallenen Blätter im feuchten Milieu der Streuschicht vom unsichtbaren Heer der Zersetzer bearbeitet. Bakterien und Pilzgeflechte durchwachsen die abgestorbenen Laubmassen, grüne wie verfärbte Blätter verbleichen zu braunem Bestandsabfall, von welchem sich Springschwänze und Milben, Würmer und viele andere Tiere ernähren. Der hohe Gehalt an schwer verdaulicher Zellulose und anderem Stützgewebe, ein typisches Merkmal der Landpflanzen, erfordert die Hilfe von Mikroorganismen, welche selbständig leben oder symbiotisch als „Darmflora", sowie die wiederholte Aufnahme und Ausscheidung (Koprophagie) des sich allmählich zu Humus wandelnden Materials. Die Detritusnahrungskette, in der auch Räuber als Sekundärkonsumenten leben, gleicht die Kleinheit ihrer Teilnehmer durch deren hohe Zahl und schnelleren Stoffwechsel aus. Selbst im Winter schreitet im Schutz einer isolierenden Fallaub- und Schneedecke der Abbau voran.

Der physiologische Sinn des Laubwurfes ist der Schutz vor den Härten des Winters. Die gewaltige Reduzierung der Oberfläche minimiert die Lasten von Schnee, Rauhreif und Sturm, vor allem aber die Verdunstung. Da in gefrorenem Holz ein Wassertransport nicht möglich ist, sind Vorkehrungen gegen das Vertrocknen ebenso wichtig wie gegen die Frostsprengung der Gewebe. Da bewährt es sich, die transpirierenden Stoffwechselorgane abzustoßen und Pause zu machen. In den Blattachseln werden vorher noch Knospen angelegt, unter deren schützenden Schuppen eng gefaltete Blatt-, Blüten- und Sproßanlagen bereit liegen. Über den Ansatz des Blattstiels wächst Rindengewebe, unterbricht Leitungsbahnen und mechanische Verbindungen zwischen Blatt und verholztem Sproß. Der nächste Regen, welcher sich ans Laub hängt, löst Blatt um Blatt, zieht es flüsternd hinab, bis es wie ein Schatten den Boden um jeden Baum bedeckt. Ganz anders werden die Blätter im Sturm fortgerissen. Wie Vögel werden sie in die Höhe getragen, zu Schwärmen vereinigt, wirbeln und tanzen und eilen davon.

Auch in entlaubtem Zustand sind Bäume gut zu bestimmen. Die Silberpappeln bei Mühlleiten erkennt man an ihrer hellen Rinde.

Rechts: Für Weiden und jedes andere Gehölz kann Rauhreif schnell vom Schmuck zur Last anwachsen. Der Laubwurf hilft, diese zu verringern.

Zum Herbstende ist der Wald entkleidet, aus dem kompakten Überbau des Landes wird ein durchsichtiges Spitzenwerk. Von der Architektur bleibt nur das tragende Skelett übrig mit seiner eigenen Schönheit und Vielfalt. Schlankes Filigrangezweig kennzeichnet die Weiden, stämmiger sind die lichten Gestalten der Silberpappeln, knorrig die starken Schwarzpappeln und Eichen. Wir können uns darin üben, die Baumarten an ihrem Wuchscharakter von ferne zu erkennen und dann an Rinde, Form und Stellung der Knospen zu bestimmen. Feuchter Schnee und besonders Rauhreif, der auf dem kahlen Gezweig in nebeligen Frostnächten dem Wind entgegenwächst, verzaubern den Wald in eine gleißende Kristallwelt. Größer könnte der Gegensatz zur grünen Dämmerung im Dschungel des sommerlichen Auwaldes kaum sein.

Amphibien, Gliederfüßler und andere wechselwarme Tiere haben sich in den Boden, ins Wasser und in sonstige Verstecke verkrochen und verharren in energiesparender Kältestarre. Dadurch sind auch jene, die sich von ihnen ernähren, zu einer Umstellung gezwungen. Fledermäuse und manche andere Säugetiere halten einen Winterschlaf, in dem sie ihre Körperwärme auf wenige Grad herunterregeln. Viele Vögel ziehen in wärmere Länder, die Meisen stellen sich teilweise auf das Sammeln von Sämereien um. Nur Kleiber und die verschiedenen Spechte finden ihre lebende Nahrung auch jetzt in gewohnter Weise, indem sie Borke und morsches Holz abklopfen. Ebenso gehen die körnerfressenden Finkenvögel ihrem üblichen Nahrungserwerb nach, die meisten Arten vereinigen sich allerdings im Winter zu Schwärmen. Bei den Distelfinken verrät der Name bereits, wo wir diese bunten Vögel am ehesten antreffen. Die Kernbeißer, die mit ihrem mächtigen Schnabel sogar Kirschkerne knacken, nutzen jetzt besonders die reiche Samentracht der Hainbuchen in der Harten Au. Grünfinken und Gimpel oder Dompfaffen mögen auch die Knospen an den Zweigen vieler Bäume und Sträucher.

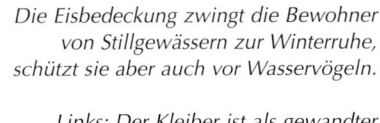

Die Eisbedeckung zwingt die Bewohner von Stillgewässern zur Winterruhe, schützt sie aber auch vor Wasservögeln.

Links: Der Kleiber ist als gewandter Kletterer darauf spezialisiert, in der Borke versteckte Gliederfüßler zu sammeln.

Links oben: Blaumeisen stellen sich so wie manche andere Singvögel, die den Winter über nicht fortziehen, teilweise auf Samenfutter ein.

Links Mitte: Der Kernbeißer, unser größter Finkenvogel, kann mit seinem starken Schnabel auch harte Samen knacken.

Links unten: Optische Signale und arttypische Rufe ermöglichen Gimpeln und anderen Kleinvögeln, im Schwarm beisammenzubleiben.

Die zunehmende Tageslänge läßt bereits im Spätwinter die Säfte steigen. Knospen schwellen, die Rinde von Weiden und anderen Holzgewächsen wird glänzend und farbig. Im Boden schieben manche Zwiebeln ihre Triebe bis unter die Oberfläche. Sobald im März, manchmal schon im Februar, ein paar Föhntage den Boden erwärmen, schimmert die Au von Millionen Schneeglöckchen. Statt einer Schneedecke bedeckt nun ein weißer Teppich von zarten Blüten den winterlichen Waldboden. Früher als jede andere Blume blüht dieses edle Narzissengewächs und treibt auch schon zwei schmale Blätter. Einige Wochen später setzen Blaustern und Gelbstern frohe Farbtupfen dazwischen.

Je kleiner die Pflanze ist, desto früher muß sie austreiben, um in den Lichtgenuß zu kommen. Die Hyazinthenblüten vom Blaustern erheben sich nur etwa einen Dezimeter über den Boden.

Rechts: Wenige Frühlingswochen lang beherrscht der Bärlauch die Pappel- und Harte Au.

Links oben: Unzählige Schneeglöckchen bedecken als erste Blumen den Boden der winterkahlen Au. Die brettartigen Wurzelanläufe sind typisch für die Ulme.

Links unten: Im Gegensatz zu den Zwiebelpflanzen hat das Gelbe Windröschen seine Reservestoffe in einem kriechenden Wurzelstock gespeichert.

Die ersten Frühlingsboten riskieren Frost und Schnee, erzielen damit aber den entscheidenden Vorteil, der Lichtkonkurrenz auszuweichen. Sind sie doch sämtlich ausgesprochen zwergige Pflanzen. Schon das Gelbe Windröschen im April und erst die dichten Blatt- und Blütenmassen des Bärlauches wenige Wochen später überragen und überschatten sie, lassen sie buchstäblich verschwinden. Alle diese Aublumen haben an ihren Standorten beste Bedingungen, jedoch nur für eine sehr kurze Zeitspanne, die es durch einen raschen Austrieb möglichst zu nützen gilt. Unterirdische Speicherorgane wie Zwiebeln, die verdickten Sprosse der Windröschen oder die Wurzelknollen des Scharbockskrautes machen es möglich, daß die Blüten bereits mit den Blättern aus dem Boden schießen. Als Erdpflanzen (Geophyten) brauchen diese Lebensformen zum Aufbau ihrer Triebe und zum Auffüllen ihrer Speicher zwar mehr Energie, dafür kommen sie mit besonders kurzen Vegetationszeiten aus. Denn ihre üppigen Blüh- und Wachstumsphasen im zeitigen Frühling finden durch Lichtmangel ein schnelles Ende. Selbst die strotzenden Bärlauchbestände welken bald, weil über ihnen Sträucher und Bäume ein dichtes Blätterdach ausbreiten. Am stechenden Geruch von faulendem Lauch merken wir, daß sich die Frühblüher bereits Anfang Juni verabschieden, nur als unterirdische Knospe weiterexistieren und bis zum nächsten Frühling vom angesammelten Vorrat zehren.

In dieser bunten Gesellschaft der Frühlingsgeophyten fällt ein blaßrosa Gewächs ohne Blattgrün als heterotrophe Pflanze auf, die Schuppenwurz, die auf Baumwurzeln schmarotzt. Ohne assimilierende Blätter verzichtet dieser Parasit auf die Nutzung des Lichtes als Energiequelle und nascht am Ertrag von Bäumen mit, die von den vereinzelten Exemplaren dieser eigenartigen Pflanze sicher nicht geschädigt werden.

Im Boden sind die Speicherorgane der Geophyten gut geschützt. Aber sie vertragen keine längere Staunässe. Daher ist die tiefer gelegene und häufig überflutete Weidenau kein geeigneter Standort. Viel empfindlicher und genauer als jede Baumart zeigt ihr Vorhandensein einen Ort über den jährlichen Hochwässern an. Der manchmal wie abgeschnitten wirkende Rand von Schneeglöckchen- oder Bärlauchbeständen markiert oft Höhenlinien, die man sonst im flachen Relief des Aubodens kaum wahrnehmen würde. Treten Flatterulmen und Eschen als erste Harthölzer auf, so ist der Abstand zum Grund- und Hochwasser noch etwas größer. Schlüsselblumen und Lerchensporn sowie der massenhaft auftretende Geißfuß oder Giersch zeigen einen humosen, reifen Edellaubwaldstandort an.

Alte Weiden werden oft vom Schwefelporling befallen, können aber noch jahrzehntelang damit leben.

Links oben: Die bleiche Schuppenwurz ist als Schmarotzer von Gehölzen nicht auf Licht als Energiequelle angewiesen, wohl aber darauf, von bestäubenden Insekten entdeckt zu werden, solange die Krautschicht noch nieder ist.

Links Mitte: Die Schmetterlingstramete schmückt mit ihren Fruchtkörpern totes Starkholz, das sie mit ihrem Myzelgeflecht durchwächst.

Links unten: Auf kleinen morschen Zweigen wächst der Zinnoberrote Kelchbecherling.

Im zeitigen Frühling leuchten manche Pilze zwischen den Aublumen. Sie brauchen kein Licht, dafür lieben sie die hohe Feuchtigkeit dieser Jahreszeit und zersetzen organisches Material. Normalerweise sehen wir nur ab und zu ihre Fruchtkörper, während ihr Myzelgeflecht andauernd Totholz oder Bodenstreu durchwächst. Sehr häufig schmückt die Schmetterlingstramete Strunk- und Fallholz von Laubbäumen mit zahlreichen bunt geringelten Konsolen. Sehr selten ist dagegen der Zinnoberrote Kelchbecherling, der in Auwäldern am Boden liegende morsche Zweigstückchen bewohnt. Die große Gruppe der Pilze umfaßt ausschließlich heterotrophe Pflanzen, ohne die der Abbau der Holz- und Blattmassen eines Waldes nicht möglich wäre. Daher sind sie im Naturhaushalt unentbehrlich. Manche Bäume und Orchideen ernähren sogar in ihrem Wurzelbereich symbiotische Pilze, die Mykorrhiza, durch die sie Wasser und Nährstoffe erhalten. Allerdings gibt es auch parasitische Pilze, die als Sporen zum Beispiel an Verletzungen in den Holzkern eindringen und einen geschwächten Baum allmählich von innen zerstören. Wenn auf alten Weiden oder Eichen die Fruchtkörper vom Schwefelporling erscheinen, ist sein Myzel längst im Holz verbreitet. Dennoch kann es Jahrzehnte dauern, bis ein kernfauler Baum abstirbt oder zusammenbricht. Bis dahin ist er willkommene Nahrung für Käferlarven oder andere Pilze, bietet Wohnhöhlen für unzählige Insekten, Vögel und Säugetiere.

Silberweiden wie jene am Röthelsteiner Arm bilden die tiefstgelegenen Auwälder. Da hier keine forstwirtschaftlich interessanteren Bäume gedeihen, sind Weidenauen meist naturnah geblieben.

Sobald die Tagundnachtgleiche Ende März offiziell den Frühling beginnen läßt, genügen ein paar milde Tage, um Strauchweiden an den Ufern und die Silberweiden in der tiefen Au mit einem unvergleichlichen Hoffnungsgrün zu verzaubern. Ihre Farbe wird noch heller durch die Blütenkätzchen, die bei Silberweiden mit den Blättern, bei manchen Strauchweiden schon vorher erscheinen. Die Weidengewächse, zu denen auch die Pappeln gehören, sind zweihäusig, jedes Exemplar trägt entweder nur männliche oder nur weibliche Blüten. Männliche und weibliche Kätzchen haben keine farbigen Kronblätter, dennoch locken sie mit Nektar und süßem Duft Insekten an, die den Pollen zu den Narben transportieren.

Frühlingsgrün erheben sich die Weiden bei Schönau über aufgehäuftes Treibholz. Üppiges Leben neben rauhen Naturgewalten, diese Kennzeichen der Wildnis begegnen uns hier immer noch.

Oben: Auch an diesem exponierten Standort am Strand einer Insel bei Orth behängt sich die Silberweide im April mit gelben Kätzchen.

Während ringsum alle Laubwälder noch kahl sind, ist bei den Weiden das Sprießen und Blühen bereits in vollem Gange. Die Weidenau ist weit und breit der erste Ort im Jahr, wo der Frühling voll ausbricht. Bis in die hohen Kronen füllt sich der Wald mit fröhlichsten Grüntönen, dem Summen von Bienen und Fliegen, einem belebenden Geruch nach Honig und warmer Erde. Daß die flußnahen Weiden es sind, welche als erste austreiben, mag mit ihrer reichlichen Wasserversorgung zusammenhängen. Ihre frühe Belaubung ist neben der häufigen Vernässung vielleicht eine Ursache für das Fehlen einer ausgeprägten Strauchschicht.

Dafür ist auf den rohen, aber mit Wasser und Nährstoffen reich gesegneten Böden der tiefen Auen die Brennessel als Stickstoffzeiger in ihrem Element. Mit weit verzweigenden Wurzeln und Ausläufern kann diese wehrhafte Pflanze andere Kräuter verdrängen und Reinbestände bilden. Dennoch behaupten sich sogar manche einjährige Pflanzen (Annuelle oder Therophyten) im Gewucher der Krautschicht. Das Klebrige oder Klettlabkraut hält sich mit unzähligen Hakenhaaren an Nachbarpflanzen oder Totholz fest und verzichtet auf selbsttragende Sprosse. So kann es als Spreizklimmer andere Kräuter überwachsen. Meist keimt es bereits im Herbst, überwintert als unscheinbare Rosette, um gleich im Frühling durchzustarten. Zum Sommerbeginn stirbt es bereits ab, weil es ihm im Wald zu dunkel geworden ist.

Im Frühjahr wächst das Klettlabkraut besonders schnell und klammert sich mit winzigen Haken an fremde Unterlagen. Die Taubnesseln werden bald von ihm überwachsen.

Oben: Im Hochsommer ist das einjährige Klettlabkraut im dämmerigen Wald bereits abgestorben.

Die meisten anderen Baumarten der Auwaldgesellschaften lassen sich noch einige Wochen Zeit, bis sie grün werden. Fast alle aber haben es eilig mit dem Blühen. Windbestäuber wie Erlen und Ulmen, Pappeln und Eschen werden ohne Blattwerk wohl leichter befruchtet. Da sie auf optische Signale an die Insektenwelt verzichten können, müssen wir die Bäume recht genau beobachten, um ihre meist rötlichen Blüten zu entdecken.

Aber die Sträucher beeilen sich mit dem Austrieb, um den hohen Bäumen über ihnen zuvorzukommen. Die Traubenkirsche entfaltet bereits Anfang April ihre Blätter und nach wenigen Wochen ihre weißen, stark duftenden Blüten. In manchen Jahren wird sie allerdings von den Raupen der Traubenkirschen-Gespinstmotte buchstäblich kahlgefressen und bis zum Stammfuß eingesponnen. Der solcherart verkleidete Baum treibt nach der Verpuppung seiner gefräßigen Gäste neu aus und erholt sich rasch. Nun entfalten auch Holunder und Schneeball, Pfaffenkäppchen und Roter Hartriegel ihre Blätter, bald darauf auch ihre Blüten.

Oben: Nach den Kräutern treiben die Sträucher aus und erst als letzte die Silberpappeln, Eschen und anderen Bäume. So wird das lebenswichtige Licht von allen Schichten des Waldes genutzt.

Bei starkem Befall hüllen die Traubenkirschen-Gespinstmotten in einem Gemeinschaftswerk vor ihrer Verpuppung den kahlgefressenen Wirtsbaum in ein zartes Gewebe.

Nach den Moosen besiedelt die Gundelrebe als eine der ersten Blütenpflanzen mit ihren Ausläufern zerfallendes Holz.

Rechts oben: Der giftige Ölkäfer oder Maiwurm hat als Brutschmarotzer eine komplizierte und riskante Entwicklungsbiologie.

Rechts Mitte: Wie alle Schmetterlinge benutzt der Feuerfalter seine Flügel als Sonnenkollektoren, wenn er sich am Morgen wärmt.

Rechts unten: Nur im Frühling fliegt der eigenartig gefärbte Aurorafalter auf das Wiesenschaumkraut und andere Kreuzblütler, an denen sich später seine Raupen entwickeln.

Bis zum Maibeginn sind die höher gelegenen Auböden noch ein durchsonnter Blumengarten. Darin locken neben den Geophyten auch noch Taubnesseln und Lungenkraut, Gundelrebe und Märzveilchen mit Düften, Farben und symmetrischen Ornamenten verschiedene Insekten. Der rege Verkehr von Blütenbestäubern ruft das Interesse von anderen hervor. Spinnen, räuberische Käfer und Wanzen sind ebenso zu den Blüten unterwegs und auch manche, die von Bestäubern auf noch subtilere Weise profitieren. Ein eigenartiger Brutschmarotzer ist der Ölkäfer, ein blauschwarz glänzender, flugunfähiger Käfer, dessen Weibchen mit einem geradezu beängstigend aufgetriebenen Hinterleib mehr als drei Zentimeter lang ist. Der Grund für diese Deformation ist keine Krankheit, sondern die biologische Notwendigkeit, einige tausend Eier zu produzieren, damit die Erhaltung dieser nirgends häufigen Art gesichert ist. Die frisch geschlüpfte Larve muß nämlich an einer Pflanze hochklettern und eine Blüte finden, damit sie die Chance hat, ein haariges Insekt zu berühren. An dieses klammert sich die Ölkäferlarve und läßt sich forttragen. Aber nur dann, wenn es eine Solitärbiene ist, die gerade ihre Brutkammer füllt, erreicht sie den Ort, an dem sie sich entwickeln kann. Dort frißt sie Eier, Pollen und Nektar, welche die Wirtsbiene für ihre Brut eingelagert hat, gräbt sich zur Verpuppung in den Boden, um im zeitigen Frühjahr als fertiger Käfer an die Oberfläche zu kommen. Die trägen Tiere können sich weder auf Flucht noch auf Tarnung verlassen. Dafür sind sie giftig und werden kaum gefressen. Ihre Abwehrreaktion hat den Ölkäfern ihren Namen gegeben: An den Beingelenken werden zähe, gelbe Tropfen ausgepreßt, die Cantharidin, das berüchtigte Gift der Spanischen Fliege, enthalten.

Da erscheint uns das Leben von Bienen, Schmetterlingen und anderen, die auf der Suche nach Nektar und Pollen die wie festliche Tafeln geschmückten Blüten aufsuchen, vergleichsweise einfach und harmlos. Doch bedingt die Metamorphose, daß in jedem Insekt eigentlich zwei gänzlich verschiedene Wesen stecken, welche nacheinander in einer festgelegten Folge erscheinen. Aus der blattfressenden Raupe wird ein Schmetterling, und der prächtige, nektartrinkende Feuerfalter „weiß", daß er seine Eier auf Ampferpflanzen heften muß, weil sie die alleinige bekömmliche Nahrung für seine Kinder sind. Nur im ersten Frühling fliegt der Aurorafalter und findet zum gleichen Zweck zielsicher das Wiesenschaumkraut oder die Knoblauchsrauke. Die schlanken Bockkäfer, die ebenfalls gerne an Blüten naschen, fressen alle als bleiche Maden lange Gänge durch abgestorbenes Holz. Uns Menschen erinnern diese verblüffenden Verwandlungen an die Märchen von Zauber und Erlösung, die ihrerseits eigene tiefe Wünsche und Ängste widerspiegeln. Für das jeweilige Lebewesen erschließt dieser Rollenwechsel Nahrungsressourcen, Schutzräume oder andere ökologische Vorteile. Ein Wunder der Natur bleibt er allemal, auch wenn die chemische Struktur und Wirkungsweise der steuernden Hormone entschlüsselt sein sollte.

Die zunehmende Wärme und Tageslänge vollendet das zaghafte Grün des Vorfrühlings zu einem üppigen Blätterkleid. Für viele Konsumenten sind Blätter die Nahrung, die in unterschiedlichster Weise geerntet und verwertet wird. Das feuchte Milieu des Auwaldes begünstigt etliche landbewohnende Arten aus der Klasse der Schnecken. Als größte fallen die Weinbergschnecken auf, als häufigste die Baumschnecken mit ihren glänzenden, dunkelbraun gesprenkelten Häusern, die manchmal in Massen den Boden bevölkern. Eine ähnliche Gehäuseform haben Bänderschnecken. Von einfarbigem Hellgelb bis zu verschieden breiten braunen Streifenmustern ihrer Häuser schwankt das Aussehen dieser hübschen Tiere außerordentlich stark. In der europäischen Fauna ist der Polymorphismus der Bänderschnecken eine Besonderheit, in den Tropen trifft man ihn häufiger an. Mit einer reibeisenartigen Zunge zerraspeln die Schnecken vornehmlich absterbende Blätter. Einzigartig im Tierreich ist die Methode ihrer Fortbewegung. Die Wellenbewegungen ihrer Kriechsohle auf einem selbstgelegten Schleimteppich ermöglicht ihnen ein langsames, aber sehr sicheres Fortkommen. Glattes, senkrechtes oder gar überhängendes Gelände ist ebensowenig ein Hindernis wie Stacheln und Dornen. Trotz ihrer Gehäuse, in die sich diese Tiere bei Gefahr oder zur Ruhe zurückziehen, sind sie für vielerlei Verfolger eine wichtige Nahrung. Für etliche Arten von Laufkäfern sind Schnecken die Lieblingsspeise, der sie mit ihren starken Mandibeln zu Leibe rücken. Drosseln zerschlagen gar erbeutete Gehäuseschnecken auf geeigneten Steinen, die als sogenannte Drosselschmieden oft benützt werden. Igel knacken mühelos Schneckenhäuser, selbst den kleinen Spitzmäusen gelingt dies mit ihren nadelspitzen Zähnen, und auch Waldmäuse nutzen neben ihrer pflanzlichen Kost diese leicht zu erbeutende Fleischnahrung.

Im Auwald sind die Schnecken, zu denen auch die unbehausten Nacktschnecken oder Schnegel gehören, als kleine Pflanzenfresser eine wichtige Nahrungsbasis vieler Sekundärkonsumenten. Einen Eindruck von ihrer Masse bekommen wir bei Hochwasser. Da sitzen sie zusammengedrängt auf erhöhten Plätzen und schwimmenden Treibhölzern, zugleich ein Hinweis, wie erfolgreich der alte Stamm der Weichtiere auch das Festland besiedelt.

Links oben: Baumschnecken leben massenhaft im Auwald. Sie bewegen sich zwar langsam, aber sicher in jedem Gelände.

Links Mitte: Bänderschnecken wie die Wiener Schnirkelschnecke gibt es in verschiedenen Farben und Mustern.

Links unten: Der Blaue Laufkäfer und seine Verwandten erbeuten mit Vorliebe Schnecken bis zu ihrer eigenen Größe.

Waldmäuse ernähren sich außer von Samen und Gliederfüßlern auch von Schnecken.

Oben: Rothirsche leben nach Geschlechtern getrennt in Rudeln. Nur wenige Wochen lang im September macht die Brunftzeit die beiden befreundeten Vierzehnender zu unverträglichen Rivalen.

Stammesgeschichtlich wesentlich jüngere und höher entwickelte Primärkonsumenten sind die Huftiere. Der Rothirsch ist das größte Tier der Au, gefolgt vom Wildschwein. Beide hatten ihren ursprünglichen Kernlebensraum in den ehemals weitläufigen Augebieten der Flußniederungen. Auch heute sind Auhirsche wesentlich stärker als jene, die im Gebirgswald leben, welche übrigens in früheren Zeiten den Winter über ebenfalls in die Talauen gezogen sind. Gegenüber diesen eingefleischten Waldbewohnern bevorzugt das Reh halboffene Landschaften, zieht zur Äsung gerne auf Auwiesen oder angrenzende Felder.

111

Obwohl Rehkitze bereits nach ihrer Geburt der Mutter folgen, drücken sie sich bei Gefahr auf den Boden.

Diese großen und beweglichen Großpflanzenfresser beeinflussen ihren Lebensraum auf ganz andere Weise als etwa Schnecken oder Raupen. Schweine durchpflügen regelrecht den Boden auf der Suche nach nahrhaften Wurzeln und Bodentieren. Geweihträger hinterlassen durch Verbeißen, Schälen und Fegen ihre Spuren im Wald. Natürliche Populationen wirken dennoch positiv auf die Bestandsverjüngung. Erst einseitige Übernutzungen des Menschen – durch Fütterung überhöhte Wilddichten oder durch Monokultur verarmte Wälder – erzeugen den Konflikt zwischen Forst und Jagd. Während das Schwarzwild ähnlich wie der Mensch besonders nährstoffreiche Früchte und andere pflanzliche Speicherorgane suchen muß, finden Rot- und Rehwild als Wiederkäuer mit Blättern, Knospen und Rinden das Auslangen. Möglich macht dies ihre Symbiose mit im Pansen lebenden Bakterien. Die vermögen die Kohlenstoffringe der Zellulose zu knacken und in verwertbare Fettsäuren zu verwandeln. Diese unsichtbaren Köche im mehrhöhligen Wiederkäuermagen schließen die Energie von Blattmassen mit wesentlich höherem Wirkungsgrad auf als etwa Insekten.

Alle Huftiere bringen weit entwickelte Laufjunge zur Welt, die nach wenigen Tagen der Mutter folgen. Durch das Fehlen eines Eigengeruches und eine fleckige Tarnzeichnung sind sie besonders geschützt. Wie bei den meisten Tieren, ist auch für sie der Frühling mit seinen milden Temperaturen, seiner reichen Nahrung und deckenden

Das Rotkehlchen, einer unserer häufigsten Waldvögel, ist im Frühling mit seinem hohen Gezwitscher zu hören.

Oben: Der Große Buntspecht ist unter den sieben in den Donau-Auen brütenden Spechtarten der häufigste.

der Auwald voller Kinderstuben, in Dickungen und Kräuterdschungeln werden Frischlinge, Kitze, Kälber gesetzt und gesäugt. In der Bodenstreu haben Rotkehlchen und Waldlaubsänger ihr Nest, während viele andere Waldvögel in Baumhöhlen oder Astgabeln nisten. Allenthalben wird gefüttert, aber auch gesungen.

Vom Vorfrühling an erklingen immer mehr Vogellieder. Zu den munteren Rufen von Meisen und Kleibern, den schwermütigen Elegien von Drosseln und Amseln schwätzen Stare, schmettern Finken, trommeln Spechte auf dürre Äste. Mit dem Eintreffen der Zugvögel gesellen sich dazu das weinerliche Lied vom Wendehals, das scharfe Wetzen vom Gelbspötter, die unvergleichliche Kuckucksterz, zuletzt das sehnsuchtsvolle Lied der Nachtigall und der verschlungene kurze Flötenruf vom Pirol. So steigern sich an jedem frühen Morgen die einzelnen Stimmen zu einer dichten Komposition, die nach ihrem Höhepunkt bei Sonnenaufgang in den sanften Klangteppich des Aufrühlings übergeht. Dutzende Vogelarten können wir an charakteristischen Melodien, Klangfarben und -mustern erkennen. Anwesende Brutvögel sind oft eher zu hören als zu sehen. Wenn ein Männchen singt, dann markiert es damit sein Revier, lockt ein Weibchen an, bringt es in Balz- und Brutstimmung. Bei manchen Arten scheint sogar das Weibchen den besseren und einfallsreicheren Sänger zu bevorzugen. So stehen auch Sangeskunst und Kreativität im Dienste der Arterhaltung. Das schließt nicht aus, daß ein kleiner Vogel mit seinem Gesang auch Sehnsucht, Liebesglück und Lebenslust ausdrückt oder einfach aus spielerischer Freude am eigenen Können singt. Naturerscheinungen sind immer mehrdeutig, weil die Wirklichkeit stets komplexer ist als unser Denken.

Vegetation die ideale Geburtszeit. Beim Schwarzwild fällt entsprechend der Keimentwicklungsdauer die Paarung, in der Waidmannssprache die „Rauschzeit", in den Winter. Die Hirschbrunft bringt dagegen schon im September die sonst so versteckten Auhirsche in Unruhe, und die Rehe haben ihre Treibzeit bereits zum Sommerbeginn. Eine Keimruhe bis über den Winter ermöglicht die verlängerte Tragzeit, sodaß die kräftezehrende Liebe in einer nahrungsreichen Jahreszeit gefeiert werden kann. Im Mai ist

Mit der Sonnwendzeit im Juni erreichen Lichteinfall, Produktion und Wachstum ihren Höhepunkt. Übermannshohe Brennesselbestände und Schwärme von Gelsen, besonders nach Hochwässern, machen den Auwald zur grünen Hölle, sodaß seine scheuen Bewohner kaum von Menschen gestört werden. Abhängig vom Vorhandensein oder Fehlen von Regenperioden und Hochwässern ist die Stechmückenplage von Jahr zu Jahr äußerst unterschiedlich. Sind doch fliegende Insekten für Singvögel ebenso wie für Fledermäuse, Spinnen oder Libellen eine begehrte Beute, sodaß sie ebenso schnell dezimiert werden, wie sie entstehen. Vor allem regeln Trockenperioden ihren Bestand immer wieder herunter. Heißen Sonnenschein und trockene Luft meiden Stechmücken, umso beharrlicher

Je grüner, wärmer und wasserreicher die Au wird, desto mehr entwickeln sich Stechmücken zur Plage.

Rechts: Aus den eingerollten Puppen zwischen den Gelsenlarven schlüpfen die erwachsenen Tiere. Andere Arten entwickeln sich in feuchter Laubstreu.

suchen sie im schwülen Waldesdämmer und selbst in völliger Dunkelheit einen Träger warmen Blutes zu ihrem Reifetrunk. Im Gegensatz zu stechenden Bremsen spüren wir zunächst gar nicht, wenn der Stechapparat von Gelsen unsere Haut durchbohrt, so fein ist er gebaut und so sensibel wird er von den zartgliederigen Zweiflüglerweibchen eingeführt. Erst das Einspritzen des gerinnungshemmenden Speichels löst das gefürchtete Brennen und später die juckende Schwellung aus. Die Mücken müssen das tun, damit das anschließend gesaugte Blut in ihrem dünnen Rüsselkanal flüssig bleibt. Ein vielfaches ihres Körpergewichtes nehmen sie davon auf und verwandeln es in einige hundert Eier, die sie am Wasser zu winzigen Schiffchen fügen.

Wer die Selbstdisziplin und Gelassenheit aufbringt, Gelsen zu ignorieren, wird nicht nur allmählich immun, sondern lernt auch die anderen sommerlichen Aspekte der Au kennen. In dieser Jahreszeit ist sie so voller Leben, daß wir beinahe Laubabwurf und Winterstürme vergessen könnten. Aber die abnehmende Tageslänge steuert auch jetzt den Lebensrhythmus. In lauen Mittsommernächten geistern Leuchtkäfer wie laternentragende Kobolde den Waldrand entlang, in dem der Nachtigallenschlag verstummt ist. Nur die Männchen, die Johanniskäfer, schweben lautlos in ruhigen Bahnen dahin auf der Suche nach Weibchen. Die erklimmen als flugunfähige „Glühwürmchen" erhöhte Punkte und signalisieren per Leuchtfeuer ihre Liebesbereitschaft. Das schwefelgelbe Licht, welches durch Oxidation des Leuchtstoffes Luciferin erzeugt wird, glimmt sogar aus den Eiern am Boden. Dort leben recht versteckt die stark segmentierten Larven und jagen Schnecken, die sie mit einem Giftbiß töten.

Durch die sommerliche Abenddämmerung brummen schwerfällig und geräuschvoll Hirschkäfer. Schon im Flug erkennen wir die Männchen an ihren geweihartig vergrößerten Kieferzangen. Diese Mandibeln taugen zwar für den Rivalenkampf, aber zur Nahrungsaufnahme sind sie nicht zu gebrauchen. Daher sind männliche Hirschkäfer auf verletzte Laubbäume, besonders Eichen, angewiesen, deren austretenden Saft sie mit der Unterlippe lecken, oder auf Weibchen, die mit ihren normalen Mundwerkzeugen die Rinde aufbeißen, um eine solche Nahrungsquelle zu erschließen. Ihr Geweih ist genau wie jenes der Hirsche eigentlich höchst unpraktisch und hinderlich. Dennoch entscheidet es bei beiden Arten über den Fortpflanzungserfolg und zählt als krönender Schmuck zu den imposantesten Gebilden des Tierreiches.

Auf Blößen und aufgelichteten Stellen ist die Au auch im Sommer voller Blumen und Schmetterlinge. Pfauenauge und Landkärtchen, Admiral und Distelfalter leben alle als Raupe von den nahrhaften Brennesseln. Als Erwachsene trinken sie an den Blüten von Wasserhanf, Dost, Ackerdistel, Sumpfdistel und Krausdistel, deren Blütenbau speziell auf die langrüsseligen Schmetterlinge abgestimmt ist.

An Flüssen und Verkehrswegen breiten sich bevorzugt manche neu eingebürgerten Pflanzenarten (Neophyten) aus. Kanadisches Berufkraut und Feinstrahl, Nachtkerze und Riesengoldrute, die sämtlich aus Nordamerika stammen, haben als Pioniergewächse an sonnigen Plätzen ein erstaunliches Durchsetzungsvermögen. Die Goldrute kann mit ihren Rhizomen ausgedehnte Bestände bilden, welche prachtvoll blühen, aber mit bis zu zwei

Das Drüsige Springkraut mit seinen lila Blüten kann so wie manche anderen Neubürger die heimische Flora zurückdrängen. Im Hintergrund bilden Weißdorn und Hopfen einen dichten Waldmantel.

Links oben: Mehrere Jahre brauchen die Larven des Hirschkäfers, um in morschem Eichenholz heranzuwachsen. Naturnahe Eichenbestände sind eine Voraussetzung dafür, daß diese imposanten Insekten an lauen Sommerabenden fliegen.

Links Mitte: Beim Pfauenauge und anderen Insekten dienen Augenattrappen neben der Partnerfindung auch dem Schutz: Mit ihnen wird ein viel größeres Tier vorgetäuscht.

Links unten: Der Distelfalter, der sich wie mancher andere Schmetterling an Brennesseln entwickelt, ist bei uns nur Sommergast.

Metern Höhe die ursprüngliche Flora stark unterdrücken und lange Zeit keine Sträucher und Bäume aufkommen lassen. Heimische Gehölze werden auch verdrängt, wenn der aus China stammende Götterbaum und die Robinie oder Falsche Akazie ihre Wurzelbrut entwickeln. Die Robinie bewirkt zudem als Schmetterlingsblütler mit Hilfe der symbiotischen Knöllchenbakterien eine starke Überdüngung des Bodens mit Stickstoff, sodaß außer Klettlabkraut, Brenn-, Taub- und Schwarznesseln kaum etwas wächst. Im pannonischen Raum, wo sie besonders gut gedeiht und wegen ihres dauerhaften Holzes und ausgezeichneten Bienenfutters gerne gepflanzt wurde, hat dieser nordamerikanische Baum vielerorts die heimische Vegetation zerstört.

Neophyten sind als Konkurrenten unserer Pflanzen nicht nur bei Botanikern wenig beliebt, sondern ebenso bei Zoologen und Ökologen. Ist doch die Kleintierwelt seit Jahrtausenden an die heimische Flora angepaßt und von ihr abhängig. Man rechnet, daß im Durchschnitt jede Pflanzenart zehn Tierarten ernährt oder beherbergt, die ihr auf klimabedingten Wanderungen ebenso folgen wie auf die Roten Listen gefährdeter Arten. Und dort stehen bereits weit über tausend österreichische Farn- und Blütenpflanzen, die Hälfte unseres Artenbestandes. Neubürger haben dagegen kaum auf sie spezialisierte Parasiten und Konsumenten, wodurch sie zwar ungehemmt wachsen, aber wenig zur Förderung der Lebensgemeinschaft beitragen und insgesamt die Artenvielfalt verringern.

Zu den wenigen Nutznießern vom eingeschleppten Drüsenspringkraut zählt die Raupe des Kleinen Weinschwärmers, die ursprünglich auf Weidenröschen, Labkraut und dem Großen Springkraut oder Rührmichnichtan lebt. Dessen riesenhafte, aus Indien stammende Vettern sind offenbar nahe genug verwandt, daß sie den Raupen dieses hübschen Schmetterlings ebenfalls schmecken. Die verpuppen sich im Herbst im Boden, schlüpfen im Mai und fliegen nur bis Anfang Juli. Vor allem in der Dämmerung, in der sie mit ihren großen Augen gut sehen, schweben sie rüttelnd vor Blüten.

Jede Schmetterlingsart hat ihre eigene Flugzeit. So sind Pfauenaugen über das ganze Jahr anzutreffen, weil sie als Falter überwintern und dann zwei Generationen bilden. Dagegen überwintert das Landkärtchen als Puppe. Eine Besonderheit dieser Art ist der Saisondimorphismus: Wer es nicht weiß, würde die Frühjahrsgeneration mit dem orangegelben Muster und die schwarzgrundige Sommerform für verschiedene Arten halten. Admiral und Distelfalter sind dagegen nur im Sommer bei uns. Als „Zugvögel" unter den Schmetterlingen verlassen sie uns in den letzten Herbsttagen und überfliegen die Alpen, weil sie nur im warmen Süden den Winter überleben. Wie sich die kleinen Insekten auf ihrer beschwerlichen Reise orientieren, ist mindestens so wunderbar und immer noch rätselhaft wie das Geheimnis des Vogelzugs.

Oben: Der Götterbaum ist an seinen großen gefiederten Blättern leicht zu erkennen.

Mitte: Der Gelbrandrüßler, der sich auf einem Silberpappelblatt sonnt, ist in Auen recht häufig.

Unten: Der Kleine Weinschwärmer ruht auf dem Blütenstand vom Natternkopf. Die Nahrung wird im Rüttelflug aufgenommen.

An den Enden der Nahrungsketten stehen die Beutegreifer, die Prädatoren. Der weitaus häufigste Greifvogel des Auwaldes ist der Mäusebussard. Er braucht Baumbestände zum Horsten ebenso wie offene Flächen zum Jagen. Auch der Wespenbussard besiedelt aufgelockertes Altholz-, Wiesen- und Buschgelände. Da er außer Insekten gerne Amphibien nimmt, erreicht auch er in den Donau-Auen ungewöhnlich hohe Brutdichten. Der Habicht findet als spezialisierter Vogeljäger und Bewohner abwechslungsreicher Waldlandschaften ebenfalls ideale Bedingungen. Das dichte Gewässernetz begünstigt vor allem den Baumfalken, der hier reichlich Kleinvögel und Libellen findet. Der heute seltene Schwarzmilan baut seinen Horst in der Nähe von Gewässern und nutzt als Allesfresser zur Brutzeit bevorzugt die Fischbestände.

Ein Vierzehnender zieht mit seinem Harem über die Lichtung.

Links: In den ersten nebelkühlen Herbsttagen beginnt die Brunftzeit der Hirsche.

Vorherige Seite:

Oben: Der Schwarzmilan, ein typischer Greifvogel der Au, ist an seinem langen, gegabelten Stoß zu erkennen. Als Zugvogel ist er nur im Frühling und Sommer bei uns.

Unten: Der Mäusebussard ist wesentlich häufiger und das ganze Jahr über hier.

Solche letzten Glieder der Nahrungsketten zeigen als Bioindikatoren die ökologische Qualität des gesamten Ökosystems an. Durch die weitgehende Rücknahme der Forstwirtschaft auf den lokalen Brennholzbedarf werden Alter und Totholzanteil, Holzvorrat und Schichtung der Waldbestände zunehmen. Vor allem verschwinden die einförmigen Kulturen der nicht vermehrungsfähigen Hybridpappeln und machen, je nach Standort, harten oder weichen Auwaldgesellschaften Platz. Die zunehmende Strukturierung bedeutet für die meisten waldbewohnenden Tierarten eine Aufwertung ihres Lebensraumes. Dazu bewirkt die bessere Anbindung der Nebengewässer an den Strom bei Hochwasserereignissen verstärkte Abtragungen und Ablagerungen. Solche räumlich begrenzte Katastrophen erhöhen auch die Standortvielfalt der Auwälder. Nur Rohböden mit hohem Lichtangebot bieten zum Beispiel ein geeignetes Keimbett für Weiden, Pappeln und Pionierarten.

Eingriffe anderer Art werden vermutlich zur Regulierung des Schalenwildes nötig sein. Seine natürlichen Feinde Luchs, Bär und Wolf sind ausgerottet. Solange sie nicht in die Auen zurückkehren, werden auch nach Einstellung der Wildfütterung die Nahrungsverknappung im Winterhalbjahr und die Hochwässer kaum ausreichen, die Bestände in natürlichen, waldverträglichen Grenzen zu halten. Ein Ersatz des herkömmlichen Jagdsports durch eine unauffällige Entnahme von Wild wird nicht nur dieses vertrauter und für den Besucher erlebbar machen. Auch Vögel unterscheiden schnell Gebiete, in denen nicht gejagt wird, und reagieren mit geringerer Fluchtdistanz.

Mit den ersten kühleren Nächten im September und dem Nahen der Tagundnachtgleiche setzt die Hirschbrunft ein. Die nach Geschlechtern getrennten Rudel, die das ganze übrige Jahr ein äußerst heimliches Leben führen, lösen sich auf. Die starken Platzhirsche beanspruchen ein Territorium, dessen wichtigster Teil ein Harem von Hirschtieren ist, die sie notfalls mit Geweihschlägen zusammenhalten und von denen sie jeden Rivalen verjagen. Von Liebe und Eifersucht getrieben, scheinen sie ihre sonstige Vorsicht zu vergessen, wandern unruhig durch die Au und treten sogar am lichten Tag aus ihren Einständen. Ihr tiefes Röhren verrät schon von weitem ihre Anwesenheit, und mit etwas Glück können wir in dieser Zeit gerade die besten Exemplare dieses königlichen Wildes für ein paar Augenblicke sehen.

Mit verfärbten Sträuchern am Waldrand beginnt die winterliche Ruhepause. Die tropisch anmutende grüne Üppigkeit verwandelt sich in wenigen Wochen in durchsichtiges Geäst.

Die Farben des Herbstes zeigen sich auf immer mehr Blättern, vorher leuchten sie auf reifen Früchten. Scharlachrot prangen die mehligen Beeren vom Zweikernweißdorn, für längere Zeit die Hauptnahrung von Amseln und Drosseln. Hellrot glänzen die Früchte von Schneeball, Bittersüßem Nachtschatten und Zaunrübe. Im Gebüsch leuchten die orangefarbenen Lampions der Blasenkirsche. Erst wenn im Spätherbst von diesen aufgeblasenen Kelchen nur mehr das Skelett übrig ist, zeigt sich darin die rote Beere dieses giftigen, nährstoffreiche Böden liebenden Nachtschattengewächses.

Mit dem Reifen, Verfärben und Welken rüstet sich der Auwald zur Winterruhe. Die Schreie südwärts ziehender Staffeln von Wildgänsen über dem durchsichtiger werdenden Laubdach erinnern uns daran, wie still es geworden ist. Längst sind die meisten insektenjagenden Vögel in wärmere Gebiete gereist, bevor bei uns ihre Nahrung knapp wurde. Raupen, Mücken, Spinnen, die ganze fliegende und krabbelnde Welt hat sich in Baumritzen und in den Boden zurückgezogen. Der Dschungel macht Pause, nimmt seine Betriebsamkeit zurück, legt sein nährendes Blätterkleid wieder ab.

AUWIESEN

Heißländen, Trockenrasen und Naßwiesen

Ein guter Teil des berühmten Artenreichtums der Au beruht auf ihrer aufgelockerten Struktur. Gewässer verschiedener Art unterbrechen den geschlossenen Wald ebenso wie Wiesenflächen. Die so entstehenden langen Grenzlinien zwischen verschiedenen Lebensräumen, die Ökotone, sind bekanntlich besonders reich belebt. Wiesen sind als niedrige Vegetation krautiger Gewächse eine interessante Welt für sich, bewohnt von zahlreichen spezialisierten Pflanzen und Tieren, dabei überschaubarer als andere Lebensgemeinschaften. Jedes Kind wird von Blumenwiesen angezogen, Bilder von ihnen erwecken fast automatisch den Eindruck unverfälschter Natur.

Die meisten Wiesen sind jedoch Werke des Menschen. Auch die Auwiesen sind überwiegend durch Rodung entstanden und müssen ein- bis zweimal jährlich gemäht werden, damit sie sich nicht in Wald zurückverwandeln. Natürliche Wiesen sind in Mitteleuropa nur die alpinen Rasen über der Baumgrenze, wo die Vegetationszeit für Holzgewächse zu kurz ist, die Moorwiesen, wo es für Wald zu naß ist, sowie die primären Trockenrasen. Diese entstanden auf seichtgründigen Böden über durchlässigem Untergrund mit trockenwarmem Lokalklima. Daher sind in Österreich Trockenrasen eine typische Vegetationsform des kontinental getönten pannonischen Bezirkes. Wie die meisten Sonderstandorte sind sie allerdings selten. Trockenrasen vermitteln etwas von der herben Atmosphäre östlicher Steppen. So wie die Wälder, können auch diese Gesellschaften von Kräutern und Gräsern recht verschieden zusammengesetzt sein.

Wiesen im Auwald erhöhen mit ihrem in vielerlei Hinsicht gegensätzlichen Pflanzenkleid die ökologische Vielfalt. Der Waldrand mit blühenden Schlehen unter der Hainburger Brücke ist besonders reich belebt.

Die Trockenrasen der Au werden als Heißländen bezeichnet. Es sind von Extremhochwässern aufgeworfene Schotterrücken, auf die später nur wenig Schlick und Feinmaterial abgelagert wurde. Dadurch speichern sie nur wenig Wasser und trocknen in heißen Dürrezeiten so stark aus, daß sich auf ihnen lediglich eine spärliche Pflanzendecke entwickelte. Das Absinken des Grundwassers nach der Donauregulierung sowie das Ausbleiben von Überflutungen nördlich des Schutzdammes haben die Entstehung von Heißländen begünstigt. Daher konzentrieren sie sich auf den Bereich der Lobau. Da bilden sie manchmal ausgedehnte Savannen zwischen Waldkomplexen und Gewässern, sind ein wesentlicher Bestandteil der Au, bereichern sie in ihrem Wert als Lebens- und Erholungsraum.

Meist sind diese Grassteppen schütter bestanden mit Eingriffeligem Weißdorn, dem wärmeliebenden Liguster und dem Sanddorn, der als Schotterpionier die Gebirgsflüsse bis ins Tiefland begleitet und heute selten geworden ist. Sogar einzelne Schwarzpappeln mit ihren typischen Stammwülsten bilden knorrige Krüppelformen. Dürre Wipfel verraten so wie manche Weißdornbüsche, die wie waagrecht gestutzt aussehen, den zeitweiligen Zusammenbruch der Wasserversorgung in den obersten Zweigen.

Linke Seite: Das Fuchshäufel und andere Heißländen machen mit ihren Trockenrasen besonders die Lobau zu einer parkartigen Landschaft. Ende April blüht das Kleine Knabenkraut.

Oben: Der Eingriffelige Weißdorn schmückt sich als Rosengewächs im Mai mit prachtvollen Blüten.

Der Sanddorn wächst auf rohen Schotterböden im Gebirge wie in der Ebene.

Unserem Nützlichkeitsdenken gelten solche wasser- und nährstoffarmen Böden als unproduktives Ödland. Doch trockenheits- und wärmeliebende (xerotherme) Bewohner aus Südosteuropa und dem Mittelmeerraum finden da geeignete Lebensbedingungen. Botaniker wie Zoologen zählen Trockenrasen zu den Lebensgemeinschaften mit den meisten seltenen Arten. Die Kargheit der Heißländen hält wüchsige, anspruchsvolle Pflanzenarten fern und begünstigt die zarteren, aber angepaßten. Niederer Wuchs und kleine, schmale Blattflächen schützen gegen Wassermangel und austrocknende Steppenwinde und genügen beim reichlich vorhandenen Licht als Assimilationsorgane. Manche Pflanzen schützen sich auch durch derbe Haut, Wachsüberzüge oder einen Haarpelz vor übermäßigen Wasserverlusten. Die wasserspeichernden (sukkulenten) Blätter des Mauerpfeffers sowie tiefreichende Pfahlwurzeln wie bei der Golddistel oder Heidefackel-Königskerze sind ebenfalls Anpassungen, die es diesen Pflanzen erlauben, im heißen Sommer zu blühen. Die meisten Arten schalten aber in dieser trockenen Zeit eine Ruhepause ein. Sie nutzen die vom Winter hinterlassene Feuchte, indem sie rasch im ersten Frühling austreiben. So wie den Boden im Auwald, bedeckt auch die Heißländen ein Meer von frühen Blumen. Es sind wieder Geophyten, deren unterirdische Reservedepots ihnen ermöglichen, in den ersten milden Tagen aus dem Boden zu schießen, Blüten und Blätter zu entfalten. Ist es im sommerlichen Wald die Dunkelheit, so treibt hier die drohende Trockenheit zur Eile und begünstigt schnell startende Gewächse. Da erscheinen die purpurnen Orchideenblüten des Kleinen Knabenkrautes, die dunkelblauen Spitzhüte

Zwischen den im Spätsommer bereits abgestorbenen Golddisteln grünt die nächste Generation gemeinsam mit anderen Rosettenpflanzen, die mit tiefen Pfahlwurzeln, niederem Wuchs und Einrichtungen zum Verdunstungsschutz der Trockenheit widerstehen.

der Traubenhyazinthe und die strahlenden Scheindolden des Milchsterns im dürren Gras. Einen etwas höheren Wuchs wagt dann im Mai das Helmknabenkraut.

Eine andere Strategie, der unwirtlichen Sommerdürre auszuweichen, haben die einjährigen Pflanzen, die als Frühlingsannuelle aus einer im Herbst gebildeten Rosette einen zarten, spindeligen Blütenstand treiben. So entfalten sich manchmal Massen von Hungerblümchen und anderen weißen Kreuzblütlern, um bereits im späten Frühling auszureifen und abzusterben. Die karge Sommerzeit überdauern sie als Samen, die in geeigneten Keimbetten von der herbstlichen Feuchtigkeit geweckt werden.

Die Frühblüher machen einer ebensolchen Pracht von Sommerblumen Platz, die im voll entwickelten Bestand von Furchenschwingel, anderen Gräsern und Seggen auch höhere Gestalten bilden. Zu großen, sperrigen Kugelformen wachsen die Rispen-Flockenblumen und die Mannstreu heran. Wenn ihr Stammfuß im Herbst bricht, werden sie mit ihren Samen als „Steppenroller" vom Wind über die Ebene befördert und verbreitet. Eine häufige Anpassung an den offenen, Wiederkäuern besonders zugänglichen Standort ist die Ausstattung mit Stacheln. Die vielen, den verschiedensten Familien zugehörigen Dornbüsche und Disteln beweisen eindrucksvoll, wie sich solche Bewehrung bewährt.

Oben: Das Kleine Knabenkraut ist ein typischer Frühlingsgeophyt. Die unterirdische Doppelknolle als Speicherorgan gab der Pflanze ihren Namen: Orchis heißt im Griechischen Hoden.

Mitte: Auch der Milchstern beeilt sich mit dem Wachstum, um der sommerlichen Trockenheit auszuweichen.

Unten: Die Mannstreu, ein Doldengewächs, das zur Distel wurde, dient ihrer Verbreitung durch ihre sperrige Kugelform als Steppenroller.

Einzelne verkrüppelte Schwarzpappeln zwischen Trockenbusch und Grasland bei Mühlleiten erinnern an Savannen.

Rechts: Die im Mittelmeergebiet heimische Blaue Holzbiene lebt bei uns nur an besonders warmen Stellen.

Rechts oben: Für den Ockergelben Braundickkopf und manche anderen Insekten sind die flachen Blütendolden gleichzeitig Nahrungs- und Paarungsplätze.

Rechts Mitte: Die Goldene Acht ist ein verbreiteter Bewohner sommerlicher Trockenwiesen.

Rechts unten: Der Schwalbenschwanz legt seine Eier in sonnigen Wiesen auf Doldengewächse, denn nur von diesen können sich seine Raupen ernähren.

Blumen ziehen die Insektenwelt an, denn für sie sind sie gemacht. Jeder dieser aufwendigen Schauapparate signalisiert mit starken Farben und symmetrischen Mustern bestäubenden Insekten eine Futterquelle. Entsprechend dem trockenen Kleinklima leben auf den Heißländen mediterrane Arten wie die Holzbiene. Mit 2,5 Zentimetern Länge ist dieses schwarzblau metallisierende Insekt unsere größte Biene, noch etwas größer als Hummeln. Die Weibchen dieser Solitärbienen nagen in einen dürren Ast einen mehrere Dezimeter langen Gang, teilen ihn in Kammern, die sie mit Blütenstaub vollpacken und mit einem Brei aus Holzspänen zumauern, nachdem sie noch ein Ei hineingelegt haben. Erst im nächsten Frühjahr befreien sich die fertig entwickelten jungen Holzbienen aus ihrer engen Wiege. So wie die staatenbildende Honigbiene, unser kleinstes Haustier, finden auch Wildbienen über kilometerweite Entfernungen von einer Trachtquelle zu ihrem Nest und umgekehrt.

Ganze Gruppen von Schmetterlingen flattern bevorzugt über warme Trockenrasen. Dickkopffalter, die als Raupe meist von bestimmten Gräsern leben, und verschiedene Bläulinge, welche in ihrer Jugend Schmetterlingsblütler brauchen, saugen als Erwachsene vom reichlich angebotenen Nektar. Die Raupen einiger Blaufalter ziehen sogar in Ameisenbaue, um Eier und Puppen zu fressen. Trockenrasen decken all diese Ansprüche auf engem Raum. Der Schwalbenschwanz, neben dem noch selteneren Segelfalter der einzige Europäer einer prächtigen tropischen Schmetterlingsgruppe, fliegt nur über sonnigem Gelände auf der Suche nach Doldenblütlern, die seine bunt gefärbten Raupen ernähren.

Den trockenwarmen Standort mit seinen vielerlei Kräutern und Insekten nutzen auch etliche Heuschreckenarten. Unsere einzige Fangschrecke, die am Mittelmeer beheimatete Gottesanbeterin, lebt nördlich der Alpen auf solchen Wärmeinseln mit niederem, aber durch Hochstauden und Büsche strukturierten Bewuchs und ernährt sich von seinem reichen Insektenleben. In Lauerstellung mit ihren gefalteten, mit Fanghaken ausgestatteten Vorderbeinen, ist dieses schlanke, grün bis braun gefärbte Tier perfekt getarnt. Am leichtesten ist die Gottesanbeterin zu entdecken, wenn sie in langsamem Flug ihre hellen Flügel ausbreitet.

Trockene Jahre zwingen Gräser und selbst die Blätter auf den Sträuchern bereits im Sommer zum Verdorren. Trotzdem überdauern die Pflanzen der Heißländen mit Knospen am Holz oder Boden, als Wurzelstöcke oder als Samen.

Oben: Ihre großen Augen im beweglichen Kopf ermöglichen der Gottesanbeterin das räumliche Sehen in alle Richtungen, die langen, hakenbewehrten Vorderbeine das Klettern und Fangen von Insekten.

Links: Die Kleinen Goldschrecken sind wie alle Feldheuschrecken reine Pflanzenköstler.

Heißländen und andere Trockenrasen sind ein Refugium interessanter und seltener Pflanzen und Tiere. Meist sind diese xerothermen Biotope kleinräumig mit Trockengebüsch verzahnt, das einer großen Zahl weiterer Tiere geeignete Lebensräume bietet. Primäre Trockenrasen verdienen es, mehr als bisher be- und geachtet zu werden, damit die wenigen noch vorhandenen Steppenrelikte vor der Maschinerie des sinnentleerten Produzierens und Verwertens gerettet werden.

Der Marchfeldschutzdamm trägt eine interessante Magerwiesengesellschaft. An besonders trockenen Standorten blüht im Frühling der Kriechquendel.

In weit größerer Ausdehnung sind sekundäre Trockenrasen und Trockenwiesen erhalten. Sie entstanden durch Rodung von Trockenwald und Beweidung. Nach Einstellung des Weidebetriebes wachsen sie langsam wieder zu. Langfristig bleiben sie nur bestehen, wenn sie von zu vielen Gehölzen befreit, gemäht oder wieder beweidet werden. Da sie als Teil einer ansprechenden Kulturlandschaft und als Lebensgemeinschaft von überragendem Wert sind, liegt ihre Erhaltung durch eine naturschutzorientierte Pflege im öffentlichen Interesse. Auch wenn ihre Nutzung für Wiederkäuer alleine nicht mehr lohnt, sorgen Mittel aus dem Landschaftsfonds für den nötigen Einkommensausgleich des Landwirtes. In der Au befinden sich sehr viele Rodungsinseln mit Wiesen, die je nach Untergrund und Abstand zum Grundwasser trocken bis feucht sind. Besonders blumen- und artenreich sind Magerwiesen, die weder durch häufige Schlickablagerungen noch durch Kunstdünger mit Nährstoffen überversorgt sind. Dazu zählt auch der Marchfeldschutzdamm, der ebenfalls gemäht wird, damit er nicht durch tiefwachsende Baumwurzeln undicht wird. Nach einem Jahrhundert haben sich auf dem Damm bunte Wiesengesellschaften eingestellt, die je nach dem verwendeten Schüttmaterial und der Hangrichtung recht abwechslungsreich sind.

Das Helmknabenkraut, eine besonders stattliche Orchidee, wächst ebenfalls häufig am Damm.

Salbei und Steinnelken, Wegerich, Bocksbart und das rahmweiße Knollenmädesüß kennzeichnen mit verschiedenen Gräsern die Brücklwiese bei Stopfenreuth als Trockenwiese.

Noch wesentlich älter sind die meisten Auwiesen. Alte Wiesen sind viel artenreicher als neu angelegte, weil bei ihnen auch langsame Pflanzen und Tiere Zeit hatten, passende Plätze zu besiedeln. Eine Wiese schließt Gehölze, Hochstauden und alle anderen Pflanzen aus, die das Mähen nicht vertragen, besteht dagegen aus solchen, die schnell genug wachsen und ein gutes Regenerationsvermögen besitzen. Daß so viele Gräser und Kräuter mit dem regelmäßigen Schnitt zurechtkommen, liegt daran, daß die Pflanzenwelt sich immer schon mit dem Gefressenwerden auseinandersetzen mußte. Sense oder Mähbalken oder die Zähne des Schalenwildes wirken ganz ähnlich auf die Einzelpflanze, allerdings sehr verschieden auf den Pflanzenbestand. Während äsendes Wild nur abbeißt, was ihm schmeckt, räumt der Mäher ohne Unterschied alle Stengel und Blätter ab. Je ärmer an Nährstoffen oder Feuchtigkeit der Boden ist, desto länger kommen nach der Mahd kleine, anspruchslose Blumen in den Lichtgenuß, weil große, wüchsige Pflanzen da nicht so schnell regenerieren können.

Das Mähen ist ein wirksamer Auslesefaktor, nicht so sehr im Sinne der Evolution, sondern im Sinne der Pflanzensoziologie. Entsprechend den verschiedenen standörtlichen Voraussetzungen sind unterschiedlichste Wiesentypen entstanden, die unsere Kulturlandschaft ökologisch und ästhetisch bereichern. Ihre bunte Blumenpracht voll Heuschreckengesang und Grillengezirpe ist das Werk des Bauern. Die Grünlandwirtschaft, bei der Rinder oder andere Wiederkäuer Gras und Heu in Milch und Fleisch verwandeln, hat die Wiesen geschaffen und bislang erhalten. Wo sie aufgegeben wird, verschwinden die Wiesen, werden in Äcker oder Forstkulturen umgewandelt. Wo übermäßig intensiviert wird, vertreiben Dünger, chemische Unkraut- und Schädlingsmittel (Pestizide) immer mehr Pflanzen- und Tierarten, lassen einen gleichförmig grünen, artenarmen Bestand von stickstoffliebenden Gräsern und Kräutern zurück. Überproduktion, Preisverfall und Identitätskrise in der Landwirtschaft stehen dem gesellschaftspolitischen Anliegen gegenüber, optimale Nahrungsqualität in einer ansprechenden, ökologisch funktionsfähigen Kulturlandschaft zu erzeugen. In diesem gewaltigen Spannungsfeld braucht die Landwirtschaft zu einer biologischen Neuorientierung die ideelle und finanzielle Unterstützung der Allgemeinheit.

Manche Wiesen bei Stopfenreuth und Eckartsau sind von einzelnen prächtigen Stieleichen bestanden, die wie kaum eine andere Pflanzenart vielerlei Tiere ernähren und beherbergen.

Rechts oben: Nur in niederwüchsigen Magerwiesen kann sich das kaum spannenlange Brandknabenkraut behaupten.

Rechts unten: Deutlich sind die grünen kolbenförmigen Pollinien zu sehen, die sich einem Insektenmann an den Kopf heften, sobald er die Blüten der Spinnenragwurz zu begatten versucht.

Die vielen von Auwald umrahmten, oft von Büschen und Solitäreichen belebten Wiesen, welche überwiegend im nördlichen Teil des Nationalparks liegen, werden weiter bewirtschaftet, denn sie sind eine Ergänzung der Wald- und Wasserlebensräume, die niemand missen will. Nicht übernutzte Kulturlandschaften sind heute ebenso schützenswert wie unsere Naturreste, nachdem die auf Massenproduktion orientierte Intensivlandwirtschaft mit mechanischen und chemischen Superwerkzeugen unsere Fluren zunehmend ausgeräumt und zur Monokultur degradiert hat. In trockenen Auwiesen blühen dagegen schönste Bestände von Salbei und Margeriten, die mit den Gräsern vom Maiwind in sanften Wogen bewegt werden. Horste von Wundklee und Steinnelken setzen

zusätzliche Farbtupfen in diesen Blumengarten, während kleine Orchideen wie das Brandknabenkraut und die Spinnenragwurz erst bei genauer Betrachtung ihre Schönheit zeigen. Da Orchideenblüten Unmengen winziger Samen bilden, ist zu ihrer Befruchtung etwas Blütenstaub zu wenig. Ganze Pollenpakete, die kolbenförmigen Pollinien, heften sich mit ihrer klebrigen Basis an blütenbesuchende Insekten. Die Ragwurzgattung hat wohl im Pflanzenreich die raffinierteste Methode entwickelt, Befruchter anzulocken, indem sie Sexattrappen anbietet. Form und Farbe, Duft und Behaarung ihrer Blüten ähneln so stark bestimmten Insektenweibchen, daß die entsprechenden Männer darauf fliegen. Auf geradezu unheimliche Weise erinnert diese skurrile Beziehung von Blume und Insekt an unsere Werbung, wo ganz analoge Blickfänge und falsche Verheißungen offenbar ebenso erfolgreich sind.

Im Mai, wenn die Auwiesen am buntesten blühen, fliegt auch der Osterluzeifalter, der mit seinem interessanten Flügelmuster zu unseren schönsten, leider auch seltensten Tagschmetterlingen zählt. Seine Raupe lebt monophag an der Osterluzei, sodaß sich die südosteuropäischen Areale beider Arten weitgehend decken. Die Osterluzei wächst an Rändern und lichten Stellen des Auwaldes, ihre schlanken Blüten sind raffinierte Kesselfallen, die kleine Insekten nach erfolgter Befruchtung einfach ausleeren. Mit ihren besonders eleganten Formen hat sie das Kunsthandwerk des Wiener Jugendstils am Beginn des zwanzigsten Jahrhunderts inspiriert. Blattornamente und kostbare Glasvasen sind manchmal eindeutig dieser Pflanze nachempfunden.

Nur im Frühling fliegt der Osterluzeifalter auf sonnigen Auwiesen.

Oben: Die schlanken Kronröhren der Osterluzei sind als Insektenfallen ebenso interessant wie als Vorbilder für Glasvasen.

Manche Naßwiesen sind im Wonnemonat ebenfalls voll leuchtender Blüten. Zwischen Kuckucksnelken und Vergißmeinnicht kann da und dort die Sumpfschwertlilie ihre kostbar geformten Blüten entfalten. Am östlichen Ende des Nationalparks begegnen wir Pflanzen aus der deutlich anders zusammengesetzten Marchau. Dazu gehört die Sommerknotenblume und die Sibirische Schwertlilie. Erstere kommt nur im äußersten Osten Österreichs vor, letztere zwar in allen Bundesländern, aber sehr verstreut. Stets sind ihre schlanken Blüten ein besonderer Schmuck von Feuchtwiesen. Weil an Naßstandorten die schwer verdaulichen und daher für den Bauern minderwertigen Ried- oder Sauergräser die Süßgräser verdrängen, galten Sümpfe als Sinnbild gesellschaftlicher Mißstände und das Trockenlegen saurer Wiesen als Kulturtat. Inzwischen ist diese Metapher nicht mehr zeitgemäß, weil Feuchtwiesen, deren Schönheit und Wert uns zunehmend bewußt werden, aus unserer Landschaft beinahe verschwunden sind.

Oben: Auch wenn die Wasserschwertlilie als recht robustes Gewächs Ufer und Wiesenränder bewohnt, gehört ihre Blüte zu den edelsten Gestalten unserer Flora.

Mitte: Wie viele Feuchtwiesenpflanzen ist die Sibirische Schwertlilie eine gefährdete Art. Im Nationalpark Donau-Auen gibt es sie nur ganz im Osten sowie im anschließenden Marchtal.

Unten: Eine lebhaft gefärbte Raubfliege sitzt auf einem Osterluzeiblatt. Viele Gruppen von wirbellosen Tieren der Donau-Auen sind noch wenig erforscht.

Die Blütenpracht der Wiesen hat kaum ihren Höhepunkt überschritten, da wird sie abgemäht und zu Heu getrocknet. Die meisten Pflanzen treiben sofort wieder aus, manche blühen sogar ein zweites Mal, wie die Steinnelke. Die Sommerblumen treiben erst beim zweiten Aufwuchs ihre Blütenstiele, etwa die Witwenblume oder der Klappertopf, der als Therophyt besonders von der Freistellung seines Standortes profitiert und zudem als Halbschmarotzer die Wurzeln seiner Nachbarn für sich arbeiten läßt.

Auch Gliederfüßler kommen gut mit dem Wiesenschnitt zurecht. Während in der sommerlichen Wärme Gräser und Kräuter bald wieder einen geschlossenen Bestand bilden, werden Heuschrecken erwachsen und beginnen zu geigen, wachsen Spinnen heran und befestigen an Halmen ihre Netzkonstruktionen. Der morgendliche Tau macht die eleganten Baldachin- und Radnetze sichtbar, indem er die hauchzarten Spinnfäden mit Wasserperlen behängt.

Der Tau des kühlen Morgens macht die an Halmen befestigten Kunstwerke der Spinnen sichtbar.

Rechts: Saure Wiesen und Sumpfblüten sind längst vom Symbol wuchernder Laster zu seltenen, schützenswerten Kostbarkeiten unserer Kulturlandschaft geworden.

Die Herbstzeitlosen mit ihrem eigenwilligen Wachstumsrhythmus schmücken als letzte Blumen die Feuchtwiesen.

Rechts: Durch die Aufgabe der Rinderhaltung sind im Flachland Wiesen selten geworden und mit ihnen eine landschaftsprägende Lebenswelt.

Der seltene Kantenlauch schmückt im Hochsommer in Massen eine kleine Wiese bei Stopfenreuth.

Der zweite Schnitt im Spätsommer hat einen deutlich schwächeren Neuaustrieb zur Folge. Die abnehmende Tageslänge bremst den Wachstumsimpuls, kühle Morgennebel kündigen den nahenden Herbst an, die Wiese bleibt niedrig. Diesen freien Raum nützt die Herbstzeitlose und treibt Anfang September ihre blaßlila Blüten. Sie haben keinen Stiel, selbst der Fruchtknoten befindet sich tief im Boden in der Knolle. Hier überdauert die unreife Frucht die Frostperiode. Erst im Frühling kommt sie als dreiteilige Kapsel an einem kurzen Stamm mit derben Blättern ans Licht. Sobald die Samen ausgefallen sind, sterben die oberirdischen Organe ab, sodaß im Sommer von der Pflanze nichts zu sehen ist. Die Lebensform als Geophyt mit einem unterirdischen Speicher erlaubt auch diesen in unserer Flora einmaligen Rhythmus von Wachsen und Blühen. Vielleicht muß sich die Herbstzeitlose deswegen besonders vor dem Gefressenwerden schützen. Sie zählt zu unseren giftigsten Gewächsen und wird von Vieh, Wild und Wühlmäusen gemieden.

Die Vielfalt der alten Auwiesen, die Sukzession aufgelassener Rodungsinseln, die Heißländen als trockene Zeugen längst vergangener Spitzenhochwässer lenken unsere Gedanken auf die Dimension der Zeit. Der kurze Zeithorizont der Einzelleben, der mittlere der Lebensgemeinschaften und der unvorstellbar lange der Geschichte dieser Landschaft sind nicht zu trennen, denn sie wirken aufeinander. Darum ist ein Blick auf die Erdgeschichte der Donau-Auen angebracht, der naturgemäß auch räumlich über die derzeitigen Grenzen der Au hinausführt.

ERDGESCHICHTE
Schicksal und Spuren eines Stromes

Der Tiefblick vom Braunsberg zeigt die heutige Donau und ihre Auen. Im Laufe ihrer millionenjährigen Geschichte haben ihre Lage und Größe sehr gewechselt.

Zum Verständnis komplexer Systeme gehört die Kenntnis ihrer Entstehung, ihrer Geschichte. Das ist bei Landschaften nicht anders als bei Menschen. Nur geraten wir bei ersteren in Vergangenheiten, deren Ferne und Dauer unserer Vorstellungskraft kaum mehr zugänglich sind. Dennoch haben die Erdwissenschaften aus zahlreichen Einzelbefunden ein zwar lückenhaftes, aber anschauliches Bild gefügt. Eigentlich ist es ein Zeitrafferfilm, der vor unserem geistigen Auge entsteht, wenn wir das Wechselspiel von Gebirgsbildung und Abtragung auf unserer langsam, aber unaufhaltsam bewegten Erdkruste verfolgen.

Erdgeschichtlich ist die Au eine ganz junge Talfüllung. Die Flußsedimente werden zum Teil, wenn auch in reguliertem Umfang, auch heute noch umgestaltet. Als Alluvium bezeichnet man diese nacheiszeitlichen Bedeckungen aus der geologischen Gegenwart, dem Holozän, das mit dem Rückzug der vorerst letzten Vergletscherung vor 10.000 Jahren begann. Die Schotter, Sande und Lehme der Au sind sämtlich erst nach der letzten Eiszeit, manche beim letzten Hochwasser abgelagert worden. Die massigen Berggestalten der Wiener und der Hainburger Pforte wirken heute wie Fixpunkte, zwischen denen die Ebene des Wiener Beckens der Donau etwas mehr Raum zum Ausufern und Auspendeln, zur Entwicklung einer überflutbaren, dynamischen Au läßt. Die Geschichte der Donau umfaßt aber nicht nur das Holozän, sondern einen tausendfach längeren Zeitraum, in dem tektonische und Verwitterungsvorgänge das Gesicht des Landes laufend veränderten.

An der Oberkante des südlichen Hochufers weist eine vierzig Meter über dem heutigen Strom gelegene Schotterschicht auf einen höher gelegenen früheren Donaulauf.

Vom heutigen Überflutungsbereich lenken die groben Schotter des südlichen Hochufers unsere Aufmerksamkeit auf eine Zeit, wo die Donau dort oben geflossen sein muß. Weit nördlich und südlich der heutigen Donau gelegene Schotterkörper geben Zeugnis von einem ganz anderen Verlauf. Und Meeresablagerungen im weiten Umkreis mit Schnecken und Austernbänken, Haifischzähnen, Krokodil- und Seekuhskeletten zeigen uns, daß einst statt des Donaustromes ein subtropisches Meer unsere Landschaft bedeckt und geprägt hat. Nicht nur die Gestalt der Erdoberfläche und die Verteilung von Meer und Land, auch das Klima unterlag einem dauernden Wandel.

Das heutige Donautal wird von der Wiener Pforte aufwärts von zwei Gebirgen umrahmt: Im Süden ragen die Alpen als junges Hochgebirge empor. Von ihnen kommen die stärksten Zubringer mit hohem Gefälle, hoher Feststofführung und sommerlichen Hochwässern zur Zeit der alpinen Schneeschmelze und machen die Donau zum Gebirgsfluß. Das Böhmische Massiv, welches im Norden vom Bayrischen Wald bis zum Waldviertel die Donaulandschaft begrenzt, ist mindestens zehnmal so alt wie die Alpen. Eine Viertelmilliarde Jahre lang, vom späten Erdaltertum (Perm) bis heute, wurde es fünf bis zehn Kilometer tief bis auf sein Fundament abgetragen, weshalb es als Rumpf- oder Grundgebirge bezeichnet wird. Im Zuge der Alpenbildung wurde der Gebirgssockel im Tertiär mitgehoben und erhielt seinen bekannten Mittelgebirgscharakter mit sanft gewellten Hochflächen und engen Kerbtälern.

Die Alpen sind in unvorstellbar langen Zeiträumen aus einem Meeresgebiet aufgetaucht, der Tethys und anderen Ozeanen, von denen heute nur mehr das Mittelmeer übrig ist. Seit die Afrikanische Kontinentalscholle nach Norden driftete, wurden die im Meer angesammelten Sedimente des Mesozoikums teils mit, teils ohne ihre kristalline Unterlage übereinandergeschoben und der ganze Deckenbau schubweise hochgehoben. Die Böhmische Masse bildete für diese Gebirgsauffaltung das Widerlager. Im oberen Tertiär, dem Miozän, erstreckte sich im nördlichen Alpenvorland und westlichen Weinviertel das als Molassemeer bezeichnete Restmeer der Paratethys, welches im Westen über die Schweiz bis zum heutigen Mittelmeer reichte und im Osten Verbindung mit dem Indischen Ozan hatte. Durch die Füllung mit Verwitterungsprodukten und die nordwärts gerichtete Überschiebung der Alpen und Karpaten wurden die Verbindungen dieses zentraleuropäischen Meeres zunehmend eingeengt. Gleichzeitig senkte sich das Wiener Becken ein. Die ursprüngliche Verbindung zwischen Alpen und Karpaten sackte entlang von Staffelbrüchen allmählich ab. Während Alpen und Karpaten immer höher wuchsen, weil in ihrem Bereich die Erdkruste gestaucht wurde, erfolgten lokal, im Gebiet des Wiener Beckens

Südlich der Donau bilden so wie auch im östlichen Weinviertel der alte Meeresboden des Wiener Beckens, Schotterdecken der Urdonau und darübergewehte Lößschichten ein sanft gewelltes Relief. Im Hintergrund von Höflein und Scharndorf markieren Hundsheimer und Thebener Kogel die Ungarische Pforte.

Dehnungen, die das Gebirge mehrere Kilometer tief einsinken ließen. In dieser Zeit breitete sich auch hier ein Meer aus. Die tektonischen Bruchlinien des Wiener Beckens machen sich heute noch durch Erdbeben sowie durch warme oder mineralische Quellen bemerkbar. Die Thermen am Alpenostrand südwärts von Wien kommen, so wie die Quellen der östlichen Thermenlinie bei Bad Deutsch Altenburg, Edelstal (Römerquelle) und entlang des Leithagebirges aus tiefreichenden Zerrüttungszonen. Der lange Weg ihres Wassers durch aufgeheizte Gesteine im Untergrund ermöglicht die Anreicherung mit Gasen und Mineralstoffen.

In der Paratethys zog sich im Wechsel von mehreren Hoch- und Tiefständen des Meeresspiegels das Miozänmeer nach Osten zurück. Einzelne Zeitstufen, die nach fossilführenden Ablagerungen in bestimmten Regionen benannt sind, etwa das Eggenburgium vor rund zwanzig Millionen Jahren, Badenium vor fünfzehn oder Pannonium vor etwa zehn Millionen Jahren, illustrieren schon mit ihren Namen diese allmähliche Regression nach Osten, die mit der zeitweiligen Aussüßung und schließlichen Verlandung einherging. Beim Anblick des ebenen, von Bergen umrahmten Wiener Beckens ist es nicht so schwer, sich hier ein Meer vorzustellen. Seine Küsten wurden in Abschnitten durch Riffe markiert. So sind am Fuß des Leithagebirges und des Hundsheimer Berges die aus Kalkrotalgen gebildeten, von Muscheln durchsetzten Leithakalke die Reste von Riffen aus dem Badenmeer. Südlich von Mödling bedecken Süßwasserkalke des Pan-

Das große Tal bei Ysper im südlichen Waldviertel wird als alter Donaulauf gedeutet, dessen Schotter auch bei St. Oswald (auf dem Sattel rechts von Ysper zu sehen) und Waldhausen gefunden wurden. Im blauen Hintergrund ragen die Gipfel der Ennstaler Alpen.

nonischen Meeres den Eichkogel. Zur Zeit ihrer Entstehung war das Molassebecken bereits landfest. Dieses wurde zuerst nach Westen entwässert, und die Ur-Rhone nahm die Flüsse bis in den Amstettener Raum auf. Dort ist auch heute das Alpenvorland am schmälsten, die Alpen am weitesten an die Böhmische Masse herangeschoben.

Die Urdonau entstand erst, als vor zehn bis zwölf Millionen Jahren der Molassetrog des Alpenvorlandes durch Hebungen im Westen gekippt wurde. Im südlichen Waldviertel könnte ein altes, tiefes Tal zwischen Ysper und Pöggstall ein früher Donauweg sein, der nördlich des Jauerling vorbeiführte und das heutige Donautal bei Spitz in der Wachau erreichte. Vom Kremser Raum floß die Urdonau lange Zeit nach Nordosten. Von Hohenwarth über Hollabrunn bis Mistelbach hat sie ausgedehnte Schotterfluren hinterlassen, bevor sie östlich davon ins pannone Restmeer im Wiener Becken mündete. Erst nach mehreren Jahrmillionen fand sie ihren Weg durch das Tullner und Korneuburger Becken, von wo sie das Wiener Becken durch die Wiener Pforte am Bisamberg und Kahlenberg erreichte. Allmählich konnte die Donau ihr Einzugsgebiet nach Westen ausdehnen, wo ihr der Main und der Neckar, südlich vom Schwarzwald auch der Alpenrhein zufloß. Erst im Quartär verlor die Donau diese großen Quellflüsse an den Rhein.

Bei Dürnstein ist das Donautal wesentlich breiter und älter als die obere Wachau zwischen Melk und Spitz. Der Terrassenweinbau hat daraus eine Landschaft geschaffen, die an fernöstliche Reiskultur erinnert.

Rechts: Der Strudengau ist eines der reizvollen Engtäler, welche die Donau erst in geologisch junger Zeit eingeschnitten hat, weil der abgetragene Gebirgssockel der Böhmischen Masse gehoben wurde. Am Predigtstuhl und am gegenüberliegenden Burgfelsen der Ruine Säbnich an der Talmündung des Sarmingbaches ist der vor mehr als 300 Millionen Jahren in etwa zehn Kilometern Tiefe erstarrte Granit prachtvoll aufgeschlossen.

Im obersten Tertiär, dem Pliozän, wurden die Alpen zum Hochgebirge. Parallel dazu erfuhr auch die Böhmische Masse eine Hebung. Die in ihren vorher breit entwickelten Tälern mäandrierenden Flüsse schnitten jetzt durch ihr höheres Gefälle enge, gewundene Bahnen ins Altkristallin, die am eindrucksvollsten an den urtümlichen Mittelläufen von Kamp und Thaya erhalten sind. Die Urdonau verlagerte sich nach Süden, konnte jedoch nicht überall dem Böhmischen Massiv ausweichen, sondern grub in der Wachau, im Strudengau und noch weiter westlich die unvergleichlichen Engtäler ins standfeste Urgestein.

Nach den letzten starken Hebungen begann vor 1,6 Millionen Jahren die jüngste Periode, das Quartär, mit der Epoche des Pleistozäns. Dieser gewöhnlich als Eiszeit bezeichnete Abschnitt ist durch einen mehrfachen Wechsel von Kalt- und Warmzeiten gekennzeichnet. Unser Gebiet wurde zwar von keinen Gletschern erreicht, dafür aber von deren reichlichen Erosionsprodukten aus dem Alpenraum. Zu ihnen zählt neben den Flußablagerungen auch der Löß, der aus dem wenig bewachsenen Land von Staubstürmen über die Kältesteppe ostwärts verfrachtet und im Windschatten von Geländeerhebungen als äolisches Sediment abgelagert wurde. Seine warmen, fruchtbaren Böden mit standfesten Böschungen an Hohlwegen und Flurkanten prägen heute die Weinbaulagen unserer Region.

Durch weitere tektonische Landhebungen und die Erosion des strömenden Wassers grub sich die Donau immer tiefer ein und konnte dadurch ältere Schotterablagerungen nicht mehr abtragen. Weil grober Schotter sehr gut vor der Erosion schützt, stellen heute alte Flußsedimente oft die höchsten Erhebungen im Gelände dar. Eine solche Reliefumkehr trifft für die das Weinviertel durchquerenden Hollabrunner Schotter der Urdonau ebenso zu wie für die aus dem Pleistozän stammenden Schotterplatten, die besonders südlich der Donau die Landschaft beherrschen. Das Arbesthaler und Rauchenwarther Hügelland ist aus Donauschottern früher Eiszeiten aufgebaut, durch Talausräumungen und Lößdecken aber überformt. Das ausgedehnteste Schottervorkommen ist die Parndorfer Platte, welche sich bis Nickelsdorf erstreckt und darauf hinweisen könnte, daß die Donau einst weit im Süden durch die Leithapforte die Ungarische Tiefebene erreichte. Am südlichen Hochufer der Au schließen frische Anbrüche die relativ dünne Schotterschicht auf, welche die Sande und Tone des Miozänmeeres schützend bedeckt. Nördlich der Donau erhebt sich einsam die Schloßhofterrasse 25 Meter hoch zwischen den Talebenen der March und des Ruß- und Stempfelbaches. Die alten Schotter enthalten an der Oberfläche nur mehr quarzreiche Komponenten. Der Kalk wurde durch die im Regenwasser gelöste Kohlensäure längst aufgelöst und allenfalls in tieferen Schichten wieder ausgefällt, wo er Sand zu Sandstein, Schotter zu Konglomerat verfestigte.

In einer Schottergrube der Schloßhofterrasse haben in einer sandigeren Schicht Uferschwalben ihre Brutröhren gegraben.

Oben: Am Hochufer bei Maria Ellend ist früheiszeitlicher Donauschotter zu Konglomerat verfestigt.

Unter der Schotterdecke sind am südlichen Hochufer Tone und Sande des Pannonmeeres angeschnitten. In dieses mündete vor etwa zehn Millionen Jahren die Urdonau weit nördlich im Raum von Mistelbach.

Der Wechsel von Kalt- und Warmzeiten änderte immer wieder das Verhältnis von Abfluß und Schotterfracht. Eiszeiten hinterließen an den Flüssen enorme Feststoffansammlungen. In den Warmzeiten konnten diese nicht restlos abtransportiert werden. So sind an der Donau wie an ihren alpinen Zuflüssen die verschieden hohen Terrassen bestimmten Eiszeiten zuzuordnen, was allerdings bislang nicht überall gelang. Die Stadt Wien steht überwiegend auf diesen einstigen Flußterrassen der Donau. Nur von den Tälern der Wienerwaldbäche unterbrochen, erheben sich wie in einem Amphitheater rund um die Stadtterrasse die Theresianum-, Arsenal-, Wienerberg- und Laaerbergterrasse. Daß die Donaumetropole nicht mitten im Wiener Becken liegt, sondern an einer Stelle seines Randes, die von Meer und Strom besonders ausgestaltet wurde, macht ihre einmalige Lage aus. Die tiefe Ebene des Marchfeldes wird breitflächig von jung- und nacheiszeitlichen Schottern und Sanden eingenommen. Aus der letzten Eiszeit sind im östlichen Marchfeld bis zu acht Meter hohe Sanddünen erhalten. Der Sand wurde aus den breiten Schwemmebenen der Donau ausgeblasen, über die vegetationsarme Kältesteppe verweht und zu Dünen zusammengetragen, welche langsam, aber unaufhaltsam wanderten. Während gröbere Körner zu schwer sind, die feineren Schluff- und Tonfraktionen zwar in Staubstürmen hunderte Kilometer weit verlagert werden können, dann aber infolge ihrer großen Oberfläche zu Löß verbacken, bleibt Sand bei Wind- und Wasserangriffen mobil. Erst das dichte Pflanzenkleid der Warmzeit festigte die Dünen in ihrer heutigen Position.

Die Hainburger Berge mit dem Hundsheimer und Schloßberg (rechts), Braunsberg (Mitte) sowie dem Thebener Kogel auf slowakischem Gebiet (links) sind die Reste einer versunkenen Verbindung von Alpen und Karpaten. Die Donau strömte einmal auch durch die südlichere Leithapforte.

Die Praterterrasse entstammt der jüngsten, der Würmeiszeit, deren Höhepunkt erst 20.000 Jahre zurückliegt, und befindet sich lage- und höhenmäßig zwischen dem gegenwärtigen Auengebiet und der Stadtterrasse. Letztere heißt nördlich der Donau Gänserndorfer Terrasse, wurde in der vorletzten Eiszeit (Riß 2) abgelagert und hat somit ein Alter von etwa 150.000 Jahren. Die älteste, 75 Meter höher gelegene Laaerbergterrasse ist mehr als zehnmal so alt, während die Spuren des Badenmeeres das hundertfache Alter haben, aber immer noch in die jüngere Erdneuzeit gehören. Vor dem Zeithintergrund der Erdgeschichte ist das Industriezeitalter mit seinen tiefgreifenden Veränderungen auf unserem Planeten ein lächerlich kurzes, aber äußerst heftiges Ereignis. Der Erdgeschichtler weiß, daß es in der Entwicklung des Lebens schlimmere Katastrophen gegeben hat und der Mensch mit seinem Raubbau vor allem seine eigene Spezies gefährdet. Die Biosphäre hat den längeren Atem.

Wenn wir uns beim Betrachten des heutigen Donautales vergegenwärtigen, daß nicht nur millionenjährige Verwitterung, Abtragung und Aufschüttung an ihm modellierten, sondern dazu auch tektonische Verstellungen den Flußlauf prägten, werden wir an eine Biographie erinnert. Wie ein Mensch, so ist auch ein Fluß in seine Umgebung eingebettet, wird bestimmt, muß sich anpassen, arbeitet aber auch, verändert, gestaltet seine Landschaft und seinen eigenen Charakter. Die Donau, höchstens zwölf Millionen Jahre jung, hat ihr Sohlenniveau und ihren Lauf immer wieder verlagert. Nur da und dort sind ihre Spuren erhalten geblieben, weit verstreute Dokumente ihrer Aktivität, deren Deutung und Datierung die Erdwissenschaft noch lange beschäftigen wird. So ist etwa die Frage offen, seit wann die Donau durch die Hainburger Pforte ins Ungarische Becken strömt. Porta Hungarica heißt diese ebenso eindrucksvolle wie geschichtsträchtige Landschaft der Hainburger Berge, die nicht nur die Donau-Auen begrenzt, sondern als weithin sichtbare Landmarke seit mindestens tausend Jahren Mittel- und Osteuropa scheidet.

Ein Jahrtausend ist in der Erdgeschichte gerade ein Atemzug. So heilsam solche zeitlich und räumlich distanzierte Sicht für unser Verhältnis zur Wirklichkeit sein mag, so lohnend und wichtig ist auch das bewußte Erleben des gegenwärtigen Augenblicks, die Zuwendung aus der Nähe. Die Hainburger Berge und auch die Marchfelder Dünen verdienen nicht nur als Zeugen vergangener Epochen, sondern auch als rezente Lebensräume unsere Aufmerksamkeit.

INSELBERGE
Vom Reichtum des Ödlandes

Wie Inseln aus einem Meer, so ragen die Hainburger Berge aus der weiten Ebene. Tatsächlich waren sie, vom Miozänmeer umgeben, die höchsten Spitzen eines Gebirges, welches einst Alpen und Karpaten verband, aber mit dem Einbruch des Wiener Beckens versunken ist. Jahrmillionenlang wurde der Meeresboden ebenso schnell, wie er sank, mit dem Erosionsschutt der wachsenden Alpen aufgefüllt. Kilometerdick lagert Lehm und Sand über dem zerbrochenen Gebirge, die Donau schüttete gigantische Kiesbänke darüber, eiszeitliche Stürme legten Löß darauf. In diesen jungen und tertiären Bedeckungen bilden das Leithagebirge, die Berge von Hainburg und der Thebener Kogel eine schmale Inselkette von den Zentralalpen zu den Karpaten. Ihre kristalline Basis tritt in den Hainburger Bergen nur im Osten, im Bereich der Königswarte, zutage. Sonst stehen mesozoische Kalke an und bilden weit sichtbare helle Felsrippen. Inseln sind die Hainburger Berge auch ökologisch. Sie sind ein Refugium für eine ursprüngliche Lebenswelt, für die in der umliegenden, auf Ertragsmaximierung gestylten Reißbrettlandschaft nur mehr wenig Platz ist. Seit einem Jahrhundert erforschen Pflanzen- und Schmetterlingskundler die einmalige Garnitur von Arten, von denen viele hier wieder inselartige Vorposten ihrer südlichen oder östlichen Areale haben.

Die Hainburger Berge bestehen aus drei Rücken. Der weitaus mächtigste ist der Hundsheimer Berg, dessen Gipfel sich mit einer Seehöhe von 480 Metern 340 Meter hoch über die Donau erhebt und Aussichten bis zu den Kalkalpen und zum Neusiedler See erlaubt. Westlich ist ihm der Pfaffenberg vorgelagert, südlich der Hexenberg. Sechs Kilometer weiter östlich endet der Rücken mit dem Hindlerberg und der Königswarte, die sich mit ihrem Urgesteinsuntergrund floristisch von den westlichen Hainburger Bergen unterscheiden. Zu diesen gehört auch der Spitzerberg und der Braunsberg, vor dem sich im Stadtbereich von Hainburg malerisch der Schloßberg aufbaut. Der Braunsberg liegt der Donau am nächsten. Seine Nordwestflanke mit der Ruine Röthelstein ragt direkt aus der Au. Nur wegen seiner gran-

Zwischen Hundsheimer Berg und Donau, im Osten geschützt durch den Braunsberg, liegt die mittelalterliche Stadt Hainburg an einem strategisch wichtigen Punkt.

Links: Die Federgrassteppe am Hexenberg kontrastiert zur Intensivlandwirtschaft in der Ebene.

diosen Rundsicht hat man ihn mit einer Sackstraße erschlossen. Von seinem Gipfel aus breiten sich nebeneinander die Stadt mit ihren mittelalterlichen Befestigungen, der Strom mit der Hängebrücke und die Stopfenreuther Au aus. Im Nordosten grüßt der Thebener Kogel von der slowakischen Seite, an dessen Fuß die March in die Donau mündet. Geologisch gehören die Hainburger Berge bereits zu den Karpaten.

An die Weingärten von Hundsheim schließt der Berghang an, der in einem Mosaik von Fels-, Gras- und Waldsteppen viele süd- und osteuropäische Arten beherbergt.

Nur die Nordseiten dieser Berge bedeckt geschlossener Eichen-Hainbuchen-Wald. An sonnigen oder felsigen Hängen löst er sich bald auf und macht Gebüschen und Rasengesellschaften Platz. Die Vielfalt an Blumen und Gräsern, die das Auge erfreut, findet jeder, der es genau wissen will, im Österreichischen Trockenrasenkatalog bestätigt. Dieser weist allein für die nur wenige Quadratkilometer großen Trockenstandorte der Hainburger Berge 381 Gefäßpflanzenarten aus. Die Zahl von 1315 bislang hier nachgewiesenen Schmetterlingsarten beweist einmal mehr die Bedeutung trockenwarmer Lebensräume für die Tierwelt. Diese Steppen sind nur zum Teil natürlichen Ursprungs. In weiten Bereichen sind sie das Werk bäuerlicher Menschen. Zur Gewinnung von Wiederkäuerfutter wurden die primären Trockenrasen durch sekundäre ergänzt, indem angrenzende Trockenwälder gerodet wurden. Bis zum Jahr 1960 weideten auf dem Hundsheimer Berg Rinder. Heute noch weisen zahlreiche stachelige oder giftige Weideunkräuter wie Rosen, Weißdorn und Wacholder, Disteln oder Zypressenwolfsmilch auf die ehemalige Beweidung hin. Anderswo sind viele solcher einst weit verbreiteten Hutweiden in Intensiväcker oder Forstkulturen umgewandelt worden. Auch die natürliche Wiederbewaldung, welche nach Aufgabe der Wiesennutzung allmählich einsetzt, bedeutet den Verlust einer Lebensgemeinschaft, die für unsere Kulturlandschaft wie für den Naturhaushalt wichtig ist. Auf exponierten

Trockenstandorten dauert es Jahrzehnte, bis sich auf der Weide die erwähnten Dornsträucher mit Liguster und Hartriegel zu dichtem Gestrüpp entwickeln, welches sich in kleinen Gruppen vor dem Winde duckt. Dieses erste Sukzessionsstadium in Richtung Wald wird als Weidekuschelgelände bezeichnet und bringt bereits eine deutliche Artenverarmung mit sich.

Aus dem Trockengebüsch mit Rotem Hartriegel, Wacholder, Weiß- und Schlehdorn wachsen Eichen und Ende Oktober bereits entlaubte Espen hervor.

Oben: Nicht nur aufgelassene Kalksteinbrüche, sondern auch jahrhundertelang genutztes Weideland wird ohne Bewirtschaftung wieder zu Wald. Traditionelle Kulturlandschaften sind ebenso schützenswert geworden wie letzte Naturreste.

Die Beweidung hält das Land offen und erlaubt auch die ungehinderte Aussicht vom Braunsberg auf die Röthelsteiner Au und den Thebener Kogel.

Die Trockenrasen der Hainburger Berge sind wegen ihres außerordentlichen Artenreichtums Naturschutzgebiet und Biogenetisches Reservat des Europarates. Wie bei jeder Kulturlandschaft, ist zu ihrer Erhaltung neben dem gesetzlichen Schutz auch ihre Pflege erforderlich, am besten durch eine Belebung der traditionellen Landwirtschaft. Am Hundsheimer Berg wurde bereits in den achtziger Jahren das erste Projekt dieser Art ins Leben gerufen, bei dem die Niederösterreichische Landesregierung, der WWF, die Universität Wien und die Gemeinde Hundsheim zusammenarbeiten. 250 Mutterschafe und einige Ziegen weiden inzwischen in einem ausgeklügelten System von Koppelhaltung und freiem Weidegang. Unterstützt durch das Schwenden vorwüchsiger Sträucher und Bäume wird so jenes kleinräumige Mosaik von Weideland und Buschwerk erhalten, welches den ästhetischen Reiz und ökologischen Reichtum solchen für die reine Ertragslandwirtschaft wenig interessanten „Ödlandes" bedingt.

Trockenrasen sind trotz ihrer Kleinheit bezeichnend für das pannonische Gebiet Ostösterreichs, welches das Weinviertel, das Neusiedler See- und Wiener Becken umfaßt. Das Kontinentalklima Südrußlands oder Mittelasiens hat mit seinen geringen Niederschlägen, kalten Wintern und heißen Sommern die Steppe als zonale Vegetation hervorgebracht, ein sehr produktives, heute agrarisch genutztes Grasland auf tiefgründigen Schwarzerdeböden. In unserer Laubwaldzone ist die Steppe auf Sonderstandorte beschränkt, auf sehr warme Plätze und karge Substrate, wo meist noch der Mensch den Wald zurückgedrängt hat. Entsprechend ihrer Ursache werden unsere extrazonalen Steppen als Substratsteppen bezeichnet, im Unterschied zu den klimatischen oder Klimaxsteppen des Ostens.

Das Zierliche und das Grauscheiden-Federgras prägen den Frühlingsaspekt dieser Vegetation. Ihre langen Grannen wogen im unablässigen Wind, bis sie im Sommer reifen und davongetragen werden. Diese Flugorgane dienen später zum Einbohren in den Boden, indem sie sich mit wechselnder Feuchtigkeit krümmen und strecken. Im Juni streicht die Luft auf den Federgrasfluren wie über seidiges Haar, das mit Blumen geschmückt ist. Unter den vielen Pflanzen, die wir aus anderen Regionen kaum kennen, leuchtet die Hainburger Federnelke mit ihren weißen, rosa überhauchten Blütenpolstern heraus. In solchen Massen blüht sie vor allem in Felsspalten, daß man ihre Seltenheit

Die Hainburger Federnelke, eine niedere Polsterstaude, wächst ausschließlich in den Hainburger Bergen und den Kleinen Karpaten.

Oben: So dürftig im Ertrag solches „Ödland" ist, so reich ist es besiedelt mit seltenen, an die kargen Bedingungen angepaßten Arten. Im Hintergrund von Hundsheim verläuft der lange Rücken des Spitzerbergs.

Im Sommer blüht in der Heide die Goldschopfaster, da sie mit tiefen Wurzeln und schmalen Blättern vor dem Vertrocknen geschützt ist.

Oben: Nur im Frühling erlaubt der seichte, durchlässige Untergrund eine kurze Zeit saftiggrüner Wiesenhänge.

beinahe vergessen könnte. Tatsächlich ist sie ein exklusiver Schmuck dieser Berge: Als endemische Art kommt sie sonst nur in den Kleinen Karpaten vor.

Die sommerlichen Hitzeperioden lassen die Trockenrasen bald verdorren. Grasartige und andere Flachwurzler können die Trockenzeit nur mit Bodenknospen überdauern. Dennoch leuchten auch im Sommeraspekt bunte Blüten tiefwurzelnder Pflanzen aus dem braunen Gras. Der Schwertblättrige Alant und die Goldschopfaster bedecken ganze Flecken mit ihren gelben Korbblüten. Verstreut stehen die tiefblauen Köpfe der Ruthenischen Kugeldistel, eine seltene Kostbarkeit der Felssteppe.

Die ursprünglichste Vegetation tragen die steilen, kaum je genutzten Felspartien und ihre Umgebung. Von den Felsfluren über Trockenrasen und Waldsaumgesellschaften bis zum Flaumeichenwald ist der Vegetationskomplex „Waldsteppe" hier in seltener Vollständigkeit vorhanden. Primärtrockenrasen zeichnen sich stets durch viele seltene Arten und prächtige Hochstauden an ihren Rändern aus. Diese Waldsteppensäume bilden mit Blut-

Oben: Zwischen Felsrippen und Flaumeichen bergen selbst kleine Lichtungen die Blütenpracht der Waldsteppe. Ende Mai blühen Diptam, Federgras und Schotendotter.

Mitte: Die in Südeuropa verbreitete Flaumeiche dominiert im pannonischen Raum zwar natürliche Waldgesellschaften, wächst aber kaum über die Form und Größe eines Busches hinaus.

Frühblüher der Felssteppe:
Unten: Steinweichsel

rotem Storchschnabel, dem würzig duftenden Diptam oder dem Österreichischen Drachenkopf im Juni verschwenderisch anmutende Gärten, welche uns an so mageren Standorten ebenso berühren und in Staunen versetzen wie die Alpenblumen in ihrer rauhen Umgebung. Den Hintergrund bilden Schlehen, Zwergweichseln und Steinweichseln, die in den lichten, von der südeuropäischen Flaumeiche beherrschten Steppenwald überleiten.

Oben: Steppenwolfsmilch

Mitte: Kriechquendel und Graues Sonnenröschen

Unten: Österreichische Schwarzwurzel

Mit gelben und blauvioletten Blüten verwandeln die Zwergschwertlilien in den ersten Frühlingstagen den Hang in einen Felsengarten.

Oben: Zwergschwertlilie

Mitte: Frühlingsadonisröschen

Unten: Nur eine einzige Korbblüte trägt die Silberscharte im Juni auf ihrem hohen Stengel.

Auf der anderen Seite schließen Rasen an und lösen sich schließlich in eine lückige Felsspaltengesellschaft auf. Hier herrscht extreme Trockenheit und zwingt die meisten Pflanzen zu einer sehr frühen Blüte. Bereits im frostigen April erscheinen Zwergschwertlilie, Frühlingsadonisröschen und Österreichische Schwarzwurzel mit ihren großen, zarten Blütengesichtern, die zum Schönsten gehören, was die pannonische Flora zu bieten hat.

Die innige Durchdringung von Wald und Fels, Busch und Grasland bedingt eine ungemein reichhaltige Tierwelt. Auch die Fauna ist von wärmeliebenden Arten geprägt, die im niederösterreichischen Pannonicum ihre nordwestliche Verbreitungsgrenze erreichen. Smaragdeidechse und Bienenfresser zum Beispiel haben mit der Weinkultur ihre Wärmebedürftigkeit gemeinsam und gehören wie diese zum Charakter unserer mildesten Gebiete, sind aber in ihrem Bestand gefährdet. Zu dieser farbenprächtigen Gesellschaft südlicher Regionen gehört auch das Wiener Nachtpfauenauge als größter europäischer Schmetterling. Nur in den kurzen Frühlingsnächten fliegen die Nachtpfauenaugen, nehmen keine Nahrung zu sich und leben nur für die Fortpflanzung. Die Männchen orientieren sich mit großen, gefiederten Fühlern am Duft der Weibchen und finden sie aus weiten Entfernungen. Im Sommer wachsen ihre Larven auf Birn-, Kirsch- oder Eschenbäumen zu zehn Zentimeter langen, mit behaarten Knopfwarzen geschmückten Raupen heran. Bei jeder Häutung wechseln sie ihre Farben und spinnen sich schließlich in einen festen Kokon ein, in dem sie als Puppe den Winter überdauern.

Vielerlei Haut- und Zweiflügler, Käfer und Schmetterlinge nutzen das milde Klima und die Blütenfülle auf Wiesen und Büschen. Von ihnen ernähren sich wieder andere Tiere. Manche liegen gut getarnt in Blüten auf der Lauer. Die Veränderliche Krabbenspinne finden wir trotz ihrer Häufigkeit nicht allzu oft, weil sie meist bei unserer Annäherung ein Versteck aufsucht. Bei vorsichtigem Pirschen mit langsamen Bewegungen scheint sie uns dagegen kaum zu bemerken. Sie sitzt stunden- und tagelang reglos in einer Blüte, die vorderen Beinpaare ausgebreitet und zum Zupacken bereit. Ihre Färbung wechselt je nach der aufgenommenen Nahrung, die kleine Spinne sucht dann eine passende Blüte als Ansitz auf.

Links oben: Eine Mauerbiene saugt an der Blüte der Purpurlila Schwarzwurzel. Dieses Insekt errichtet seine kleinen Lehmbaue in leeren Schneckenhäusern.

Links Mitte: Nach jeder Häutung tragen die Raupen vom Wiener Nachtpfauenauge andere Farben. Das Foto zeigt die ersten beiden Stadien.

Links unten: Der seltene Österreichische Drachenkopf hat Besuch vom Schwarzen Apollo bekommen.

Oben: Im dritten Kleid sind die Knopfwarzen lila, im letzten himmelblau.

Mitte: Die Augenmale auf den Flügeln des Wiener Nachtpfauenauges täuschen sogar Lider und einen Augenaufschlag vor.

Unten: Auch eine Heckenrosenblüte kann gefährlich sein. Die Krabbenspinne lauert gut getarnt auf Insekten.

Das Ziesel braucht niedere Vegetation, ist daher als Kulturfolger in unseren Fluren häufig gewesen, aber heute eines der vielen Opfer der sogenannten Rationalisierung und Intensivierung der Landwirtschaft.

Links oben: Beim Sonnenbad läßt uns die Smaragdeidechse manchmal nahe herankommen, um dann blitzschnell in ihrem Felsenversteck zu verschwinden.

Links unten: Diese Äskulapnatter bewohnt die Ruine Röthelstein, von wo sie auf der Suche nach kleinen Warmblütern über den Waldboden pirscht oder in Bäume klettert.

Ebenfalls auf durchsonnte, trockene Wärmeinseln angewiesen ist die Smaragdeidechse, doch benötigt sie dabei einen durch Gebüsch und Felsen strukturierten Lebensraum. Noch mehr Gehölzanteil als diese große, insektenjagende Eidechse braucht die Äskulapnatter, die wie die Smaragdeidechse ein Bote des Mittelmeergebietes ist. Die bis zu 1,8 Meter lange Schlange ist bei uns die einzige, welche klettert und ihre Beute nach Riesenschlangenart umwindet und erdrosselt. Mäuse sind ihre häufigste Nahrung, Kleinvögel, auf die sie ebenfalls lauert, sind meistens zu wachsam. Oft werden wir durch ihre Warnrufe auf die Schlange aufmerksam, die auf einem Zweig hängt oder sich langsam und mit bewundernswerter Geschicklichkeit durchs Geäst bewegt.

Ein reiner Steppenbewohner ist dagegen das Ziesel, eine zwanzig Zentimeter große Miniaturausgabe des Murmeltieres. Wie dieses gräbt es Wohnhöhlen und hält einen Winterschlaf, lebt in Kolonien, macht häufig Männchen und warnt Artgenossen durch einen lauten Pfiff. Die traditionelle Landwirtschaft hat dieses hübsche Nagetier gefördert. In den niederösterreichischen Ackerlandschaften war es ein häufiger Kulturfolger, der auf Rainen und Hutweiden Baue errichten, seine Gras- und Insektennahrung suchen konnte. Mit solchen vordergründig unproduktiven Restflächen wurde auch das Ziesel hinausrationalisiert. Sein Bestand ist ähnlich dramatisch geschrumpft wie die Trockenrasen. In den Hainburger Bergen sichert insbesondere die Beweidung jene niedrige Vegetation, die ihm gleichzeitig Deckung und den nötigen Überblick bietet.

Viele Ansprüche an seine Umgebung stellt unser buntester Vogel, der Bienenfresser. Er braucht mildes Klima, den Insektenreichtum von Magerwiesen, eine Lehmwand zum Graben einer Nisthöhle sowie dürre Äste als Ansitzwarten. Die Hainburger Berge bieten all diese Strukturen auf engem Raum, sodaß diese gefährdete Art hier regelmäßig brütet. Der etwa drosselgroße Vogel ist mit seiner Stromlinienform ein gewandter Flieger und Segler, der auf die Jagd von fliegenden Insekten spezialisiert ist. Seine mühe- und schwerelos scheinende Luftakrobatik ist nicht weniger faszinierend zu beobachten als die Komposition seines Federkleides.

Ein weiterer Bote warmer Länder ist der Schmetterlingshaft, ein Netzflügler, der ebenfalls Fluginsekten nachstellt. In der Luft fängt er vor allem Schmetterlinge und paart sich da auch. Die Larven dieses zartgliederigen Kerfes sind kurzbeinig, mit einer großen Kiefernzange bewehrt und lauern am Boden auf Kleintiere.

Auch die große Zahl nächtlich fliegender Insekten wird genutzt. In der Dämmerung, bei Mondlicht oder im Schein von Straßenlaternen taucht in das Geflirre von Mücken, Faltern und Käfern ab und zu der gezackte Schattenriß einer Fledermaus. Die Säugetierordnung der Chiropteren hat die Kunst des Fliegens auf eine gegenüber Insekten

Oben: Der Bienenfresser nutzt das reiche Insektenleben auf warmen Trockenstandorten und brütet gesellig in Kolonien.

Unten: Der Schmetterlingshaft jagt ebenfalls mit großem Geschick fliegende Insekten, paßt aber auch selber noch gut in das Beutespektrum des Bienenfressers.

Oben: Vom Zwerglloch aus bietet sich ein schöner Tiefblick auf Hundsheim und den Spitzerberg. Als spättertiäre Karstbildungen wie als Rückzugsraum für Fledermäuse bedürfen die Höhlen eines besonders rücksichtsvollen Verhaltens seitens menschlicher Besucher. Die größere Güntherhöhle ist aus diesem Grund versperrt, man kann den Schlüssel am Gemeindeamt ausborgen.

Das Graue Langohr ist eine der die Güntherhöhle bewohnenden Fledermausarten. Mit ihren hochentwickelten Hörorganen sind die Tiere besonders lärmempfindlich und ruhebedürftig.

oder Vögeln neuartige Weise entwickelt. Neben ihren interessanten Flügeln entstand auch ein im Tierreich einzigartiges Ortungssystem mittels Echopeilung. Ihre eigenartigen Nasen und Ohren sind Sender und Empfänger von Ultraschallsignalen, mit denen sie auch in absoluter Dunkelheit Beutetiere, Feinde und die Beschaffenheit ihrer Umgebung erkennen. Als Tageseinstand und Wochenbett stehen den Fledermäusen hier genügend Baumhöhlen und Felsspalten zur Verfügung. Noch wichtiger sind für sie große Höhlen, in denen sie vor Frost und Trockenheit, Licht und Beunruhigung geschützt ihren Winterschlaf halten.

Die Höhlen des Hundsheimer und Pfaffenberges sind Karsterscheinungen, die in Kalkgesteinen durch die lösende Wirkung des kohlensäurehältigen Niederschlagswassers entstehen. Sie bilden sich bei feuchterem Klima, als es heute herrscht, und sind mit ihren vom strömenden Wasser geformten Oberflächen und Sinterbildungen, weiten Hallen und engen Röhren eine märchenhaft-bizarre Unterwelt. Selbst diese ewige Finsternis ist nicht unbelebt, einige höhlenliebende Asseln und Stechmücken, Spinnen und Schmetterlinge wohnen hier. Sechs Fledermausarten nehmen in der bekanntesten, der Güntherhöhle bei Hundsheim, ihr Winterquartier. Neben dem Eingang befinden sich die Reste eines eingestürzten Höhlenganges, der als „Hundsheimer Knochenspalte" die Skelette zahlreicher in die Höhle gefallener Tiere des frühen Eiszeitalters bewahrte. Das heute im Wiener Naturhistorischen Museum aufgestellte Hundsheimer Nashorn repräsentiert neben Säbelzahnkatze und anderen Arten die Fauna einer Savannenlandschaft, die von der weit ausschwingenden Donau befeuchtet und von ihrem grünen Auwald durchzogen war.

Im Laufe seiner zwölfmillionenjährigen Geschichte wurde der Donaustrom durch tektonische Hebungen und Senkungen mehrmals weiträumig verlagert, senkte sich immer tiefer in das aus dem Meer steigende Festland und hinterließ auf höherem Niveau die Schotterplatten, welche die heutige Donau von Schwechat bis Petronell begleiten und sich durch die Leithapforte von Parndorf südostwärts ins Ungarische Becken fortsetzen. Im Marchfeld finden wir in der Schloßhofterrasse einen ähnlichen Zeugen früher Donauzeiten. Zwischen Marchegg und Groißenbrunn erhebt sie sich 25 Meter

Ein Teil der Güntherhöhle begann schon in einer frühen Eiszeit einzustürzen und wurde zur Fallgrube. Als „Hundsheimer Knochenspalte" hat sie wertvolle Fossilien der damaligen Fauna bewahrt, die erst vor wenigen Jahrzehnten geborgen wurden.

Rechts oben: Nach dem Jagdschloß des Prinzen Eugen ist die Schloßhofterrasse benannt, die als einsam gelegene Schotterplatte den Rest eines eiszeitlichen Donaubettes darstellt.

Im Gegensatz zu den anderen Königskerzen, die alle gelb blühen, hat die seltene, nur im Pannonicum wachsende Purpurkönigskerze diese eigenartige Blütenfarbe.

hoch und bildet an ihrem südöstlichen Zipfel das ideale Gelände für die barocke Anlage von Schloßhof. An seinem Südhang trägt der von ebenem Ackerland bedeckte Rücken mehrere schöne Trockenrasen auf Quarzschotter. Prächtige Steppenblumen wie Zwergschwertlilie, Kuhschelle und Purpurkönigskerze begegnen uns auch hier. Wie viele andere Trockenstandorte sind auch diese durch das Vordringen der Robinie bedroht.

Die Sandberge südlich von Oberweiden, die einst als Dünen über die eiszeitliche Kaltsteppe wanderten, beherbergen eine interessante Lebensgemeinschaft.

Rechts oben: Mobiler Sand, noch vor 200 Jahren eine Bedrohung der hiesigen Landwirtschaft, ist heute der gefährdete Lebensraum von Arten, die auf dieses Substrat spezialisiert sind.

Die brettebene Agrarlandschaft zwischen Donau und March wird von Sanddünen unterbrochen. Sie entstanden in der letzten Eiszeit, als die ausgedehnten Donauablagerungen von keinem geschlossenen Pflanzenkleid geschützt waren. Stürme trieben den Sand über die kalte Steppe und häuften ihn zu wandernden Dünen auf. Die dichte Vegetation der Warmzeit überzog und festigte auch die Flugsande. Mit der Rodung der Waldsteppe im Mittelalter und ihrer Nutzung als Acker und Weide wurden die Dünen jedoch wieder freigelegt, begannen zu wandern und angrenzende Äcker zu verwüsten. Von der Zeit Maria Theresias bis heute versuchen systematische Aufforstungen und Windschutzhecken, den Sand unter Kontrolle zu bringen. Von etwa 1700 Hektar im achtzehnten Jahrhundert ist die offene Sandfläche auf winzige Reste geschrumpft.

Inzwischen haben sich angesichts des Artenschwundes und der Überproduktion die Prioritäten geändert, man sieht die Funktionen einer Landschaft differenzierter. Offene Sandstandorte sind nicht nur optisch von fremdartigem Reiz, sondern beherbergen hochspezialisierte sandliebende Pflanzen und Gliederfüßler. Aus der Sicht des Artenschutzes zählen sie zu den wertvollsten Lebensräumen. Die Sandsteppen, welche noch im neunzehnten Jahrhundert das Marchfeld prägten, zählen heute zu den seltensten und gefährdetsten Vegetationstypen Mitteleuropas.

Wacholder sind typisch für die als Weide genutzte Sandsteppe, die heute zu ihrer Erhaltung gemäht wird.

Die Bedeutung und Gefährdung der Sandstandorte wurde zwar früh erkannt. Die Weikendorfer Remise, ein Sandgebiet westlich von Oberweiden, wurde im Jahre 1927 als erstes Naturschutzgebiet Niederösterreichs ausgewiesen. Ihm folgte später die Unterschutzstellung der Wacholderheide Obersiebenbrunn sowie der Sandberge südlich von Oberweiden, deren Trockenwiesen in den ebenen Bereichen jetzt gemäht werden, um die Verwaldung zu verhindern. Die landschaftlich so reizvollen, bis zu acht Meter hohen Dünenzüge können nicht mit großen Maschinen bearbeitet werden und wären eine ideale Schaf- und Ziegenweide. Windschutzanlagen und Aufforstungen mit standortsfremden Schwarzkiefern oder Robinien, die Einwehung von Düngern und Bioziden machen selbst vor Naturschutzgebieten nicht halt, ganz zu schweigen von der Vernichtung zahlreicher Kleinstandorte durch Kommassierungen und sogenannte Geländekorrekturen. Um die letzten Inseln naturnaher Vegetation im Marchfeld zu erhalten, werden von der Naturschutzbehörde Pflege- und Entwicklungskonzepte erstellt, welche interessierten Landwirten Zusatzeinkommen bringen. Zwischen offenen Rasen und Eichenmischwäldern bilden lichte Bestände der forstlich geförderten Rotföhre und ehemalige Hutweiden reizvolle Übergänge. Weideunempfindliche Sträucher wie Liguster, Weißdorn und Wacholder verleihen den erhaltenen Dünen zwischen Weikendorf und Schönfeld einen exotischen Heidecharakter. Hier kann man in lauen Nächten noch den

Ziegenmelker spinnen hören, einen Bewohner lichter Wälder und trockenwarmer Böden, der stark gefährdet ist. Sein Balzgesang ist ein an- und abschwellendes Schnurren, das minutenlang anhält und ähnlich wie das wetzende Schwirren der Schwirle eher an Insekten denken läßt als an Vögel. Früher war die Nachtschwalbe, wie der Vogel auch genannt wird, weit verbreitet. Tagsüber ist der rindenfarbig getarnte Insektenjäger selten zu sehen, aber des Nachts fängt er in lautlosem Flug Schmetterlinge.

Die Pflanzenwelt der Sandsteppen ist nicht so reich wie die anderer Trockenrasen. Im Frühjahrsaspekt dominieren wieder Federgräser. Aber im Juli entfalten sich neben der Skabiosen- und Rispenflockenblume Pflanzenarten, die eng an Sandböden gebunden sind. Zu ihnen zählen als auffälligste die Sandstrohblume, die Späte Federnelke und das als Zierpflanze bekannte Gips- oder Schleierkraut, dessen sperrig-kugeliger Wuchs an seinem natürlichen Standort verständlich wird: Es ist die Form eines Steppenrollers, der die ungebremsten Winde und die Strukturarmut seines Lebensraumes zur Samenverbreitung nutzt.

Oben: Nur auf kalkarmen Sandböden wächst die seltene Sandstrohblume.

Mitte: Das Dünenveilchen, eine Unterart des Stiefmütterchens, wächst österreichweit nur auf den bodensauren Dünen des Marchtales.

Unten: Rispengipskraut, welches als „Schleierkraut" gärtnerisch kultiviert wird, blüht reichlich in den Dünen. Sein kugeliger Wuchs dient der Windverbreitung der reifen Pflanze als „Steppenroller".

Sand ist wegen seines hohen Porenvolumens ein schlechter Wärmeleiter. Bei Sonnenbestrahlung kommt es dadurch an seiner Oberfläche zu extremen Temperaturschwankungen, wenige Zentimeter darunter herrscht dagegen ein recht gleichmäßiges Klima, das im Sommer wie ein Brutschrank optimale Entwicklungstemperaturen bietet. Sand ist außerdem jenes Substrat, welches mit dem geringsten Energieaufwand gelöst und bewegt werden kann, jedes Kind gräbt und baut daher am liebsten in Sand. Auch manche Gliederfüßler nützen die Vorzüge dieses Materials. Die Larven der Sandlaufkäfer graben eine Höhle, in deren Eingang sie auf vorüberkommende Insekten lauern. Besondere Bedeutung hat Sand für alle, die Erdnester anlegen. Dazu gehören viele Arten von

Wildbienen, Weg- und Grabwespen, die oft Brutkammern mit Pollen oder erbeuteten Insekten bevorraten. Diese Hautflügler sind an schönen Tagen die häufigsten Lebewesen, die auf den Dünen insbesondere Blumen besuchen. Auch andere xerothermophile Insekten fliegen hier, etwa bunte Schmetterlinge aus den Familien der Bläulinge oder der Widderchen. Aber die erwähnten Stechimmen kommen auf den Marchfelder Dünen in einer einmaligen Formenvielfalt vor. Seit über hundert Jahren erforschen Hymenopterologen vor allem auf den Sandbergen bei Oberweiden die Welt der Hautflügler, sodaß auch ihr stetiger Rückgang dokumentiert ist, der unmittelbar mit dem Schwund offener Sandflächen zusammenhängt. Die gibt es nur mehr im Bereich von unbefestigten Fahr- und Reitwegen oder kleinen Sandgruben, während eine regelmäßige Sandgewinnung viele Bruten vernichtet.

Der weiße Fransensaum an den blauen Flügeln macht den Gemeinen Heidewiesenbläuling zu einer der schönsten Bläulingsarten. Der Österreichische Quendel blüht im Sommer auf Trockenrasen.

Links oben: Flockenblumen werden gerne von Schmetterlingen besucht. Die Widderchen Zygaena carniolica *treffen sich da auch.*

Links Mitte: Selten findet man das Widderchen Zygaena laeta*, das sich durch seine umgekehrte Farbverteilung von den anderen Arten unterscheidet. Seine Raupen entwickeln sich an der Mannstreu.*

Links unten: Mächtige Zangenkiefer und große Augen kennzeichnen den Waldsandläufer als Jäger.

Niemand beabsichtigt die Aktivierung von Wanderdünen. Aber eine Rücknahme der Windschutzgürtel im Bereich wertvoller Sandstandorte, Beweidung und kleinräumige Öffnung der Grasnarbe könnte zusätzlich zur bereits betriebenen Mahd kleinräumige Umlagerungen ermöglichen und so das Angebot von Pionierstandorten für hochangepaßte Pflanzen und Tiere erhöhen. Mit ihnen verlieren oder retten wir ein prägendes Element der pannonischen Kulturlandschaft. Die Dünen des Marchfeldes, jene äolischen Kinder der Eiszeit, die jahrhundertelang die strategisch wichtige Kornkammer der Reichshauptstadt mit Verwüstung bedrohten, sollten nach ihrer Zähmung wenigstens in einigen Beispielen als idyllische Heiden den Formenschatz der Landschaft und des Lebens bewahren.

Echter Haarstrang und Graue Aster verwandeln im Herbst die Salzsteppen bei Baumgarten an der March in ein Blütenmeer.

Links oben: An dieser Düne östlich von Lassee wird manchmal Sand gewonnen. Uferschwalben und sandliebende Insekten vermehren sich an solchen Standorten, während ihnen ein industrieller Sandabbau ebensowenig Chancen läßt wie eine geschlossene Vegetation.

Links unten: Im Frühling graben die Weibchen der Sandbiene mehrere Dezimeter tiefe Gänge in den Sandboden. In unterirdische Kammern tragen sie Pollen ein, von dem sich die Larven ernähren.

Seite 190/191: Die Steppenvegetation am Braunsberg, der bei der Ruine Röthelstein (am linken Bildrand) die Donau begrenzt, sowie an den Südhängen des im Hintergrund sichtbaren Hundsheimer und Pfaffenberges und den anderen Inselbergen bildet einen interessanten Gegensatz zur Au.

Steppenreste ganz anderer Art sind die Salzsteppen bei Baumgarten an der March. Im Gegensatz zu anderen Trockenrasen liegen sie nicht auf exponierten Rücken aus durchlässigem Material, sondern in der Flußebene außerhalb des Hochwasserbereiches. Nicht Trockenheit und Nährstoffarmut bestimmen hier die Zusammensetzung der Pflanzengesellschaft, sondern der Gehalt des Bodens an Soda, das für Pflanzen giftig ist. Wie an andere Standortsextreme, haben sich auch an einen gewissen Salzgehalt einige Pflanzen angepaßt und genießen diesen Konkurrenzvorteil, während sie woanders bald verdrängt werden. Fern vom Meer sind Salze im Boden typisch für ein arides Klima, in dem weniger Niederschlag fällt, als verdunsten könnte. Wenn aufsteigendes Grundwasser das Defizit ausgleicht und in tieferen Schichten lagernde Salzspuren aus dem Miozänmeer löst, kommt es an der Oberfläche zur Anreicherung. Am schönsten ist die Salzsteppe im Herbst, wenn zwischen den rötlichen Blättern und Dolden des Echten Haarstrangs Massen von Grauer Aster blühen. Dieser Staudengarten voll seltener Blumen macht die Sammlung der extrazonalen Steppeninseln in unserer Region vollständig. Im Nahbereich der Donau-March-Auen und als Kontrast dazu finden wir alle nur möglichen Substratsteppen: auf Fels, Schotter, Sand sowie auf leicht salzigen Böden. So wenig produktiv solches Ödland ist, so eindrucksvoll führt uns sein verschwenderischer Blüten- und Insektenreichtum vor Augen, daß Glück, Sinn und Qualität des Lebens sehr wenig mit materiellem Aufwand zu tun haben.

MARCHAUEN
Wasserwald und Wasserwiesen

Mit kalkarmen Ablagerungen und einem Tieflandregime hat die March anders geartete Auen hervorgebracht. Allerdings reicht der Einfluß der Donau durch das Eindringen ihrer Hochwässer wegen des geringen Gefälles bis Marchegg.

In der weiten Schwemmebene des Marchfeldes vereinigen sich die Stromtäler von Donau und March. Die Auwälder begrenzen wie grüne Mauern die flache Ackerlandschaft. Im Süden und Osten bilden sie ein großes zusammenhängendes Feuchtgebiet, welches sich im Norden an der in die March mündenden Thaya fortsetzt. Die aus dem Waldviertel kommende Thaya bildet in ihrem untersten Abschnitt die Grenze zu Mähren, die March grenzt an die Slowakei und erreicht die Donau bei Theben (Devin) in der Hainburger Pforte. Auf österreichischer Seite ist die Au schmal und umfaßt auf einer Länge von rund achtzig Kilometern bloß 3800 Hektar, setzt sich allerdings jenseits der Grenze fort.

Schon im Bereich der Marchmündung, bei Markthof und Schloßhof, fallen dem Kenner der Donau-Au deutliche Unterschiede auf. Die March wird zwar auch von Nebengerinnen begleitet, neigt jedoch weniger zum Verzweigen als zur Bildung weit ausschwingender Mäander. Weithin breitet sich Wiesenland zwischen den Gehölzen, die nur in nassen Mulden stehen oder entlang der Altwässer langgezogene Säume bilden. Die Weidenau ist zu einem hohen Anteil mit Bruchweiden bestanden, die mit ihrem ausladenden Wuchs behäbiger und urtümlicher wirken als die eleganten Silberweiden. Noch weitere Pflanzen begegnen uns an der March, die sonst in Österreich kaum anzutreffen sind.

Die Lange Lüsse bei Schloßhof ist wie die meisten Marchauen durch ausgedehnte Feuchtwiesen geprägt, zwischen denen sich weidengesäumte Nebengewässer schlängeln.

Links oben: Die besonders knorrigen Gestalten der Bruchweiden sind an der March im Gegensatz zu den Donau-Auen häufig.

Die Sommerknotenblume, ein seltenes Narzissengewächs, blüht in Massen in den Marchauen, während häufige Zwiebelpflanzen der Donau-Auen wie Schneeglöckchen oder Bärlauch hier fehlen.

Weitere Besonderheiten an der March:
Rechts oben: Quirlesche

Rechts Mitte: Sumpfwolfsmilch

Rechts unten: Ganzblattwaldrebe

Sicher erklärt die östliche, noch etwas kontinentalere Lage mit ihren besonders warmen Sommern, daß wärmeliebende Gewächse und Gemeinschaften hier gedeihen. Quirlesche, Sommerknotenblume und die prächtige Sumpfwolfsmilch im lichten Auwald, die Ganzblattwaldrebe auf den wechselfeuchten Auwiesen haben als Stromtalpflanzen ihre schönsten Bestände von Österreich an der March. Neben dem Klima bewirkt vor allem der Untergrund und das andersartige Regime der March eine von der Donau-Au abweichende Ausbildung der Marchau.

Die March, die an der polnischen Grenze entspringt und als Hauptfluß von Mähren diesem Land auch seinen tschechischen Namen Morava gab, ist nach einem Lauf von 350 Kilometern Länge ein ausgesprochener Tieflandfluß. Mit feinkörnigem Sediment, einem geringen Gefälle von 0,17 Promille und entsprechend langsamer Strömung mäandriert sie sanft durch ihre Ablagerungen, wenngleich heute viele ihrer Schlingen begradigt und ihre Ufer mit Bruchsteinen befestigt sind. Ihr Schwemmland ist entsprechend der Geologie ihres Einzugsgebietes sehr kalkarm. Der saure Untergrund ist eine Ursache für das Fehlen von Schneeglöckchen oder Bärlauch, die in den Donau-Auen massenhaft wachsen. Dafür fühlen sich die Bruchweiden wohl, und in trockenen Wiesen finden wir ausgesprochene Säurezeiger wie die Steppengrasnelke.

Auch Silberpappeln und herbstlich verfärbte Sträucher wachsen in Wassernähe, die Trennung zwischen Weiden-, Pappel- und Harter Au ist weniger ausgeprägt.

Links: Bei Marchegg stehen Eichen neben Weiden sogar an den Ufern. Die Hochwässer schaden ihnen weniger, weil sie in der Regel vor ihrem Austrieb stattfinden.

Die prägendste Eigenschaft des Tieflandregimes ist jedoch, daß das Hochwasser bereits im zeitigen Frühjahr kommt. Im Einzugsbereich der March schmilzt der Schnee in der Regel im März und April, während die hochgelegenen Alpenregionen meist erst im Sommer ihre stärksten Abflüsse zur Donau senden. Für die meisten Pflanzen ist eine Überflutung am Ende der Winterruhe leichter zu ertragen als in der Vegetationsperiode. Darum sind an der March die Grenzen zwischen Weicher und Harter Au verwischt. Im naturnah bewaldeten Schutzgebiet bei Marchegg spiegeln sich ehrwürdige Exemplare von Stieleichen in den Fluten zwischen Weiden und Flatterulmen, Schwarz- und Silberpappeln, denn unter diesen Bedingungen können sie bis zu neunzig Tage im Jahr im Wasser stehen. Daher hat in der Marchau die Gesellschaft der Harten Au einen größeren Flächenanteil als an der Donau. Allerdings sind die sonst so typischen frühblühenden Geophyten wegen der Frühjahrshochwässer selten. Umso schneller treiben im Mai Sumpfschwertlilien und Sommerknotenblumen ihre leuchtenden Blüten. Letztere sind übrigens die einzigen Zwiebelpflanzen, welche eine häufige Durchnässung ertragen und auch in tiefen Weidenauen wachsen.

Mit der March mündet ein Tieflandfluß in einen Gebirgsfluß. Die Gewässerbiologie des sanft strömenden Mäanderflusses mit seinem feinkörnigen Sediment unterscheidet sich naturgemäß von der Donau, die der Barbenregion angehört. Die Leitart des Marchunterlaufes ist die Brachse. Gemeinsam mit anderen hochrückigen Weißfischen (Cypriniden), etwa dem selten gewordenen Wildkarpfen, sucht sie am Schlamm- und Sandgrund nach Zuckmückenlarven und anderen Bodenorganismen. Von diesen Fischen lebt der Wels, von dem March und Thaya starke Populationen beherbergen.

Die March bildet mit ihrem sanft strömenden Unterlauf seit langem die Grenze zwischen Österreich und der Slowakei.

Oben: Ried-, Schlick- und Wasserflächen wie am Marcharm bei Markthof bieten Lebensräume für Wat- und Wasservögel.

Unten: Auch an der March werden durch die Regulierung abgetrennte Seitenarme wieder stärker mit dem Fluß verbunden, um sie vor Verlandung zu bewahren.

Der frühe Zeitpunkt der Überschwemmung ist die Voraussetzung für die vielen Wiesen. Am Beginn ihres Wachstums wirkt eine düngende Überflutung ertragsfördernd, während ein Hochwasser vor der Heubergung die Ernte vernichtet. So ist an der unteren March und an der unteren Thaya eine feuchte Kulturlandschaft entstanden, die wenigstens innerhalb der Hochwasserdämme auch erhalten blieb. Die in vergleichbaren Lebensräumen vorgenommenen Entwässerungen blieben diesen Auwiesen mangels Abflußmöglichkeit erspart. Im Bereich der Langen Lüsse zwischen Schloßhof und der Marchegger Bahnlinie wurde sogar auf einen Dammbau verzichtet, weil die Schloßhofterrasse den Überflutungsraum natürlich begrenzt. Vor wenigen Jahrzehnten noch gab es an der March weit ausgedehntere Sumpfwiesenflächen, die inzwischen mit der Aufgabe der Viehwirtschaft großteils in Äcker umgewandelt wurden. So kläglich gegenüber dem verlorenen Reichtum die derzeitigen Wiesenbestände wirken, so wertvoll sind sie auch.

Feuchtwiesen werden im allgemeinen von etwas weniger Arten bewohnt als Trockenrasen, dennoch erstaunt die Zahl von Nachweisen. So wurden an March und Thaya allein 28 feuchtigkeitsliebende Heuschreckenarten gefunden, wovon elf auf der Roten Liste stehen. Die größte und bekannteste davon ist die Maulwurfsgrille, die wegen ihrer Grabetätigkeit in manchen Gärten unbeliebt, aber in ihrem Bestand gefährdet ist. Wie die meisten an ihren langen Fühlern kenntlichen Langfühlerschrecken ist sie ein Jäger und ernährt sich von kleinen Bodentieren. Dagegen sind die Kurzfühlerschrecken als einzige Gruppe der Geradflügler reine Pflanzenköstler.

Nach der Frühjahrsüberschwemmung versiegt das Wasser nur langsam im lehmigen Boden der Senken.

Links oben: Feuchte Böden mit lückiger Vegetation bewohnt die Maulwurfsgrille. Die Funktion als Grabwerkzeug hat die Vorderbeine dieses Tieres ganz ähnlich geformt wie jene des Maulwurfs oder die Schaufel eines Baggers.

Ausgedehnte Hochwasserbetten nehmen große Wassermengen auf. Auen sind nicht nur als Lebensstätten wichtig, sondern regenerieren auch das Grundwasser und vermindern flußabwärts die Hochwassergefahren.

Rechts oben: In überschwemmten Wiesenmulden locken gerne die Männchen der Wechselkröte mit ihrem Trillergesang Weibchen herbei, denn für Fische, Libellenlarven und andere Feinde ihrer Brut sind solche Kurzzeitgewässer ungeeignet.

Die hohe Produktivität der feuchten Wiesen erlaubt hohe Bevölkerungsdichten von Heuschrecken und anderem Kleingetier wie weiteren Insektengruppen, Spinnen, Schnecken und Würmern. Von ihnen ernähren sich vielerlei Vögel von Staren bis zu Störchen sowie Amphibien. Die Überschwemmungen hinterlassen in Geländemulden Tümpel, die umso schneller austrocknen, je flacher sie sind. Ein paar verirrte Fische werden bald von Reihern gefangen. Räuberische Insektenlarven mit mehrmonatiger Entwicklungsdauer haben in astatischen Gewässern ebenfalls kaum Chancen, weshalb beispielsweise Libellen dort selten ihre Eier legen. Dieser verminderte Feinddruck begünstigt jene, die ihre Entwicklung vor dem Trockenfallen abschließen. Moor-, Spring- und Laubfrosch zum Beispiel oder die Wechselkröte laichen gerne in solchen flachen Gewässern, denen bereits zur Heuzeit, wenn sie gerade trockenfallen, frisch metamorphosierte Lurchkinder entsteigen.

Noch kleinere Senken mit noch kürzerer Naßphase sind oft als solche kaum zu erkennen, weil sie mit den übrigen Wiesen gemäht werden und keinen Schilfgürtel entwickeln. Dennoch sind die Kurzzeitgewässer an der March über Fachkreise hinaus berühmt, weil sie Urzeitkrebse beherbergen. Man kann die Blattfußkrebse, deren größte Art der zehn Zentimeter lange Kiemenfuß ist, als lebende Fossilien bezeichnen, weil sie sich seit dem Erdaltertum kaum verändert haben. Hunderte Jahrmillionen vor den Sauriern entstanden, haben sie diese bis heute überlebt. Der Konkurrenz modernerer Tiergruppen entgingen sie durch Anpassung an extrem kurzlebige (ephemere) Gewässer, in denen sie selbst jahrzehntelange Trockenzeiten als hartschalige Eier, genauer Cysten, überbrücken, um sich unter günstigen Bedingungen umso schneller zu entwickeln und fortzupflanzen.

Sogar die Darmpassage überstehen diese stoffwechsellosen Gastrulastadien, sodaß sie von Vögeln verbreitet werden. Ihre 22 Beine tragen nicht nur die Kiemen, sondern seihen auch Nahrungspartikel aus dem Wasser. Manchmal schwimmt der Kiemenfuß eilig rudernd mit dem Bauch nach oben an der Oberfläche. Weil alle sechzehn in Österreich bekannten Großblattfüßer als gefährdet gelten, bemüht man sich um den Schutz der besonders arten- und individuenreichen Tümpelwiesen an der unteren March. Beim Pulverturm am Rande von Marchegg wurde 1981 das weltweit erste Urzeitkrebsschutzgebiet als Naturdenkmal eingerichtet, dem 1996 die Blumengangsenke bei Markthof folgte.

Krebse, Heuschrecken und andere Bewohner der Feuchtwiesen sind die Nahrung der Störche, die auf alten Eichen am Rande von Marchegg in einer großen Kolonie brüten und von einer Plattform aus zu beobachten sind. Die roten Beine der beiden Altvögel sind mit getrocknetem Schlamm bedeckt.

Links: Mit 22 Beinen eilt der Kiemenfuß rückenschwimmend und futtersuchend über die Oberfläche. So wie mehrere andere Arten von Urzeitkrebsen entwickelt er sich nur in günstigen Jahren in nassen Wiesenmulden.

Überschwemmungswiesen mit ihrer wimmelnden Kleintierwelt sind genau das, was die Weißstörche brauchen. Daß Marchegg seinen heutigen Rang als Storchenstadt dem burgenländischen Rust abgelaufen hat, hängt zweifelsfrei damit zusammen, daß hier viele Feuchtwiesen erhalten, dort aber vernichtet wurden. Mehr als fünfzig Horste sind in der berühmten Baumkolonie bei Marchegg besetzt. Zur Futtersuche schreiten die stelzbeinigen Vögel durch Wiesen und seichte Gewässer, nutzen das jahreszeitlich wechselnde Angebot von Amphibien und Urzeitkrebsen, Heuschrecken und anderen Gliederfüßlern und ziehen bekanntlich über das nahrungsarme Winterhalbjahr nach Afrika.

Ein seltener Gast in Auen ist der Purpurreiher. Er ist noch etwas schlanker gebaut als der Graureiher.

Rechts oben: Wiesen und schilfgesäumte Gewässer bieten Silberreihern ideale Jagdgebiete.

Rechts unten: Nachtreiher haben ein ausgeprägtes, grau gesprenkeltes Jugendkleid. Zwei Junge und zwei Alte wärmen sich über dem vom Wind leicht gewellten Wasser in der Morgensonne, nachdem sie in der Dämmerung gejagt haben.

Noch tiefer im Wald horstet der Schwarzstorch, der dem Menschen eher ausweicht. Aber auch er jagt auf Wiesen, an und in Gewässern. Trockener mag es der Wachtelkönig, richtig sumpfig hingegen der Nachtreiher. Beide vom Aussterben bedrohten und aus anderen Landschaften verschwundenen Arten existieren an der March. Der Wachtelkönig, eine Rallenart, hat mit der Wachtel keine verwandtschaftliche, sondern bloß akustische Gemeinsamkeit: Beide rufen zur Brutzeit laut und anhaltend des Nachts, sodaß sie trotz ihrer äußerst versteckten Lebensweise ihre Anwesenheit verraten. Selbst in den Marchwiesen ist der Wachtelkönig nur mehr in wenigen Brutrevieren zu hören.

Der koloniebrütende Nachtreiher horstet unregelmäßig einmal auf der österreichischen, dann wieder auf der slowakischen Seite der March. Besonders sicher scheint er sich in der Nähe von Graureiherkolonien zu fühlen, von denen es an der March etliche gibt. Der gegenüber anderen Reihern kleine und gedrungene Vogel bewohnt reichlich mit Gehölzen und Uferbewuchs ausgestattete Flachgewässer. Für den dämmerungsaktiven und sehr störungsempfindlichen Nachtreiher sind die dichten Aschweidenbüsche der Marchauen als Tageseinstand ebenso von Bedeutung wie Schilf- und Seggenbestände, in deren Deckung er gerne seine Nahrung sucht.

Auch Silberreiher und Purpurreiher haben eine ausgeprägte Vorliebe für Röhricht, in den ausgedehnten Altschilfbeständen des Neusiedler Sees haben sie ihre Horstkolonien. Die meist auf alten Pappeln befindlichen Graureiherkolonien sind eine Hoffnung, daß der als Brutvogel ausgestorbene Kormoran wieder heimisch wird. Denn auch dieser fast gänsegroße Fischfresser horstet mit Vorliebe bei seinen Kollegen, die freilich mit ihren unterschiedlichen Jagdmethoden keine Konkurrenten sind.

Bei Marchegg und Baumgarten bewähren sich Gallowayrinder als Kulturlandschaftspfleger, wo eine andere Nutzung ertragsschwacher Wiesen kaum mehr lohnen würde. Naturschutzorientierte Leistungen werden für bäuerliche Einkommen zunehmend interessant.

Rechts oben: Diese Bäume bei Markthof wurden früher als Kopfweiden genutzt, indem sie alle paar Jahre zwecks Gewinnung von Flecht- und Brennmaterial zurückgeschnitten wurden.

Rechts unten: Der Torso dieses schon lange toten Baumes ernährt und beschützt noch immer Pilze, Käfer oder Vögel. So wie bei Marchegg, könnten Naturwaldzellen überall unsere Wälder artenreicher, gesünder und schöner machen.

Schon die wenigen angeführten Arten illustrieren, wie unterschiedlich ihre Ansprüche an den Lebensraum sind. Jedes Tier benötigt neben seiner Nahrung bestimmte Strukturen für seine Sicherheit und Fortpflanzung, sein Sozial- oder Territorialverhalten. Waldbewohner wie der Bockkäfer oder der Braunbär, der manchmal aus den Karpaten einwechselt, brauchen wenig gestörte, wildnisartige Lebensräume. Sumpfschrecke und Weißstorch benötigen hingegen die offene Landschaft. Erst durch Ackerbau und Grünlandwirtschaft bei uns heimisch geworden, möchten wir solche Lebewesen ebensowenig missen wie die freundlichen, bäuerlichen Bilderbuchlandschaften, in denen sie wohnen. Wie wir sehen, können sie alle trotz ihrer Verschiedenheit in einem Gebiet miteinander und voneinander leben, auch zusammen mit Menschen. Bauern haben wesentliche Elemente dieser Landschaft geschaffen und erhalten, indem sie sich und andere daraus ernährten.

Es gilt daher, auf der einen Seite die noch vorhandenen Naturreste zu bewahren und zu restaurieren, indem entbehrliche Flußbauten zurückgenommen oder entlegene Waldflächen außer Nutzung gestellt und von fremden Gehölzen befreit werden. Ähnlich wie in den Donau-Auen werden auch an der March bereits verlandende Nebengewässer und abgeschnittene Mäanderbögen wieder stärker an den Fluß angebunden, damit sie besser durchströmt und der Dynamik ausgesetzt werden. Als ebenso notwendig erweist sich die Erhal-

tung der Kulturlandschaft, die anderswo inzwischen zur schieren Nutzfläche degradiert ist. Wertvolle Wiesen in der Marchegger Au und die Salzwiesen bei Baumgarten werden von robusten Gallowayrindern naturschutzorientiert beweidet, die dann den Speisezettel der örtlichen Gastronomie mit Biospezialitäten bereichern. Schon länger werden in einer bemerkenswerten Zusammenarbeit von Bauern-, Jagd- und Naturschutzverbänden Landwirte dafür entschädigt, wenn sie Ackerrandstreifen einmal brachfallen lassen, ökologisch wertvolle Wiesen weiter bewirtschaften, aber spät mähen und nicht düngen. Dieser freiwillige Vertragsnaturschutz ist seit der Errichtung des österreichischen Programms für umweltgerechte Landwirtschaft, des Niederösterreichischen Landschaftsfonds und der Nominierung von für den Biotop- und Artenschutz wichtigen „Natura 2000 Gebieten" eine an Bedeutung zunehmende Grundlage der Landschaftspflege wie der bäuerlichen Einkommen. Statt der seinerzeitigen Stützung einer zerstörerischen Überproduktion durch Landes-, Bundes- und EU-Gelder wird jetzt die landschaftsgestaltende und -erhaltende Arbeit des Bauern bezahlt. Geschützte und gepflegte Fluren ermutigen auch als optisch ansprechende Vorbildlandschaften unsere Gesellschaft, Landwirte bei der Wiederherstellung einer harmonischen Umgebung zu unterstützen, welche Identifikation und Heimatgefühl fördert. Ähnliches gilt für die Forstwirtschaft, von der heute die Schaffung von Naturwaldreservaten ebenso erwartet wird wie ein naturnäherer Waldbau. Die Aufgabe des Wasserbaues hat sich geradezu umgekehrt und umfaßt statt der isolierten Hydraulik deren Vernetzung mit Ökologie und Ästhetik.

Die Gesundung und Wiederbelebung der durch Monokultur verödeten Fluren, Wälder und Flüsse ist von der Umweltbewegung ausgehend zu einem gesellschaftspolitischen Anliegen geworden. Ihre flächendeckende Verwirklichung steht als Vision und Jahrhundertaufgabe vor uns. Naturnahe Lebensräume wie die in diesem Buch beschriebenen bilden ein Refugium des Lebens, ein ökologisches Netz als Basis und Voraussetzung einer Rückkehr der Lebensvielfalt und -qualität in unsere Umwelt. Vielfach ist ihre Erhaltung dem beherzten Einsatz vieler einsichtiger Menschen zu verdanken. Der wird auch in Zukunft noch nötig sein. Denn der hundert Jahre alte Plan eines Donau-Oder-Kanals bedroht zum Beispiel noch immer die March-Thaya-Auen – und nicht nur diese. Statt fortgesetzter landschaftsverschlingender Gigantomanie stünde unserer Generation die Bewahrung solcher letzter Kleinodien an, die das Industriezeitalter bislang überdauert haben. Die Nachwelt wird sie ebenso brauchen wie wir, nicht nur als Wasserquellen, Erholungsorte oder Forschungsfelder, sondern auch als Stätten der Selbstfindung.

Natürliche Systeme haben uns Menschen hervorgebracht und tragen uns. Ihr Reichtum an Lebensformen, deren jede in ihrer Vollkommenheit von keinem Menschen und keinem Computer konstruiert werden könnte, erregt unsere schöpferische Phantasie und Neugier, erfüllt uns mit Staunen und Bewunderung, schenkt uns Bescheidenheit, Daseinsglück, religiöse Erfahrung. Wie alles wirklich Wertvolle, läßt sich Natur zwar zerstören, aber weder kaufen noch konsumieren. Um etwas von ihren Geheimnissen, ihrer Schönheit und ihrem Wert zu erfassen, bedarf es aktiver Zuwendung. Wir sehen und verstehen nur dann Wesentliches, wenn wir ihr mit Achtung, offenem Herzen und wachen Sinnen begegnen.

Seite 216/217: Wie eine Meeresküste von den Gezeiten geprägt ist, so braucht eine Au die Dynamik des ungestauten Flusses.

Unproduktiver Sumpf oder paradiesische Lebensfülle? Wer die Natur anschaut, ahnt ihre Größe, ihre Rätsel und ihren Wert.

NATIONALPARK
Entwicklung, Probleme, Zugänge

von Bernd Lötsch
und Reinhold Gayl

Zeit-Zeugen-Bericht
KONFLIKT UM EIN RELIKT – UND KEIN ENDE?

von Bernd Lötsch

Die Donau-Auen hatten immer eine Sonderstellung unter Österreichs Nationalparkprojekten: Sie beginnen in der Bundeshauptstadt, 16 Kilometer vom Wiener Stephansplatz entfernt, in der Oberen Lobau und enden rund 45 Stromkilometer abwärts östlich, wenige Kilometer vor der slowakischen Hauptstadt Bratislava. Wie ein grüner, dschungelähnlicher Korridor von einer Großstadt zur anderen durchzieht der feuchtüppige Überschwemmungswald am „grenzüberschreitenden Lebewesen Donau" die Produktionssteppe des Marchfeldes. Selbst an seinen vier breitesten Stellen[1] mißt der Nationalpark Donau-Auen über beide Ufer hinweg nicht mehr als vier Kilometer, an seinen schmälsten gar nur einige hundert Meter.

Satellitenbilder zeigen, daß die nationalparkwürdigen Donau-Auen östlich von Wien, um die eineinhalb Jahrzehnte lang gerungen wurde, nicht größer sind als der dichtbebaute Stadtkern Wiens – nämlich rund hundert Quadratkilometer –, immerhin gerade noch die Untergrenze eines nach IUCN[2]-Reglement anerkennungsfähigen Nationalparks im Binnenland.

Der zweite Grund für seine Sonderstellung ist seine bundesweite

---

INFORMATION und DOKUMENTATION im ANHANG

Von Reinhold Gayl und Bernd Lötsch

ZEITTAFEL
Der spannende Hürdenlauf zum Nationalpark .... Seite 247

ZUGÄNGE ZUM NATIONALPARK
Pforten zur Donaulandschaft .... Seite 249

KARTE DES NATIONALPARKS .... Seite 250

WICHTIGE ADRESSEN UND TELEFONNUMMERN .... Seite 253

ÖKO-HAUS DER NATIONALPARKAKADEMIE
Die Kursstätte des Naturhistorischen Museums
als Musterhaus für Bauökologie .... Seite 254

BESUCHERREGELUNGEN IM MANAGEMENTPLAN 1999
Wegegebot – Bootfahren, Anlanden, Baden – Entnahme
von Naturmaterialien – Wichtige Ratschläge .... Seite 256

DIE DONAU IN ZAHLEN .... Seite 257

WIRBELTIERE DER AUEN
Fische – Amphibien – Reptilien – Vögel – Säugetiere .... Seite 258

AKTUELLE NATIONALPARKDEFINITION IUCN (WCU)
aus authentischen Quellen, Stand 1998 .... Seite 261

QUELLEN
zum Kapitel Nationalpark .... Seite 262

LITERATUR
zum Hauptteil von Werner Gamerith .... Seite 263

REGISTER .... Seite 266

---

1 a) Von der Oberen Lobau im Norden über den Fluß bis einschließlich die Mannswörther Au im Süden,
b) von der Orther Au im Norden über den Fluß bis Haslau im Süden,
c) von der Eckartsauer Au im Norden über den Fluß bis zum Auensüdrand zwischen Regelsbrunn und Wildungsmauer,
d) vom nördlichen Auenrand zwischen Witzelsdorf und Stopfenreuth über den Fluß bis Petronell im Süden.
2 IUCN = International Union for Conservation of Nature and Natural Ressources, gegr. 1948 (jetzt WCU = World Conservation Union) in Gland/Genf, legt als Weltdachverband seit 1969 (Konferenz von New Delhi) die international verbindlichen Richtlinien für die Anerkennung von Nationalparken fest. Ende der 90er Jahre wurden präzise Forderungen wie 10.000 ha (100 km²) als Untergrenze und 2/3 des Gebietes im wildnisartigen Naturzustand in den Kommentaren festgeschrieben.

Popularität – bedingt durch die Dramatik seiner Geschichte, die ihn – samt der dadurch berühmten, hübschen Stadt Hainburg – zum Symbol eines neuen Demokratie- und Naturschutzverständnisses der Österreicher werden ließ.

Spätestens mit dem Zerstörungswerk des Staues von Greifenstein (1982/83) waren alle Hoffnungen auf Kompromisse zwischen Kraftwerksbau und Auenschutz zunichte geworden. Allen voran der österreichische Nobelpreisträger Konrad Lorenz lehnte daher die nächste Staustufe – das Projekt Hainburg – kompromißlos ab, entgegen allen „Lebensraum aus zweiter Hand"-Parolen Otto Koenigs. „Man kann nichts schützen, indem man es zerstört", verkürzte Lorenz souverän das müßige Geschwätz über die „Rettung der Au durch Stau". Das Thema spaltete eine jahrzehntelange Freundschaft. Doch was wir seither über die ökologischen Langzeitfolgen für die Au noch lernen konnten, gab Lorenz recht: zunächst die sofort und direkt zu opfernden sieben Quadratkilometer Wasserwald im Baugeschehen, die Verödung der Flußlandschaft und der Verlust der Trinkwasserqualität im stagnierenden Grundwasserkörper der abgedämmten Kraftwerks-Auen.

Angesichts der lückenlosen Ausbaupläne der Regierung konnten Auenschützer nur mehr auf ein Wunder hoffen. Und das Wunder geschah – im Dezember 1984. Eineinhalb Jahrzehnte später gedenken wir seiner voller Demut – nie triumphierend.

Der Stadtkern von Wien ist größer als die gesamten Nationalpark-Auen.

Hainburg – Weihnachtswunder oder Wende?

Zuerst waren es einige hundert Unentwegte, welche den winterlichen Wasserwald mit ihren Körpern gegen Baumaschinen deckten – ganz vorne unter ihnen die prominente Auenbiologin Elfrune Wendelberger. Das offizielle Österreich hatte sie drei Jahre zuvor mit dem Staatspreis geehrt. Jetzt erlebte sie den Staat von einer anderen Seite. Ich sehe sie vor mir, als wäre

Baustelle Greifenstein 1982

K. Lorenz in der schwindenden Greifensteiner Au.

„Pressekonferenz der Tiere": Der stummen Natur Stimmen geben.

es gestern gewesen, eingeflochten in die lebende Barrikade von Menschenleibern, die Bundeshymne auf den Lippen. Obwohl strikt gewaltfrei bleibend, wurden wir von Hunderten Gendarmen gewaltsam „geräumt". Elfrunes Mann, Univ.-Prof. Gustav Wendelberger, barg kurz darauf auf dem „Kampfplatz" ausgerissene Büschel von Frauenhaar und sandte sie dem Bundespräsidenten.

Doch war dies kein Ende, sondern der Anfang.

Das Schlimmste war die Drohung einiger Gewerkschaftsführer, Tausende aufgehetzter Arbeiter mit Autobussen gegen die Auschützer zu schicken. Doch es siegte die Besonnenheit auf beiden Seiten: Das Prinzip Gewaltfreiheit wurde unter dem Eindruck der täglichen Appelle des tief besorgten Aggressionsforschers Konrad Lorenz und des mutigen Strategen zivilen Ungehorsams Günther Schobesberger zur gelebten Philosophie der Umweltbewegung. An den Lagerfeuern zitierte Schobesberger den amerikanischen Bürgerrechtskämpfer und Dichter Henry David Thoreau (1817–1862), der sowohl die US-Nationalparkpioniere als auch Mahatma Gandhi inspiriert hatte.

Schon am ersten Morgen erlebten wir den Mut der Gewaltfreiheit, als sich der Starjournalist DDr. Günther Nenning und die Grande Dame der Umweltbewegung, Freda Meissner-Blau, ungeschützt vor kreischende Motorsägen stellten, Mädchen sich an Bäume klammerten und junge Burschen bereit waren, sich in die Kronen gekettet mit den Auwaldriesen fällen zu lassen.

Es folgten 13 Stunden Verhandlungen mit der Regierung. Unvergeßlich bleiben das zermürbende Rin-

10. Dezember 1984: Staatsmacht gegen Au-Schützer.

Links: G. Schobesberger – Stratege des gewaltfreien Widerstandes.

gen im nächtlichen Parlament, die Angst der Mächtigen vor Gesichtsverlust – zwischen Verhärtung, menschlichen Momenten und hereinplatzenden Katastrophengerüchten aus der besetzten und umstellten Au. Wir erreichten vier Tage „Waffen"-Stillstand, Zeit genug für das österreichische „Wunder" einer spontanen Selbstorganisation: Zelte, Erdhäuser, Mülltrennung, Feld-

Gewaltfreiheit – gelebtes Prinzip der Au-Schützer.

F. Hundertwasser und P. Weish mit Lagerkarte.

Rechts: Ihr Feind war die Kälte.

latrinen, Funkzentrale, Decken, Taschenlampen, Verpflegung, Kleidung, aus ganz Österreich. Barrikaden wurden errichtet, die Mahatma-Gandhi- und die Viktor-Adler-Barrikade, der Checkpoint Brezovszky mit dem Spruchband „Die Politiker wollen unser Bestes, aber wir geben es ihnen nicht". Hochschulprofessoren verlegten ihre Vorlesungen von den leeren Hörsälen in die übervolle Au, Friedensreich Hundertwasser – für eine Belagerung gerüstet – traf sich mit Peter Weish zur Lagebesprechung mit Geländekarte. Er hatte seinen Staatspreis für bildende Kunst öffentlich zerrissen, er schäme sich, von einer Regierung Ehrungen angenommen zu haben, die das Gesetz mißachtet. Arik Brauer diskutierte und musizierte am Feuer mit ÖBB-Bediensteten, einem Gastwirt und einem Kärntner Anstreicher. Ein Koch aus Tirol kam vom Barrikadenbau. Auch der Autor dieses Buches, Werner Gamerith, stellte sich – aus Oberösterreich herbeigeeilt – dem eskalierenden Konflikt mit ungewissem Ausgang.

Diese 4000 bis 5000 Menschen waren nicht mehr aus der Au zu kriegen, auch nicht beim letzten Aufbäumen der Regierungsmacht unter dem Druck der Gewerkschaftsdrohungen. Am 19. Dezember 1984 wurde geprügelt. Es gab Verletzte, Fernsehteams wurden attackiert, Umweltschützer vor den Polizeischlägern hergetrieben wie das Vieh. Am nächsten Tag hatte der Exekutiveinsatz die geballte Meinung der In- und Auslandspresse gegen sich – und die Auschützer waren noch immer da.

Und dann rief der Bundeskanzler den „Weihnachtsfrieden" aus, der schließlich zu jenem denkwürdigen Versöhnungstreffen zwischen Fred Sinowatz und Konrad Lorenz am 12. Januar 1985 führte, in dem der Nobelpreisträger bewegt erklärte, er sei noch nie so stolz darauf gewesen, Österreicher zu sein, wie in diesen Tagen. In einem Elf-Punkte-Programm bot die Regierung die Einberufung einer „Ökologiekommission" an, in der weisungsfreie Experten „Maßnahmen auf dem Gebiet des Umweltschutzes und

Sinowatz, Lorenz, Steyrer – symbolischer Friede, 12. Jänner 1985.

der Energieversorgung beraten sollten", darunter auch „die ökologische Verträglichkeit von weiteren Donaukraftwerken".

Ökologiekommission – eine Regierung läßt nachdenken

Die Konstituierung der Kommission mit Bundeskanzler Sinowatz und Umweltminister Steyrer am 9. April 1985 hatte ein starkes Presseecho. Schlagzeilen wie „Hainburg: Ringen in der Ökologiekommission beginnt", „Öko-Kommission: Regierung beruft Au-Besetzer Lötsch", „Sinowatz: Brückenschlag durch Ökologiekommission", „Grüne sollen Regierung auf die Beine helfen", „Sinowatz peilt Ökopartnerschaft an", „Öko-Kommission sucht neue Wege. Lötsch: Keine Kompromißchance für Hainburg" oder „Ökologiekommission als Modell der Kooperation" zeigen die Erwartungen in die Ökologiekommission als Konfliktlösungsmodell und Gestaltungsinstrument für den östlichen Donauraum.

Erst unter dem Hainburg-Schock also folgte ein überforderter Bundeskanzler dem Leitspruch Franz Josephs „Ich werde nachdenken ... lassen" und holte die unbequemsten Wissenschafter aus der Au zur Arbeitstherapie in die Ökologiekommission der Bundesregierung – nicht ohne uns väterlich zu ermahnen: „Aber gebaut muß was werden – sonst geht ja nichts mehr, sonst könnte man die Republik gleich zusperren". Da half keine Nenning'sche Entgegnung: „Herr Bundeskanzler, die Republik ist keine Baufirma", denn Nenning irrte – wie so oft, wenn er die Wahrheit spricht.

Die Republik *ist* eine Baufirma – und so sieht sie auch aus. Jeder Quadratkilometer wird im Durchschnitt von drei Kilometer Straßen zerschnitten, der Trend zur Zweit- und Drittstraße ist in vollem Gange, bereits in den 80er Jahren hat Österreich über 60 Milliarden Staatsschuld durch überzogenen Straßenbau angehäuft. Maschinenamortisation auf beinahe menschenleeren Baggerwüsten wird von Baulöwen ohne zu erröten als Beschäftigungspolitik verkauft. Tausende Wasserläufe wurden zu Flußleichen in Betonsärgen, bald 80 Prozent des österreichischen Donaulaufes wurden in nur einer Generation gestaut, kanalisiert, energetisch genutzt. Nur fünf Prozent der niederösterreichischen Fließgewässer sind noch naturnah.

Würde die Ökologiekommission den väterlichen Rat des Kanzlers befolgen? Wie unabhängig war sie wirklich?

Nach einem siebenmonatigen Lernprozeß, den Techniker, Biologen, Forstleute und Hydrologen aneinander vollzogen hatten, befanden die Experten übereinstimmend, daß zur Erhaltung dieser international höchstrangigen Flußauen weiterhin flächige, reißende Überschwemmungen und stark

Der Kanzler und sein Vize – In und Auslandspresse gegen sich.

schwankende Donauspiegel nötig seien, denen dieser Landschaftstyp seine Entstehung verdanke. Noch seien alle aubildenden Kräfte östlich von Wien voll intakt. Kraftwerke vom Hainburg-Typ amputierten die Au durch zum Teil dichte Dämme vom lebensspendenden Strom. Sogenannte „Gießgänge" könnten laut Ökologiekommission die vielfältigen Wechselwirkungen von Fluß und Au nicht ersetzen. Ein Nationalpark hätte den ursprünglichen Naturhaushalt als Grundlage der „Schönheit und Eigenart" dieser Landschaft zu sichern – vom Erlebniswert und der Funktion als Trinkwasserspeicher bis zum vernetzten Wirkgefüge Tausender wildlebender Tier- und Pflanzenarten.

Daraus folgte die Forderung nach einer freien Fließstrecke zwischen Wien und der Marchmündung, und diese verlangte wissenschaftliche Studien zur Stabilisierung der Stromsohle. So hinge die Umweltverträglichkeit einer Staustufe Wien nach Meinung der Experten wesentlich davon ab, ob es gelänge, den stromabwärts entstehenden Erosionskeil hintanzuhalten. Bei dem umstrittenen Kraftwerk Hainburg gehe es um weniger als ein Prozent des österreichischen Gesamtenergieverbrauchs.

Der Bericht vom 5. November 1985 schloß mit der Erklärung: „... wenn der Versuch unternommen würde, weitere Abstriche von diesem ohnehin minimal konzipierten Nationalpark zu machen, ... und wenn man vor der Jahrtausendwende begänne, die freie Fließstrecke zwischen Wien und dem Raum Hainburg durch politisch geführte Kraftwerksdiskussionen in Frage zu stellen, müßten wir unsere Arbeit als ökologische Regierungsberater für gescheitert betrachten ..."

Bericht der Ökologiekommission am 5. November 1985 vor Regierung und Sozialpartnern: Keine Au mit Stau.

Politisch verraten und verkauft ...

Die Ereignisse von Hainburg – gemeinsam mit der sechs Jahre zuvor ebenso überraschend gewonnenen Anti-Atom-Abstimmung – veranlaßten den führenden Zeitungsherausgeber Österreichs, Hans Dichand, zum viel zitierten Ausspruch: „Die Österreicher sind großartig – für Minuten ihrer Geschichte". Der Zusatz ist wichtig, denn in der Folge zerstreute sich die Szene wie ein Volksauflauf, und manch einer bemerkte kaum, daß die Ziele dieser idealistischen Massenbewegung nach 1985 mindestens dreimal politisch verraten und verkauft wurden – unter Mißachtung der Forderungen der Ökologiekommission durch eine neue Regierung, die sich vom Hainburg-Schock ihrer Vorgänger völlig erholt hatte. Die drei Rückschläge waren:

1. Der Regierungsbeschluß von Pertisau (11. Juni 1987), einen Vollausbau der Donau bis zur Staatsgrenze zu forcieren (Zwei-Stufen-Projekt Wildungsmauer-Wolfsthal II).
2. Die Vorentscheidung des Wirtschaftsministers Robert Graf für ein Mega-Stauprojekt bei Engelhartstetten (30. März 1989) – allerdings mußte der Minister nach einer vernichtenden Niederlage gegen Umweltschützer bei einer Live-Diskussion im Fernsehen am Tag darauf zurücktreten.

Exkursion mit Überraschung im Oktober 1988: Kraftwerker wollen die Au kaufen.

Lokalaugenschein im Schutzaufgebiet: H. Dichand und Minister E. Busek.

3. Der von Regierungsvertretern wissend geduldete stille Versuch der Donaukraftwerke, Ende 1988 den Südufer-Auwald zwischen Haslau, Regelsbrunn und Wildungsmauer aufzukaufen, um den Nationalpark zu vereiteln. Als wir bei einer Herbstexkursion mit Friedensreich Hundertwasser von einem gut informierten Fischer das Gerücht erfuhren, war es schon fast zu spät. Die Familie Abensperg-Traun hatte den Verkauf bereits zugesagt – niemand Geringerem als dem damaligen Innenminister, der die Verhandlungen führte – natürlich nicht für die Donaukraftwerke, sondern als Präsident eines seiner Partei nahestehenden Sport- und Fischereivereines.

**Besitzen statt Besetzen:
Natur freikaufen**

Es bedurfte eines neuen Handstreiches der Naturschützer. Mit Hilfe großzügiger Spender wie Hans Dichand, Karl-Heinz Essl oder Friedensreich Hundertwasser, der Unterstützung von Umweltministerin Marilies Flemming und eines mutigen Besicherers, der mit seinem Vermögen haftete – des WWF-Präsidenten und Bierbrauers Dr. Gustav Harmer –, gelang es uns, in die Verträge einzutreten und innerhalb eines Jahres rund 80 Millionen Schilling aufzustellen, um über vier Quadratkilometer Auen samt Fischerei-, Forst- und allen sonstigen Besitzrechten für den künftigen Nationalpark zu sichern: Unter der Devise „Natur Freikaufen – Besitzen statt Besetzen" und mit den Parolen „Retten statt Reden", „Kaufen statt Raufen", „Die Au braucht Kröten" konnte das strategisch gelegene „Sperrgrundstück" in einer landesweiten WWF-Kampagne erworben und damit alle weiteren Kraftwerksprojekte zwischen Wien und Hainburg verhindert werden.

26. Oktober 1990: WWF-Harmer mit ORF-Vertretern, F. Hundertwasser und B. Lötsch.

WWF-Wasserrechtsklage Hainburg: Verwaltungsgerichtshof verhängt Baustopp.

Von großer Bedeutung war die mit dem Besitz verbundene Parteienstellung im Wasserrecht, ein in Österreich sehr starkes Recht. Sogar das Projekt Hainburg war im Jänner 1985 an aufgedeckten Mängeln des Wasserrechtsverfahrens gescheitert. Der WWF hatte damals einen kleinen Grundbesitzer gefunden, der den Mut aufbrachte, sein Wasserrecht geltend zu machen und durch die WWF-Anwälte eine Beschwerde beim Obersten Verwaltungsgerichtshof einbringen zu lassen. Die Aubesetzung hatte nur Zeit gewonnen, damit das Erkenntnis des Verwaltungsgerichtshofes eintreffen konnte, ehe die Au gerodet war.

Wie wir nach Abschluß der Option für den Schutzkauf erfuhren, hatten die Donaukraftwerke dem Verkäufer der Regelsbrunner Au noch zwei ihrer führenden Mitarbeiter nach Australien nachgeschickt, um ihn umzustimmen.

Bald die Letzten ihrer Art

Der dritte Grund für die Besonderheit dieses Nationalparkprojektes war die Ein- und Letztmaligkeit dieses Landschaftstyps in Mitteleuropa. Von Deutschlands Flüssen bis zur Po-Ebene, von den Niederlanden, der Schweiz bis in die Slowakei wurden Auenstandorte bis in unsere Tage wegreguliert, abgedämmt, kanalisiert und überstaut – kurzum von jenen Faktoren abgeschnitten, die allein imstande sind, Auen hervorzubringen und am Leben zu erhalten: stark schwankende Grundwasserspiegel im Austausch mit dem frei fließenden Fluß und reißende flächige Überschwemmungen (bis zu sechs Meter Pegeldifferenzen zwischen Winter-Niedrig- und Sommer-Hochwässern, siehe S. 257 „Die Donau in Zahlen"). Selbst in Österreich ist der Wasserwald mit der reich strukturierten Fließstrecke zwischen Wien und Hainburg der letzte seiner Art, denn die zehn Staustufen von Jochenstein bis Wien lassen keine Au mehr zu. Für Laien mögen die Reste, die sich in einigem Abstand von den meist öden Stauräumen befinden, noch eine Zeitlang auenartig aussehen, sie werden aber nie mehr das Wirkgefüge einer Aulandschaft aufweisen. Es handelt sich bestenfalls um Mischwald mit aussichtslosen technischen Versuchen, die allumfassende Dynamik einer einst pulsierenden Stromlandschaft durch ein Gerinne mit ein paar Querbauwerken zur Durchflußregulierung hinter Dämmen zu simulieren.

Die Experten-Hearings der Ökologiekommission der Bundesregierung (1985) und die unter der Leitung der Akademie der Wissenschaften erstellte Stauraumstudie Altenwörth (1989) lassen keinen Zweifel, daß das Ökosystem Fluß-Auen untrennbar mit dem Fluß vernetzt sein muß und niemals hinter Kraftwerksdämmen machbar ist, ja dort nicht einmal als Au-Relikt funktionsfähig erhalten werden kann.

Kilowattstunden kann man nicht trinken

Gewiß bemüht man sich im Zuge mancher Kraftwerksbauten unter der Devise „Lebensraum aus zweiter Hand" auch um Begrünungen und umweltkosmetische Behübschung. Die so entstandenen Trimm-Dich-Pfade im Grünen sind wahrscheinlich um eine Klasse besser als der Fahrradsimulator im Badezimmer, aber Natur erleben im eigentlichen Sinne ist das nicht mehr.

Neben dem Stauraum Greifenstein hat man die verbleibenden Altarmsysteme mit Wasser gefüllt und durch Wehre bewirtschaftet; es entstanden sogenannte „Gießgänge" oder „Aubäche". Man erhoffte sich eine gewisse Verlebendigung des Wasserhaushaltes für die Rest-Au, die ja vom Fluß abgenabelt ist. Während aber in einer natürlichen Au die Grundwasseramplituden um etwa zwei (und sogar bis zu vier) Meter schwanken, brachte man es in der Nähe der Gießgänge eine Zeitlang auf einen halben bis einen Meter. In der Folge legte sich das, das Gießgangbett dichtete sich ab, es kam zur Kolmatierung, zur Verschließung der Poren mit Feinsediment, weil eben die hohe Dynamik fehlt, die den Schotterkörper und das Erdreich der Auen normalerweise durchgängig erhält.

Gewichtigster Nachteil der auch ästhetisch verheerenden Korsette, die der ehemals strukturenreichen Flußlandschaft angelegt wurden, ist, daß die Abdämmung durch wasserdichte Spundwände bis tief in den Grundwasserhorizont getrieben wurde. Grundwasserbohrungen in der durch Kraftwerksdämme vom lebensspendenden Fluß amputierten Rest-Au lieferten bei zunehmender Annäherung an die Kraftwerksdämme eine immer

Spiegelschwankungen sichern das Trinkwasser.

Studie Altenwörth: Verlust der Trinkwasserqualität durch Sauerstoffschwund in Stauraumnähe.

schlechtere Wasserqualität. Dies geht bis zu völliger Sauerstoffzehrung mit einer verstärkten Löslichkeit von Mangan- und Eisenionen und damit bis zur Unbrauchbarkeit als Trinkwasserressource. Das Grundwasser stagniert als „unterirdischer Sumpf" an den Spundwänden der Kraftwerksdämme und „verfault" regelrecht. Denn gerade unter Auwald enthält das Grundwasser zunächst immer gelöstes, organisches Material und braucht deshalb ganz besonders die Belüftung wie in einer Tropfkörperanlage – und diese Belüftungsarbeit leistet das Pulsieren im Kieskörper, die „Beatmung" durch die kommunizierenden Spiegelschwankungen von Fluß und Auen-Grundwasser.

Nun haben wir im Raum Hainburg, östlich von Wien, eine einigermaßen intakte Landschaftsstruktur und das für die ganze Region segenbringende Trinkwasser, denn unter den Auen befindet sich heute das beste Trinkwasser des Flachlandes, nachdem es unter Agrarböden meist nitratbelastet ist. Die Ärzte Niederösterreichs hatten schon länger gewarnt: Kilowattstunden kann man nicht trinken. Laut Ökologiekommission (1994) könnte die Au noch zusätzlich 850.000 Einwohner aus Uferfiltratbrunnen mit Trinkwasser versorgen, ohne daß ihr Ökosystem darunter litte.

Kompromiß – Diebstahl an den Enkeln?

Vom bayerischen Passau bis Wolfsthal an der slowakischen Grenze durchläuft die Donau eine Höhendifferenz von rund 170 Metern. Das entspricht z. B. bei Wien einem Gefälle von 0,43 Promille oder 43 Zentimeter pro Kilometer und einer Fließgeschwindigkeit von 5,4 bis 12,6 Kilometer pro Stunde, gemessen im Stromstrich.

Auf diesem 350 Kilometer langen Stück hat die Donau dasselbe Energiepotential wie ihr östlicher Lauf auf seinen fast 1900 Kilometern von Bratislava bis ins Schwarze Meer (Höhendifferenz knapp 140 Meter). Das ist der wahre Grund, warum Naturschützer und Kraftwerker auf diesem kurzen Donaustück in Österreich so unversöhnlich aufeinandertrafen, und erklärt zugleich, warum ein Teil der Politik bis heute nicht anders als in Staumauern denken kann und jeden Ökologen, der den Etikettenschwindel eines „Kraftwerksnationalparks"[3] ablehnt, als kompromißlos fundamentalistisch ausgrenzt.

Sind zehn gebaute von zwölf technisch möglichen Staustufen auf 350 Kilometer, so meinten die Umweltverbände, nicht längst schon Kompromiß genug? Die Geschichte wird darüber urteilen, ob es richtig war, auf einige hundert Megawatt zu verzichten, um die historische Kulturlandschaft der Wachau und die naturnahe Aulandschaft östlich von Wien als letzte Beispiellandschaften zu bewahren – damit die Enkel ahnen können, wie schön Europa an der Donau war. Sollten sich die Enkel anders entscheiden – für Kilowattstunden statt für Auen, können sie immer noch bauen. Hätten wir aber jetzt gebaut, böte sich jenen, die nach uns kommen, keine Alternative mehr. Das wäre „fundamentalistisch" gewesen.

In den zehn Jahren nach dem Bericht „Nationalpark" der Ökologiekommission an die Bundesregierung, in dem noch eine Umweltverträglichkeitsprüfung für ein (nicht völlig ausgeschlossenes) Stauprojekt Wolfsthal II bei Bratislava gefordert worden war, hat es einen bedeutenden Wissensfortschritt gegeben: Selbst diese letzte Stufe am unteren Ende der österreichischen Donau wäre nach der inzwischen vorliegenden Abschätzung der ökologischen Folgen mit dem Nationalpark unvereinbar. Doch ansonsten ist in den Berichten und Protokollen der Ökologiekommission bereits alles Wesentliche über die Einmaligkeit der Donau-Auen gesagt.
Im folgenden einige wesentliche Auszüge daraus.[4]

---

3 Verwirrenderweise hat selbst die Nationalparkplanung Donau-Auen 1991-93 (Betriebsgesellschaft Marchfeldkanal) im Schlußbericht von vier „Nationalparkvarianten" zwei mit Kraftwerken zur politischen Entscheidung vorgelegt. Statt von Kraftwerksvarianten und Rest-Auen zu sprechen, finden sich diese als „Kraftwerksvarianten und Nationalpark", obwohl es keinen Nationalpark mit Kraftwerken dieser Art geben kann. Dies ist von IUCN-Vertretern hinlänglich klargelegt und auch im US-Nationalparkreglement festgeschrieben („No dams are built in National Parks").

4 Siehe B. Lötsch (Arbeitskreisleiter Nationalpark) und C. Manzano (Schriftführer): Empfehlungen der Ökologiekommission, Schlußbericht des Arbeitskreisleiters, 23. September 1985, in Abstimmung mit dem Arbeitskreis „Donaugestaltung".

5 Die Artenlisten wurden seither sogar nach oben revidiert: Die Blütenpflanzen auf 629, die Fischarten auf 53, davon 45 Einheimische, die Amphibien auf 14. Zu den 106 aktuell bestätigten Brutvogelarten kommen 34 häufige bis mäßig häufige Durchzügler und Wintergäste sowie 49 Säuger, davon 46 einheimische (siehe Artenlisten der Wirbeltiere S. 258).

6 Aus dem Jod-Schwefel-Thermalbad gegen Rheuma entstand ein Kurbetrieb mit modernen Behandlungen – direkt neben dem stilvollen Grabungsmuseum.

Wer braucht die Au?

Durch Jahrhunderte sah man in den Auen wenig mehr als Überschwemmungsräume, feudale Jagdreviere, reiche Fischgründe und Holzeinschlaggebiete. Die jährlichen Hochwässer schützten sie vor Zersiedelung, Landwirtschaft, Straßenbau und Industrie – „gleich langgestreckten Oasen der Wildnis inmitten der jahrtausendalten Kulturlandschaft, in der sonst kein Fußbreit Boden von Menschen verschont geblieben war" (E. Wendelberger).

Gerade weil man die Auen kaum nutzte, sind sie bis heute von größtem Nutzen für die Allgemeinheit, und zwar als:
1. wichtigste Trinkwasserreserven des Tieflandes
2. naturnahe Erholungsgebiete höchster Erlebnisdichte, Vitalität und Regenerationskraft
3. Feuchtgebiete als Zufluchts- und Regenerationsraum für eine überaus artenreiche und vielfältig interessante Tier- und Pflanzenwelt (rund 5000 Tierarten, 623 Blütenpflanzen)
4. natürliche Rückhaltebecken für Hochwässer, in Trockenzeiten Wasserspeicher der Umgebung
5. großräumige Luftbefeuchter, die kilometerweit in die Agrarsteppe des Marchfeldes wirken.

Die angrenzende Agrarsteppe profitiert vom Auwald.

Was braucht die Au?

Auen sind durch Überschwemmungen entstanden und können nur durch Hochwässer überleben. Diese formen ihr wechselndes Antlitz, sie sind das Lebenselixier der Auen: Jährlich wiederkehrende Überflutungen sorgen für Grundwasseranreicherung, nähren durch düngenden Schlamm die hohe – fast tropisch anmutende – Produktivität, spülen mit gewaltiger Räumkraft die Seitenarme und schützen so die Altwässer vor Verlandung, bilden Tümpel, „pflügen" die Au um und schaffen durch Aufschüttung und Abtragung neue Pionierstandorte.

Die starken Spiegelschwankungen des Grundwassers im Schotterkörper der Au (rund 200 bis 400 Zentimeter jährlich) sind die großen Atemzüge dieser Landschaft, der pulsierende Wechsel zwischen Durchnässung und Durchlüftung des Wurzelraumes. Nur der dynamische Kontakt von Fluß und Begleitlandschaft ermöglicht eine funktionierende Au.

Biotop und Artenvielfalt

Die Biotopvielfalt – offener Strom, Kies- und Sandbänke, Neben- und Altarme, unterschiedlichste Stillwasser, Pionierstandorte, Uferabbrüche, Spülsäume, Feuchtwiesen, Heißländen, Verlandungsgesellschaften, Waldsukzessionen – sichert diesen Auen einen in Mitteleuropa konkurrenzlosen Arten-

Die Au als Luftbefeuchter.

reichtum. Von den geschätzten 5000 Tierarten wurden bisher erst Wirbeltiere, Weichtiere, Tagschmetterlinge, Libellen, Käfer und benthische Krebstiere erhoben.

Unter den 217 Wirbeltierarten, die sich im Strom und seinen Auen fortpflanzen, sind 41 Säuger, 109 Brutvogelarten, 8 Reptilien-, 12 Amphibien- und 47 Fischarten. 68 dieser Wirbeltierarten sind wegen geringer Gesamtbestände oder ökologischer Spezialisation durch Veränderungen besonders gefährdet, in 25 Fällen würde der Verlust des lokalen Vorkommens die Ausrottung der Art in Österreich bedeuten. Für 109 Brutvogelarten wären in einer durchschnittlichen europäischen Landschaft rund 800 Quadratkilometer nötig – in den Donau-March-Auen ist diese Vielfalt auf 80 Quadratkilometern möglich.[5]

mitentscheidend in der Schlacht von Aspern gegen Napoleon, und für Jahrhunderte bildete sie den Zusammenhalt eines großen Reiches. Römische Ausgrabungen, mittelalterliche Befestigungen und barocke Schlösser bilden als Bestandteil dieser unverwechselbaren Landschaft ein kulturelles Erbe von gesamtstaatlicher Bedeutung.

Kulturraum Donau-Au 1: Carnuntum – römische Ruinen – lebende Geschichte.

Kulturraum Donau-Au 3: Schloß Petronell.

Kulturraum Donau-Au 2: Hainburg – mittelalterliches Stadttor.

Es steht fest, daß die Aulandschaften östlich von Wien hinsichtlich der Fauna zu den wertvollsten Gebieten Österreichs zählen.

Kulturhistorische Bedeutung der Landschaft

Das stark befestigte Legionslager der römischen Provinzhauptstadt Carnuntum überblickte vom südufrigen Hochplateau Fluß und Auen als natürliche Grenze zum germanischen Königreich der Markomannen und Quaden. Die Heilquellen waren schon bei den Römern geschätzt.[6]

Die Donau, zweitgrößter Fluß Europas und Schicksalsstrom Österreichs, strömt – außer in der Kulturlandschaft Wachau – bald nur mehr in diesem Abschnitt. Sie ist die wichtigste Verbindung nach dem Osten. Mit ihren Auen war sie

Einmaligkeit und internationaler Rang

Nachdem man in den Industriestaaten die Flüsse reguliert, für Energie und Schiffahrt gestaut, Bäche verrohrt, Sumpfwiesen entwässert, Moore drainiert, Tümpel wegplaniert, Altarme zugeschüttet und den Grundwasserspiegel ganzer Landstriche abgesenkt hat, sind die letzten „Feuchtbiotope" zum internationalen Naturschutzanliegen ersten Ranges geworden. Intakte Feuchtgebiete sind von ökonomisch mißachteten „Ödländern" zum ökologisch kostbaren „Minimumfaktor" geworden. Daraus erklärt sich das große internationale Interesse am Schicksal der Donau-March-Thaya-Auen östlich von Wien – der letzten großen und funktionierenden Aulandschaften Mitteleuropas.

Kein Techniker kann eine Strominsel simulieren. Schwalbeninsel bei Stopfenreuth.

Schutzziel Nummer 1: Der lebendige Fluß

Das Bett der Donau entstand im wesentlichen nach der letzten Eiszeit (vor rund 10.000 Jahren) und ist mit holozänen Flußsedimenten bedeckt. Der Fluß war stärker verzweigt als heute und führte große Schottermengen aus allen Teilen des Einzugsgebietes mit sich. In vorgeschichtlicher Zeit nahm die Donau einen großen Teil des Marchfeldes ein; sie reichte im Norden bis zur Geländestufe des Großen Wagram. Wagram bedeutet „Wogenrand", da die großen Hochwässer bis an diese Stufe heranreichten. Alte Ortsnamen im Marchfeld zeugen noch davon, z. B. Wittau, Deutsch Wagram, Haringsee oder Lassee, aber auch der Flurname Lüsse, der eine feuchte, überschwemmte Ebene bezeichnet.

Seit rund 100 Jahren fließt die Donau in einem festgelegten Bett, im Norden vom Hubertus- und vom Marchfeldschutzdamm, im Süden von natürlichen Steilufern begrenzt. Innerhalb dieses Korsetts hat sie aber noch die alte Dynamik, legt neue Arme an, höhlt Kolke aus und schüttet neue Schotterbänke und Inseln auf, deren Strukturen ein Abbild der wilden Flußdynamik darstellen. Kein Techniker kann Schotterbänke in einem Stauraum simulieren, weil sie dort verschlämmen und überwuchert würden. Prof. Dr. Steiner (Zoologe an der Universität für Bodenkultur) demonstriert an ihnen die „Grenzen der Machbarkeit": Nicht einmal im Fluß kann man Schotterinseln „machen", bestenfalls durch Kieszugaben deren Ausbildung „ermutigen" und beim strömenden Wasser „in Auftrag geben" – etwa hinter Buhnen (das sind ufernahe Querbauwerke als Strömungshindernisse) –, soferne die „Schleppkraft" des Flusses ausreicht, die Schotterbänke zu formen, und die Spiegelschwankungen so groß sind, daß die Landpflanzen sie nicht bis zur Uferlinie besiedeln können. Da das Strukturprinzip Schotterbank so alt ist wie die Donau, gibt es Tiere, die von ihm abhängig sind – Schotterbrüter wie Flußregenpfeifer, Flußuferläufer und Flußseeschwalben, „die den Fluß schon im Namen haben" (Steiner) –, und Pionierpflanzen, die den Kies erobern, durchwurzeln, Schwebstoffe aus den Hochwässern kämmen und damit die Bodenbildung starten.

Der Artenreichtum der Donau-March-Auen resultiert auch daraus, daß sich hier der Gebirgsfluß Donau dynamisch verzweigend (Gabelungs- oder Furkationstyp) in die Ebene ergießt und auf den trägen Tieflandmäander March trifft.

March, ein Tieflandmäander – Donau (rechts), Alpenfluß mit Verzweigungen (Furkationstyp).

Außerdem begegnen sich hier an der Porta Hungarica, der Hainburger Pforte, die mitteleuropäische Fauna und Flora und die pannonische mit vielen süd- und osteuropäischen Arten. Kurz vor dem Hainburg-Konflikt war Österreich mehreren internationalen Artenschutzabkommen beigetreten – so am 16. April 1983 der Ramsar-Konvention über Feuchtgebiete, insbesondere als Lebensraum für Wat- und Wasservögel von internationaler Bedeutung, die den Donau-March-Auen höchste Priorität gab (BGBl. 225/1983), weiters am 2. Mai 1983 dem „Berner Abkommen zur Erhaltung wildlebender Tiere und Pflanzen". Überdies hatte Niederösterreich die Donau-March-Auen auf 20,5 Quadratkilometern zum Landschaftsschutzgebiet erklärt. Dies allein hätte bereits die verbindlichste Absicherung bilden können, da das niederösterreichische Gesetz für Großbauvorhaben in Landschaftsschutzgebieten keine Ausnahme kennt – ja nicht einmal „im übergeordneten volkswirtschaftlichen Interesse" gewähren darf.

Provokation in letzter Instanz: Dr. Ernest Brezovszky

Daß der politische Naturschutzbeamte Landesrat Dr. Ernest Brezovszky trotz der klaren Gesetzeslage in einem Alleingang „in zweiter und letzter Instanz" am 27. November 1984 die naturschutzrechtliche Genehmigung zur großflächigen Rodung in der dreifach geschützten Au erteilte, welcher der Wasserrechts- und Rodungsbescheid des Bundesministers für Land- und Forstwirtschaft Günther Haiden auf den Fuß folgte, hatte das Faß zum Überlaufen gebracht. Handelte es sich doch um die drohende „Ausleitung" der Donau in einen dichten Stautrog mit einem Betonquerbauwerk von 500 Meter Breite, mit wasserdichten Dämmen in Höhe viergeschoßiger Häuser, deren Ausläufer sich beidufrig 25 Kilometer stromaufwärts bis vor Wien erstrecken sollten. Die Trennung von Strom und Begleitlandschaft hätte die Zerstörung aller flußsäumenden Biotope zur Folge gehabt – dies alles in einem Schutzgebiet, in dem neue Badestege und Fischerhütten wegen Unzumutbarkeit für das Landschaftsbild auf Anweisung der Behörden zu entfernen waren.

27. Oktober 1996: Gründung des Nationalparks Donau-Auen auf der Festung Hainburg. Minister M. Bartenstein, B. Lötsch und die Landeshauptleute E. Pröll und M. Häupl.

Die Folgen dieser Provokation sind bekannt. Nachdem die Aubesetzung das Steuer herumriß und den Zeitgewinn bis zur Bekanntgabe des Höchstgerichtserkenntnisses sicherte, war es *nicht* das Naturschutzgesetz, es war vielmehr das Wasserrecht, welches den Angelpunkt für die Aufhebung des Baubescheides bot.
Gibt es überhaupt eine Naturschutzkategorie, welche Regierungen mit Megaprojekten dieser Art aufhalten kann?

Nationalparke – Kultursprung für Österreich

Wieviel Natur braucht der Mensch? Braucht der Mensch Natur? Mit der Natur ist es wie mit der Gesundheit. Ihr Wert wird erst verstanden, sobald sie schwindet. Die Zunahme nervlich-seelischer Zivilisationsschäden führen Psychologen auf den – oft unbewußten – „Naturverlustschock" zurück.

Intensives Naturerleben kann Streß abbauen, die Konzentrationskraft steigern, Blutdruck und Gemütslagen harmonisieren sowie Verspannungen lösen. Für das im Kern uralte Naturwesen Mensch in einer entzauberten, technischen Ersatzwelt wird Naturkontakt – voll von Schönheit und Geheimnis – zur Seelennahrung, zum Vitamin für sein Gemüt. Den Farbpostern eines deutschen Fotografen aus Wildnislandschaften wird neuerdings von mehreren Kliniken eine wohltuende Wirkung auf ihre Patienten attestiert. Einige seiner beliebtesten Motive fand er in der Stopfenreuther Au – genau dort, wo der Staudamm alles zerstört hätte.

Nationalparklandschaften tragen dazu bei, die „seelische Hungersnot" des Industriemenschen zu lindern – sie sind nicht nur „Biotope", sondern „Psychotope".

Zweifellos erholt sich der Mensch an der Natur. Wo aber erholt sich die Natur vom Menschen? Die Nationalparkidee versucht eine Antwort auf beide Herausforderungen: Naturschutz *vor* dem Menschen *für* den Menschen. Das ist die Gratwanderung, die jeder Nationalparkplaner auf sich zu nehmen hat.

Die um 1870 in den damals noch jungen Vereinigten Staaten begründete Nationalparkethik bedeutet Ensembleschutz des Lebendigen um seiner selbst willen. Nationalparke bilden international die höchste Kategorie großräumigen Naturschutzes, die den Menschen dennoch nicht aussperrt. Ihr Ziel ist die Sicherung natürlicher Entwicklungsabläufe und die Harmonisierung des Naturschutzes mit dem Wunsch des Zivilisationsmenschen nach Naturkontakt. Doch hat das Schutzziel Priorität. Mindestens ²/₃ der Fläche haben in einem wildnisartigen Zustand zu sein oder in einen solchen gebracht zu werden. Traditionelle Selbstversorgungsnutzungen durch Einheimische sind möglich, wenn sie das Schutzziel (ökologische Integrität) nicht gefährden (in der Au z. B. maßvolle Brennholzwerbung oder Fischerei als Erholungsaktivität auf ¹/₃ der Gewässerflächen). Echte Nationalparke schließen kommerzielle Trophäenjagd, gewinnorientierte Holzwirtschaft, Kraftwerksbauten, technische Erschließungen und unkontrollierten Massentourismus aus. Sie bedürfen der Anerkennung durch die IUCN (World Conservation Union, WCU – siehe Abdruck ihrer Nationalparkdefinition auf S. 261).

Die Nationalparkidee mit der Sakralisierung letzter Wildnis gilt heute als der bedeutendste Beitrag der Vereinigten Staaten von Amerika zur Kultur dieser Welt. Seit über 120 Jahren stellt sie ihre „Nachhaltigkeit" unter Beweis: mittlerweile gibt es Hunderte erfolgreicher Beispiele auf der ganzen Erde. – Nationalparke als heilige Haine des 21. Jahrhunderts, „Nutzungsverzicht eines Kulturstaates zugunsten der Natur". Nationalparkwürdige Landschaften Österreichs sind neben den Donau-Auen die Neusiedler See-Region, die March-Thaya-Auen, die oberösterreichischen Kalkalpen und die Hohen Tauern Salzburgs, Kärntens und Osttirols, gewiß auch die Kalkhochalpen an der österreichisch-deutschen Grenze zum Nationalpark Berchtesgaden.

International bewährt sind randliche Besucherzonen mit reizvoller Landschaft, naturkundlichen Angeboten und Möglichkeiten zur Tierbeobachtung. Sie dienen zugleich der Abschirmung der strengen Naturschutzgebiete, der sogenannten „Kernzonen", die eingriffslos (aber nicht notwendigerweise unbetretbar) erhalten werden müssen.

„Naturparke" hingegen sind keine IUCN-Kategorie und erreichen nicht den internationalen Rang von Nationalparken. Sie dienen – trotz ihres Namens – mehr dem Erholungs- und Erlebnistourismus, gestatten meist Jagd und Forstwirtschaft, bieten oft Gehege oder Wildparks. Diese sind – im Falle artgerechter Tierhaltung – für Familien mit Kindern besonders attraktiv. Naturparke ertragen auch höhere Besucherdichten als Nationalparke. Sie sind ein wichtiger Faktor im Naturtourismus.

„Nationalparke" sichern Landschaften im Idealfall das höchste Maß an Unantastbarkeit. Oft machen sie einen Naturraum auch weltberühmt. Doch eben dies führt in der Gründungsphase oft zu erbitterter Ablehnung, im Fall der Donau-Auen kräftig geschürt durch Kraftwerksbetreiber und manche Lokalpolitiker. Drohende Nutzungs- und Zutrittsbeschränkungen für die Einheimischen wurden geschickt mit der Horrorvision alles niederwalzender Touristenmassen verknüpft. Die Nationalparkidee, in der Millionenstadt Wien und in Gesamt-Niederösterreich in Umfragen von den höchsten Sympathiewerten begleitet, vermochte in den direkten Anrainergemeinden plötzlich keine Mehrheit zu finden. Selbst Auliebhaber der Region begannen die Sinnhaftigkeit eines Nationalparks anzuzweifeln.

Warum unbedingt ein Nationalpark?

Häufig fiel in Anrainerdiskussionen die Frage: „Warum kann man die Auen nicht einfach in Ruhe und Vergessenheit fallen lassen? Lassen wir doch alles wie bisher." Die Antwort der Auenkenner lautete (frei nach Erich Fried): „Wer will, daß die Welt so bleibt, wie sie ist, will nicht, daß sie bleibt."

Zu viele Fehlentwicklungen sind an und in der Donau losgetreten, um tatenlos zuzusehen:
1. Der *Wasserhaushalt* ist bedroht – durch die Staukette oberhalb Wiens und den – aus heutiger Sicht – jahrzehntelang falschen Flußbau unterhalb Wiens.
2. *Forstwirtschaft*: Gewinnzwänge ließen Plantagen entstehen, welche die Landschaft und die Artenvielfalt zerstören.
3. Der unkontrollierte *Besucherdruck* wächst – auch ohne Nationalpark, nur dann eben ohne legale Lenkungsmöglichkeit.

Nur ein Nationalpark kann die Mammutaufgaben der rettenden Renaturierung bewältigen. Wirksamer Schutz, „gekonnte Verwilderung" und nachhaltige Erlebnisnutzung dieses europäischen Naturmonumentes erfordern unverzüglich Maßnahmen, wie sie Politik und Verwaltung – wenn überhaupt – nur für einen IUCN-Nationalpark zu setzen bereit sind.

1. Wasserhaushalt

Die Au trockne aus, sagen manche, die mit ihr leben. Arme verlandeten, der Wasserwald steige samt seinem Boden förmlich aus dem Wasser heraus. Angler beklagen den Verlust von Fischgründen. Hier sah die Kraftwerkspropaganda ihre Chance: „Der Fluß wird zum Cañon – die Au zur Steppe", zitierte sie 1984 den deutschen Flußbau-Gutachter der Donaukraftwerke Prof. Blind aus München. Mit Engelszungen sang die Werbung und schlug dazu die ökologische Harfe: „Rettung der Au durch Stau." Österreichs Wasserbautechniker hatten dem damals nichts entgegenzusetzen.

Wohl forderte der führende Aubesetzer Günther Schobesberger sie auf, doch vom Rhein für die Donau zu lernen, wo man die Sohlerosion durch Kieszugaben unter Kontrolle brachte. Er schleppte sogar große Flußkiesel zum Thema „Deckschichtbildung" in die Sitzungen der Ökokommission, scheiterte aber an der Phalanx der Ingenieure. Daher suchte auch unsere 1986 mit Umweltminister Franz Kreuzer gegründete Nationalparkplanung nach deutschen Gegengutachtern zum Donaukraftwerke-Gewährsmann Prof. Blind. Es schien, als ginge es beim Wettlauf zwischen Kraftwerken und Naturschützern – ähnlich wie beim Wettlauf zwischen Russen und Amerikanern zum Mond – um die Frage: Wer hat die besseren Deutschen?

Wir fanden sie. Am Institut für Wasserbau und Kulturtechnik der Universität Karlsruhe: Doz. Dr. H. H. Bernhart und Prof. Dr. Larssen, ein Schwabe und ein Schwede. Sie analysierten für uns – mit Daten der Wasserstraßendirektion – die sogenannte „Selbsteintiefung" der Donau. Sie war zur Gänze menschengemacht.

Prof. Larssen liest im Donauschotter wie in einem Buch; stehend C. Manzano (1986).

Staue schuld am Schotterdefizit

Die Donau hat – dort wo sie noch fließt – eine wandernde Schottersohle. Die „Schleppkraft" des strömenden Wassers treibt jährlich rund 300.000 Kubikmeter Kies durch einen bestimmten Querschnitt östlich von Wien. Man kennt das fein zischende Singen des rieselnden „Geschiebes" als Schwimmer oder Paddler. Geschiebe ist etwas, das von oben kommt und nach unten

Das Singen des Donaugeschiebes, durch das Paddel verstärkt, am Ohr von Landeshauptmann E. Pröll.

geht. Staumauern wirken wie „Geröllsperren": Von oben kommt kein Geschiebe mehr, doch unterhalb der Mauer geht es weiter. Die Strömung schleppt Sohlmaterial flußabwärts. Es entsteht ein „Erosionskeil", die Sohle gräbt sich tiefer, etwa ein bis drei Zentimeter pro Jahr (für genauere Angaben wäre eine jahrzehntelange Beobachtung nötig). Um die angrenzenden Grundwasserspiegel zu erhalten, muß man gegensteuern. „Eben darum weitere Staue", rieten Österreichs Wasserbauingenieure. „Stau erzwingt Stau, Sachzwang zur Stautreppe – wie nach einem Reißverschlußmechanismus – dazu Stromgewinn und tieferes Wasser für größere Schiffe." Doch es geht auch anders, meinten Bernhart und Larssen.

Schotterzugabe als „Naturmethode"?

Die Karlsruher Techniker hatten Erfahrung mit der erfolgreichen Geschiebezugabe am nahen Oberrhein: Dort ersetzt man dem Fluß den Sohlschotter, den ihm die Staustufe Iffezheim vorenthält. Jährlich rund 170.000 Kubikmeter natürlichen Kiesgemisches – unterhalb der Mauer aus Kähnen im Fluß verklappt – stoppen die dramatische Sohlerosion und ersparen den Bau einer weiteren Staustufe. Es sind dies rund vier Prozent der Fördermenge umliegender Kiesgruben. Als gesicherter Stand der Technik wurde die Geschiebezugabe nun auch für die Sohlstabilisierung unterhalb der Stufe Wien vorgeschrieben – eine Sisyphusmethode zwar, doch als Übergangslösung naturnah und bewährt.

Angesichts der viel größeren Geschiebemengen der Donau lohnte sich die Suche nach einer nationalparkverträglichen Dauerlösung. In dieser Phase der Ökologiekommission (um 1988) verband sich die deutsche Gründlichkeit mit dem er-

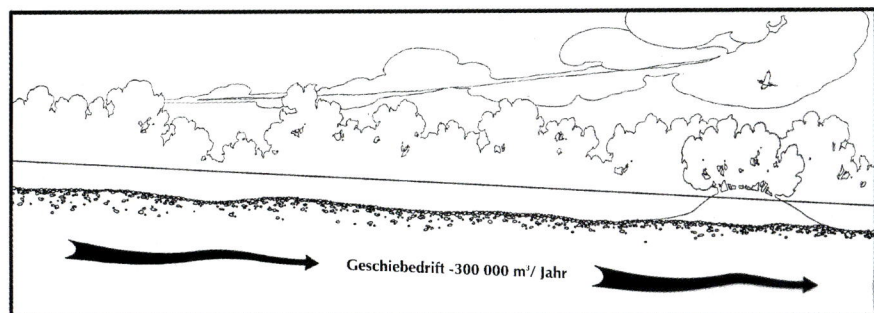

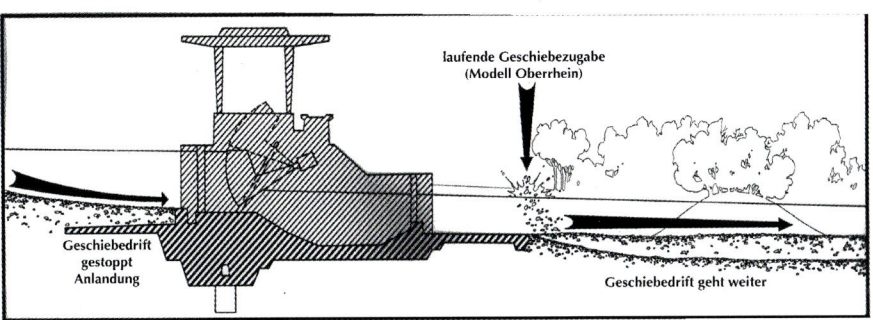

a) Geschiebe kommt von oben, geht nach unten.
b) Die Staumauer blockt die Zufuhr von oben, aber nach unten geht es weiter.
c) Erster Ausweg: Geschiebezugabe unten ersetzt das Gerölldefizit (Modell Oberrhein).

Die Sohlerosion betrifft den kleineren Kies, Grobkorn bleibt liegen.

Solche Grobkorn-Deckschichten, aus denen fast alle feineren Fraktionen ausgetragen wurden, sieht man oft an hochwasserexponierten Inselflanken und Hochwassereinströmstellen in die Au: brotlaibförmige Flußkiesel, zwischen sechs und fünfzehn Zentimeter Durchmesser, z. T. dachziegelartig verkeilt als natürliche Selbstpflasterung.

Teamwork am Flußmodell: H. Ogris, G. Weber, H. Zottl und H. H. Bernhart (v. l. n. r.).

sohle ausgewaschen und abgeführt. Die größeren – etwa sechs bis 15 Zentimeter Korndurchmesser – bleiben liegen und bilden eine natürliche Abpflasterungsschicht mit erhöhter Sohlstabilität.

wachten Ehrgeiz österreichischer Ingenieurskunst – nämlich jenem des natursensiblen TU-Professors DI. Dr. Harald Ogris (Institut für konstruktiven Wasserbau) und des Ziviltechnikers DI. Hermann Zottl. Ihr Lösungsvorschlag: „Grobkorn auf die Sohle."

Langzeitlösung gegen die Sohlerosion: Grobkorn

Die Eintiefung unter Staustufen würde nach den Berechnungen von Ogris und Zottl ohnehin nicht unendlich weitergehen, denn der Abtransport erfolge nicht gleichmäßig. Bei kräftigen Wasserführungen im Bereich des „bettbildenden Durchflusses" (ca. 2600 m³/s) werden vor allem die kleinen Steine der Fluß-

Natürliche Selbstpflasterung: alles Feine ist ausgewaschen, das Grobe hält stand.

Die Donausohle ist nachweislich auf dem Weg in diese Richtung – der Endzustand kann aber nicht abgewartet werden, weil die Austragung der Hauptmenge aus kleinen und mittleren Kornfraktionen (mit einem Durchmesser von zwei bis drei Zentimetern) bis dahin einen zu großen Substanzverlust, also eine nicht tolerierbare Sohlabsenkung (um z. B. einen Meter) mit sich brächte.

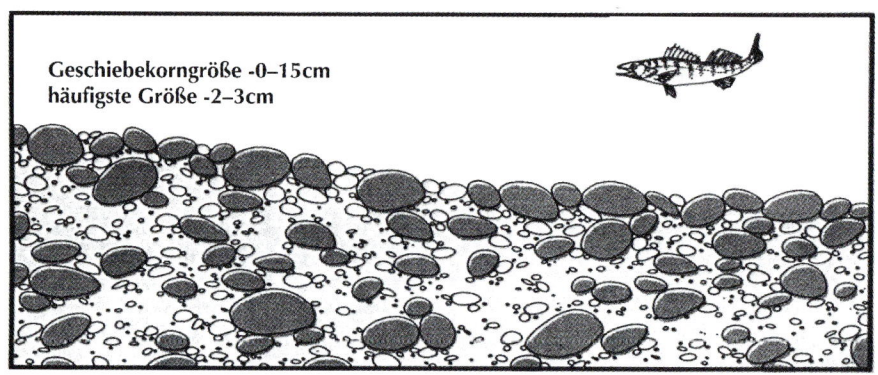

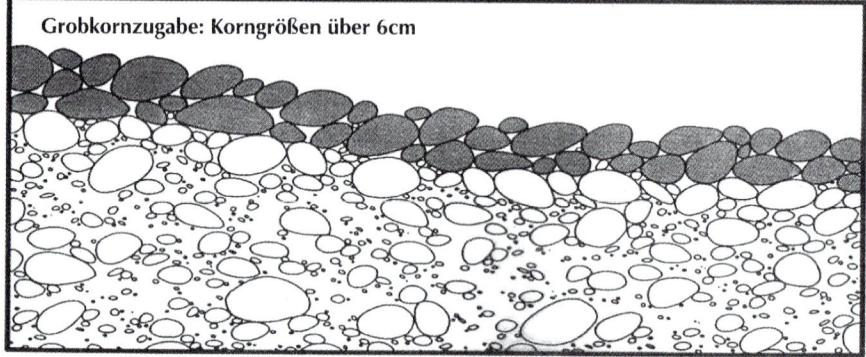

Natürliche und künstliche Deckschichtbildung:
a) Ursprüngliches Sohlgemisch (Grobanteil grau)
b) Nach Erosion: verbliebenes Grobkorn als Deckschicht, aber zu tief.
c) Künstliche Deckschicht hält die ursprüngliche Sohlehöhe.

Die geniale Idee einer „sanften" flußbaulichen Lösung besteht nun darin, den erwünschten Endzustand als Grobkornteppich auf die Sohle zu schütten. Zur Ermittlung der stabilen Korngröße diente der berühmte Modellversuch von Ogris und Zottl im Maßstab 1 : 18. Er bewies, daß sich selbst nach Simulation anhaltender Hochwässer nach zwei Tagen aus dem im Modell gebotenen Sohlschotter (entspricht hochgerechnet Korngrößen zwischen null und 15 Zentimetern mit einer mittleren Korngröße von zwei bis drei Zentimetern) eine stabile Deckschicht aus umgerechnet sechs bis zwölf Zentimeter großen Flußkieseln bildet (Korngrößen, die Bestandteil des natürlichen Geschiebes waren, nun aber angereichert vorlagen).

In der Praxis reichen als Deckschicht bereits Kiesel von vier bis sieben Zentimeter Durchmesser – sie reduzieren den jährlichen Abtransport auf ein Zehntel, lassen die Sohle also nicht ganz erstarren (naturnahe Verhältnisse) und führen auch bei Aufwirbelung durch den Schraubstrahl von Motorschiffen nicht zur Beschädigung der Propeller. Dafür wird man nach Extremhochwässern fallweise mit Grobkorngaben nachbessern müssen. Insgesamt ist die Deckschichtme-

Zwei Drittel der Sohleintiefung waren gebaggert.

Schiffbettsrinnenbaggerungen: Das Flußbett liegt am Ufer.

Randliche Inseln, Produkt von Buhnen und Leitwerken, bereichern die Landschaft und konzentrieren das Wasser auf die Schiffahrtsrinne.

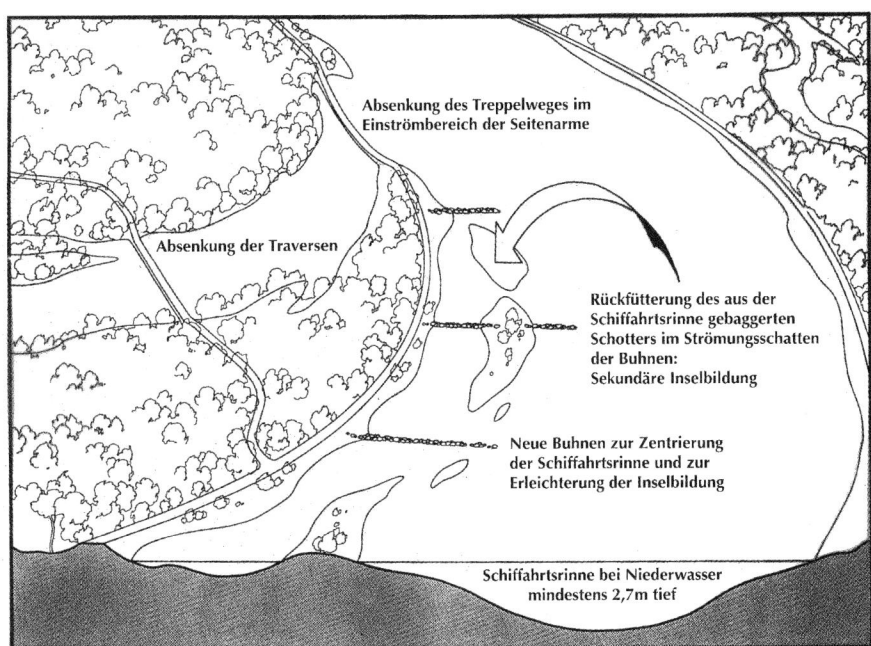

Ökologische Rückbaumaßnahmen helfen der Au und der Schiffahrt.

thode ein vertretbarer Aufwand für die Schiffahrtsrinnenpflege in Fließstrecken – billiger als die bisherige Geschiebezugabe oder gar der Bau milliardenschwerer Schiffahrtsschleusen in Staustrecken, die in Österreich bekanntlich nicht von den Kraftwerken, sondern vom Steuerzahler finanziert werden mußten (eineinhalb bis drei Milliarden pro Stufe!).

Ökologischer Umbau zur „Naturwasserstraße"

Noch etwas haben unsere deutschen Flußbauexperten Bernhart und Larssen bei der Analyse der „Selbsteintiefung" gefunden: Zwei Drittel des Substanzverlustes der letzten 30 Jahre im Flußbett zwischen Wien und Hainburg waren gebaggert! Die Furtenbaggerungen zur Erhaltung einer der Forderung der Internationalen Donaukommission entsprechenden mindestens 25 Dezimeter (2,5 Meter) tiefen Schifffahrtsrinne führten zu einem Geschiebedefizit in der Stromsohle und damit zu Spiegelabsenkungen. Das Aushubmaterial wurde nämlich an Land gefördert und entweder an die Bauwirtschaft verkauft oder zu Schottergebirgen aufgetürmt. Dort liegt sie zum Teil noch jetzt, die angeblich unabwendbare „Selbsteintiefung" der vergangenen Jahrzehnte ...

Heute weiß eine neue Generation von Wasserbauern, was zu geschehen hat: „Umverteilung". Sohlmaterial aus Schiffahrtsrinnenbaggerungen gehört an anderen Stellen zurück in den Fluß. Die Ingenieure empfahlen die Schüttung randlicher Inselgruppen im Strömungsschatten von „Buhnen" und „Leitwerken". Buhnen sind ufernahe Querriegel aus groben Bruchsteinen. Sie bremsen dort die Strömung, schützen die Ufer und konzentrieren die Wassermassen in Richtung Schifffahrtsrinne – ähnlich den Leitwerken, die dies in Längsrichtung des Flusses unterstützen. Die Ermutigung von Inselbildungen kann sogar „eine Aufspiegelung", also Anhebung der Spiegellagen zur Folge haben. Dies wird von Schiffahrtsexperten wie von Auenökologen gleichermaßen begrüßt. Diese Inselwelten, die der Fluß nach seinen Kräften formt, lassen Landschaftsbilder entstehen, wie sie vor der Regulierung herrschten. Sie bedeuten die „Rückeroberung" des Regulierungstroges durch die Au. Sie bilden Standorte für die typischen Pionierpflanzen, Rast- und Futterplätze für die großen Vögel, Biotope für Kiesbrüter und Stillwasserzonen für den Nachwuchs der Flußfische. Und schließlich ergeben sie den Reiz und Erholungswert der Donaulandschaft – das Nationalparkmanagement bestimmt dann, welche Inseln nur der Natur und welche auch dem Menschen zustehen.

Welche Opfer für die Frachtschiffahrt?

Die Vision nationalparkfähiger Harmonie von Landschaftsökologie und Schiffahrt verlangt vernünftige Grenzen für die Ausbauziele der Wasserstraße. Die seit Jahrzehnten geltenden Vorgaben der Internationalen Donaukommission mit Sitz in Budapest sind realistisch. Sie verlangen für 94 Prozent des Durch-

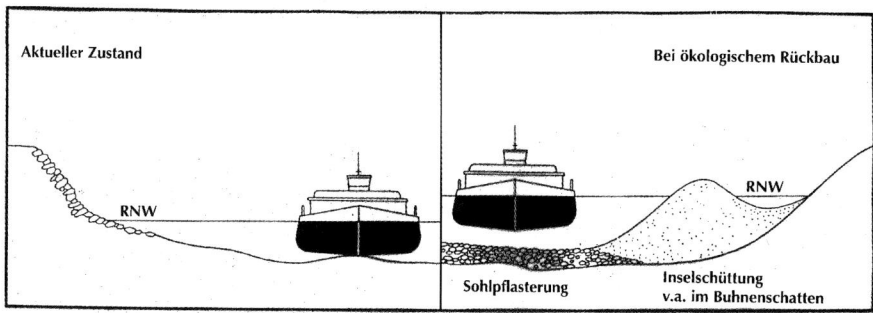

Tief abgeladener Kahn bei RNW (links) und bei derselben Wassermenge nach randlichem Einbau von Inseln und stabilisierter Sohle (rechts).

schnittsjahres in der Fließstrecke östlich von Wien eine garantierte Mindesttiefe von 2,5 Metern in der Schiffahrtsrinne – dies auch bei extremen Niederwasserständen im Winterhalbjahr (RNW = Regulierungsniederwasser 25 Dezimeter). Seit langem erreicht unsere Wasserstraßendirektion nicht mehr als RNW 2,25 Meter, und um 2,5 Meter zu erreichen, wären Baggerungen und Schüttungen, kurzum Materialbewegungen von rund 600.000 Kubikmetern im Fluß nötig. Dies wäre sinnvoll, zumutbar und noch landschaftsverträglich.

Bereits zwei Dezimeter (20 Zentimeter) mehr würden das Doppelte an Materialbewegungen verlangen, nämlich 1,2 Millionen Kubikmeter, und viele Uferbiotope auf Jahre zerstören. Glücklicherweise wird dies von der pragmatischen Internationalen Donaukommission bislang nicht gefordert. Österreich ist zudem im Frachtschiffaufkommen ein Transitland. In den Diskussionen wird meist verschwiegen, daß
1) die Eintauchtiefe der Schiffe dem Fluß problemlos angepaßt werden kann, und zwar durch „Leichtern", d. h. Verzicht auf volle Beladung (was seit Jahrzehnten bei Niederwasser geschieht und auch sonst vorkommt, weil die Frächter ihre Kähne bei weitem nicht immer vollbekommen). Die Mehrheit der Schiffe zwischen Hainburg und Wien fährt auch durch die Wachau (RNW 25 Dezimeter, zum Teil über Felsgrund), weshalb derselbe Aus-

baustandard auch östlich von Wien ausreicht.
2) der Rhein-Main-Donau-Kanal in seinen Fließabschnitten zwischen Rotterdam und Sulina[7], nahe der Schwarzmeermündung, sehr unterschiedliche, meist viel geringere Ausbautiefen hat. Die Regelmaße differieren zwischen 18,5, 19,5, 20, 21 bis maximal 25 Dezimeter, nur in Stauabschnitten gibt es Garantien zwischen 27, 28 bis 35 Dezimeter. So schwanken auch die maximal möglichen Containerzahlen pro Schiff zwischen 48 (Kanalstrecke), 120 (Donau), 176 (Mittel- und Oberrhein) und 218 (Niederrhein), auch limitiert durch Brückendurchfahrten. In Deutschland wurden Anfang der 90er Jahre über 80 Prozent der Schiffstransporte bei Mindestwassertiefen von 22 Dezimetern abgewickelt – am Rhein wird zwischen Köln und Karlsruhe bei Niederwassergarantien von 21 Dezimetern das Vielfache des Frachtaufkommens transportiert, das man in Höchstprognosen für die deutsche Donau erhofft.

Eine weitere, oft kolportierte Irreführung ist die Hoffnung, Flußschiffe könnten die Straßen entlasten. Dies ist längst widerlegt – wegen der völlig verschiedenen Frachtstruktur, der zehnfachen Geschwindigkeit und der engmaschigen Flächenbedienung durch Lastkraftwagen.[8] Schon die Schiene ist dem Schiff überlegen, wenn die Destinationen nicht direkt am Fluß liegen.

Flußbauliches Gesamtprojekt

Beunruhigenderweise haben Österreichs Behörden ihrerseits Projektierungen für eine Garantie-Wassertiefe von 32 Dezimetern RNW beauftragt. Diese würden Millionen Kubikmeter Materialbewegungen und vieljährige wandernde Baustellen in der Nationalparkflußlandschaft nach sich ziehen. Wie kompliziert dieser vorläufig letzte kostspielige Anschlag auf eine lange eingespielte Biotopvielfalt vorbereitet ist, zeigt die eingebaute Schwachstelle im Nationalparkgesetz: Unter Artikel III, Zielsetzung, findet sich in Abs. (2) 3 die Garantie der Länder Wien und Niederösterreich, daß „angemessene Maß-

---

[7] Der „Menschheitstraum" des rund 3500 Kilometer langen Wasserweges von Rotterdam bis Sulina, auf welchem Schiffe mit 48 bis 60 Containern über rund 60 Schleusengänge in rund 23 Tagen vom Atlantik ins Schwarze Meer (bzw. in rund 30 Tagen vom Schwarzen Meer zum Atlantik) gelangen, ist in anderer Form seit 12.000 Jahren verwirklicht: als 6500 bis 7000 Kilometer langer Seeweg über Ärmelkanal, Gibraltar, Bosporus und Dardanellen. Heute können Seeschiffe die Strecke mit 3500 Containern in sechs bis zehn Tagen zurücklegen, also in einem Drittel der Zeit und zu einem Zehntel der Tonnenkilometerkosten.
Die Hauptfunktion des Kanals wird daher kaum die Verknüpfung der Endpunkte sein, sondern der Nahverkehr in hochindustrialisierten Teilabschnitten.
(Zahlen nach Wirth, E., Inst. f. Geographie der Univ. Erlangen-Nürnberg, Symposium Donauausbau, 1993; Donaukommission Budapest 1988; Angaben der RMD u. a.)
[8] Allgemein wird der Donauschiffahrt eine wichtige Rolle bei Massengütern zugestanden, bei denen Quell und Ziel günstig zur Wasserstraße liegen und Zeit eine geringe Rolle spielt. Typische Binnenschiff-Güter nach E. Wirth, 1993: Sand, Kies, Schlacken, Eisenerz, Steinkohle, Futter- und Düngemittel, Getreide, Erdölprodukte, Abfall, Schrott. Typische LKW-Frachten: Obst, Gemüse, Tiefkühlkost, Fleisch, Milch, lebende Tiere, Getränke, Lebensmittel, Elektroartikel, Maschinen, Ersatzteile, Bekleidung und Textilien, Lederwaren, Bücher, Zeitschriften (Güter, für die eine rasche, zielreine, engmaschige Flächenbedienung benötigt wird).

nahmen ... zur Verbesserung der Fahrwasserverhältnisse bis zu einer Schiffs-Abladetiefe 2,7 m bei Regulierungsniederwasser den jeweiligen Nationalparkgesetzen nicht unterliegen". Abladetiefe 2,7 Meter entspricht einem RNW von 3,2 Metern, weil bestimmte Großschiffe vollbeladen zwischen Kiel und Grund ein „Flottwasser" von 50 Zentimetern brauchen. Es bleibt zu hoffen, daß sich die in Absatz (3) geforderten „Grundsätze der Sparsamkeit, Wirtschaftlichkeit und Zweckmäßigkeit", die ja für den gesamten Bundeshaushalt gelten, dagegen durchsetzen können. Auch ließe sich streiten, welche Maßnahmen „angemessen" wären.

Die meist übertrieben dargestellte „Umweltfreundlichkeit" der Flußschiffahrt (sie ist pro Tonnenkilometer nicht energieeffizienter als die Bahn, dafür aber ohne deren Flächennetz und zudem sieben- bis zehnmal langsamer) kann nur solange gelten, als sie die Nationalparklandschaft nicht gefährdet. Es wäre auch undemokratisch, gerade jener Generation, die den Donau-Nationalpark erkämpft hat, gleich darauf ein Jahrzehnt massiven Tiefbaugeschehens in der Lebensader dieses Ökosystems für einen überzogenen Frachtschiffhighway zuzumuten.

Der Oberste Bayerische Rechnungshof hat im Hinblick auf den realen Verkehrsbedarf und die enormen Kosten die überzogenen Ausbauziele von RNW 2,8 Meter für die bayerische Donau offen in Frage gestellt (15. Juni 1993): „Vonnöten sind klare Rechnungen, insbesondere ob mit abgesenktem Standard bei wesentlich geringeren Kosten und weniger Eingriff in die Natur der absehbare Schiffsverkehr ausreichend bewältigt werden kann." Und weiter: „Ein wichtiges staatliches Interesse an einer weiteren Beteiligung Bayerns an der RMD [Rhein-Main-Donau-Kanal] vermag der Oberste Rechnungshof nicht zu erkennen." Zwei Jahre später, am 28. Juni 1995, verhängte der Bayerische Landtag nach einem neunstündigen Expertenhearing (unter Mitwirkung von B. Lötsch und H. Ogris) einen vorläufigen Ausbaustopp in der letzten Donaufließstrecke Deutschlands zugunsten einer naturverträglichen, kostengünstigeren Neuplanung. Bayerns Naturschützer hoffen, daß sich die ökologisch-ökonomische Vernunft durchsetzt. Wachsamkeit tut not.

Gewässervernetzung – Wasser in die Au – WWF-Freikaufflächen als Versuchsgebiet

Die Au trocknet zwar nicht aus (selbst die vielzitierte Eintiefung der

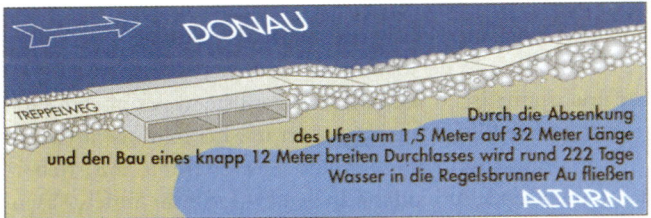
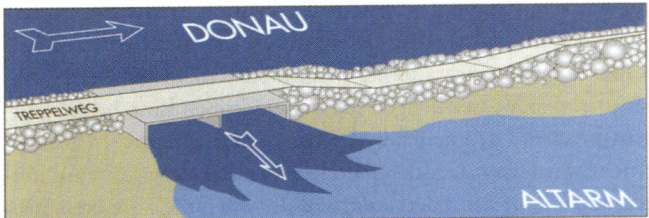
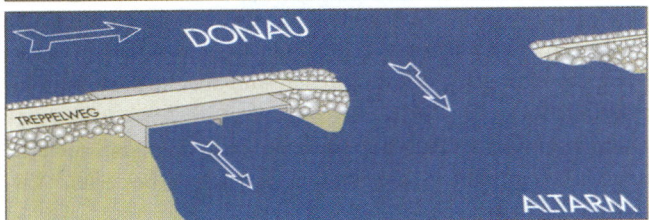

a) Einbau von Einströmkästen (links) und Absenkung des Treppelweges (rechts) sichern ein verbessertes Einströmen bei Mittelwasser (b) und bei höheren Wasserständen (c).

Rechts oben: „Traverse" (Querweg) im Schutzkaufgebiet als offensichtlicher Verlandungskern.

Rechts: Dieselbe Stelle nach Entfernung der Traverse.

Donau betrug seit den 50er Jahren nicht mehr als 50 Zentimeter), doch die Gewässer wurden seichter, kleiner und weniger. Die Au *verlandet* – das heißt, die Hochwässer füllen sie mit Schotter, Sand und Schlamm, aber sie spülen sie nicht mehr frei, wie früher. Die Au wächst aus dem Wasser heraus. Der Grund: Die Seitenarme wurden durch aufgehöhte Treppelwege vom Hauptgerinne abgeschnitten. Die ebenfalls viel zu hohen „Traversen" – Querdämme für Forstwege über die Auenarme – bilden Strömungshindernisse und werden zu Verlandungskernen.

Zwischen Maria Ellend und Regelsbrunn sind die Wasserflächen von 191 Hektar im Jahr 1914 auf 80 Hektar im Jahr 1990 geschwunden. Seit der österreichweiten Auenschutz-Aktion „Natur freikaufen" des WWF Österreich konnten die erworbenen 411 Hektar bei Haslau und Regelsbrunn zum Versuchsgebiet eines weltweit einmaligen Renaturierungsprojektes werden. Unter dem Donaubegleitweg (Treppelweg) wurden an drei Stellen Durchlaßkästen mit je zehn Meter Breite errichtet. Außerdem wurde der Treppelweg an vier weiteren Stellen auf je 30 Meter Länge um bis zu 1,5 Meter abgesenkt, damit diese Uferstrecken schon ab hohen Mittelwasserständen überströmt werden.

Vor der Öffnung wurden die Arme der Regelsbrunner Au nur noch an 20 Tagen im Jahr durchströmt. Durch die Uferöffnung wird die Au an 220 Tagen mit Oberflächenwasser vesorgt, davon an 150 Tagen auch mittels der Überströmstrecken. An 30 Tagen fließen bis zu 170 Kubikmeter Wasser pro Sekunde durch die Au – dies entspricht der Wasserführung des Marchflusses. Dazu wurden in zwei Quertraversen fünf große Durchlässe gebaut und die Mitterhaufentraverse auf 140 Meter Länge um 1,5 Meter abgesenkt, also fast weggeräumt. Nur bei Niederwasser hindert sie den Arm am völligen Auslaufen, damit er nicht trockenfällt.

Der Fluß kann wieder Landschaft gestalten wie ein Bildhauer – er vergrößert die Wasserflächen, lagert Schotterbänke um, reißt frische Steilwände, in denen edelsteinschillernde Eisvögel ihre armtiefen Niströhren graben – vielleicht dereinst auch wieder die farbenprächtigen Bienenfresser oder die fast verschwundenen Uferschwalben. Strömungsliebende Fische wie Zingel und Streber erhalten hier wieder ihre Chance ebenso wie die Wiedereinbürgerungskandidaten, der rare Wildkarpfen und die letzte Störart in den Donau-Auen, der Sterlet.

Im Bereich des Schutzgebietes wurde der Sterlet wieder eingebürgert.

Schlammschlacht – Die Au steigt aus dem Wasser

Die Staue im Oberlauf sind nicht nur Schottersperren, sie sind auch Feinschlamm-Fänger. Die klebrigen Feinsedimente werden bei Hochwässern (Öffnung der Wehre) aus den Stauräumen gespült und verpappen die Auwaldböden fast zementartig, lassen sie Schicht um Schicht aus dem Wasserspiegel wachsen. Dieses Problem könnte nur im Staubereich gelöst werden – durch Schlammbaggerungen, vielleicht auch durch früheres Öffnen der Wehre, *bevor* die Fluten über die Ufer treten.

2. Forst und Nationalpark

Die Forstwirtschaft schuf noch bis kurz vor der Nationalparkgründung naturfremde Auwaldbilder reduzierter Vielfalt: pfeilgerade hochwachsende und „aufgeastete" (der Seitenäste beraubte) Hybridpappelmonokulturen – Stangenäcker, wie Regimenter auf dem Exerzierplatz. Die Naturwaldbehandlung wird nun zum Lebensinhalt der Natio-

Baumruine als idealer Horstplatz (bei Marchegg) – nach dem Forstgesetz wäre sie gar nicht mehr hier.

nalpark-Förster: Förderung natürlicher Besiedlungsabläufe, zügiges „Abtreiben" der Hybridpappel, Schlaggrößen unter 0,5 Hektar, fallweises Aufforsten mit standorttypischen Aubäumen, Eliminierung von sich stark verbreitenden Fremdgehölzen (Robinie, Götterbaum und Eschenahorn), Schonung alter Baumpersönlichkeiten, ja sogar von Baumruinen (ideale Horstplätze für Großvögel!). Als sich die Greifvogelexpertinnen unseres Nationalpark-Institutes schon 1987/88 schützend vor jeden Horstbaum stellten, wurden sie von den Bundesförstern freundlich „Horstessen" genannt.

3. Besucherdruck, Erholung, Fischerei und Jagd – lieben wir die Au zu Tode?

Die Donau-Auen sind einer der am leichtesten zugänglichen und damit verletzlichsten Nationalparke. Dies zwingt zu Vorkehrungen. Je kleiner der Nationalpark, umso größer muß die Sorgfalt bei Besucherlenkung und Führungswesen sein.

Besucherlenkung muß gelernt sein

Dies war bereits 1992 das Motiv für die Gründung der Nationalpark-Akademie – im Rahmen des 1986 von Umweltminister Franz Kreuzer und Bernd Lötsch aufgebauten Nationalpark-Institutes Donau-Auen.

> Die Ausbildung der Nationalpark-Akademie zielt auf die Erlebbarkeit von Natur- und Kulturwerten, bei gleichzeitiger Besucherbindung und Besucherlenkung zum Schutz der Ressource.

Das bewaffnete Auge als friedlichster Zugang zur Natur – Wildtiere bildfüllend jenseits der Störsdistanz.

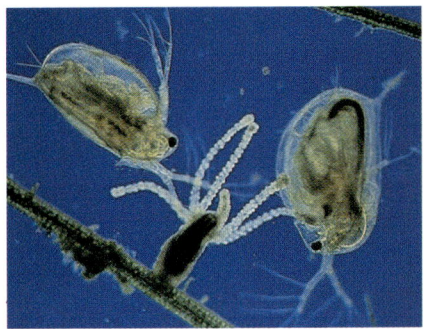

Rechts: Das Mikroskop in der Au erschließt unsichtbare Landschaften.

Oben: Tragödie im Tümpeltropfen: Süßwasserpolyp fängt Wasserflöhe.

Hier lernen junge Biologen die Kunst, Stadtmenschen für die Wildnis zu begeistern, ohne dabei empfindliche Naturzonen zu gefährden. Wichtigste Erlebnisse sind dabei Schlauchbootwanderungen auf der offenen Donau und die Weitung des Horizontes durch Fernrohr und Mikroskop. Das bewaffnete Auge ist die friedlichste Art, sich der Natur zu nähern. „Natur erleben ohne zerstören". Der Auenführer hat eine harte Ausbildung: Er muß die Gäste sicher auf der Donau navigieren (die beim Paddeln kräftig ins Schwitzen kommen), muß Erste Hilfe und Rettungsschwimmen beherrschen, die wechselhafte Donauströmung kennen (Jahresschwankungen bis zu sechs Metern), muß Tier- und Pflanzenwelt im Wandel der Jahreszeiten interpretieren. Die Naturführer müssen aber auch viel vom „Sanften Flußbau" wissen und viel von der „Naturwaldpflege" verstehen und jeder energiepolitischen Debatte gewachsen sein, denn immer wieder fragen Gäste nach dem Für und Wider von Donau-Stauen. Naturführer müssen aber so

viel Geistesgegenwart und Feingefühl im Umgang mit den Gästen haben, solche Debatten nicht gerade dann zu führen, wenn die Boote an den schönsten Landschaftsteilen vorbeitreiben. Denn haben die Exkursionsteilnehmer einmal gesehen, was zerstört worden wäre, stellt sich die Frage meist nicht mehr.

Naturvermittlung als Kunst: The Art of Interpretation

Während Naturführer in deutschsprachigen Reservaten die Sehleistung eines Greifs durchaus akademisch zu erläutern pflegen („Dieser bemerkenswerte Vogel hat eine Punktauflösung von einem Millimeter auf 100 Meter Distanz" usw.), verblüfft der geschulte Interpreter in den Everglades seine Hörer mit dem Bild: „This bird could read the Sunday Times over a football field." (Dieser Vogel könnte die Zeitung quer über ein amerikanisches Fußballfeld lesen – rund 90 Meter).

Sie arbeiten auch im Freien mit vielerlei Demonstrationsobjekten: Alligatorzähnen, Skeletten, Bälgen, ja sogar Aquarien, die als Modelle der Teichökologie auf die Besucherrouten gebracht werden. Dabei wird mit den Besuchern etwa auch die Rolle von Moskitolarven in der Biozönose der Everglades diskutiert. Auf einer Tafel am Anhinga-Lehrpfad fanden wir eine Illustration des Nahrungsnetzes mit folgendem Text:

„Moskitos und Alligatoren haben etwas gemeinsam. Sie gehören beide zu einem Nahrungsnetz. Moskitos können eine Plage für den Menschen sein, aber ohne sie würden die Everglades sich drastisch verändern. Moskitolarven werden vom Moskitofisch gefressen, der damit eine Kette von Fressen und Gefressenwerden beginnt, die schließlich mit dem Alligator endet. Ein Tropfen Ihres Blutes erlaubt Ihnen, teilzuhaben an diesem Zyklus des Lebens."

Moskitolarven ökologisch gesehen: „Blut gespendet für die Au".

> Für gute Naturführer gelten die drei A: ansprechend, aktionistisch und assoziativ. Sie sollten nur anhand von Anschauungsmaterial reden und – wenn sich am Wegrand gerade nichts bietet – genügend davon im Rucksack haben.

Großen Einfluß auf die Erlebnisqualität hat das Fortbewegungsmittel der Exkursion. Pferdewagen sind überall beliebt. Fahrräder dienen auch für Rangerführungen, aber vor allem bewähren sich Boote – besonders in den Donau-Auen – dort aber aus Naturschutzgründen zu allererst auf dem offenen Strom.

> Der „Interpretive Ranger" ist kein Feldpolizist, sondern ein besorgter Fachmann, der um die Störbarkeit der betreuten Naturwerte weiß, um daraus nur die wirklich nötigen Reglementierungen abzuleiten. Dies geschieht behutsam, denn – so der oberste Grundsatz – die Nationalparkidee kann es sich nicht leisten, auch nur einen einzigen möglichen Freund zu verlieren.

Die Organisationsform Nationalpark dient zuallererst dem Schutz und erst in zweiter Linie dem Tourismus. In den eher kleinräumigen, von vielen Seiten zugänglichen Nationalpark-Landschaften Mitteleuropas stellt sich das Problem noch differenzierter als in den USA. Hier genügt es nicht, Besucherzahlen zu begrenzen und harte Tourismuserschließungen zu verhindern. Hier bereiten oft hingebungsvolle Natursucher besondere Sorge, ohne zu ahnen, warum.

Wer die Natur liebt, bleibt auf Distanz – Öko-Knigge für draußen

Gerade Naturliebhaber – der anpirschende Tierfotograf, der ausharrende Angler oder der still kampierende Paddler – können den Bruterfolg scheuer Wasservögel nachhaltiger stören als eine durchziehende Schulklasse mit Kofferradio. Die stundenlange Präsenz des Fischers am Wasserrand wirkt auf Brutvögel wie eine Belagerung. Sie kehren nicht zum Nest zurück – das Gelege kühlt aus oder die Küken verhungern.

Nach Untersuchungen an den Inn-Stauseen reduzieren zwei Angler pro Tag und Uferkilometer die Anzahl der Schwimmvogelnester auf ein Drittel des ungestörten Zustandes, die Anwesenheit von zehn Anglern pro Kilometer und Tag läßt die Nestanzahl auf ein Zehntel schrumpfen. Umgekehrt stieg in der Reichersberger Au am unteren Inn nach der Sperre zur Brutzeit die Brutpaarzahl von 1979 auf 1980 auf das Zehnfache an.

Nach Ulli Eichelmanns Studie für unser Nationalparkinstitut beträgt der Störradius (sozusagen der Hemmhof) eines Anglers 180 Meter, das heißt: der Abstand zwischen zwei Fischern müßte über 360 Meter sein, damit sich eine Ente oder ein Reiher noch dazwischen niederlassen kann. Die Fluchtdistanz zu frequentierten Besucherrouten (z. B. den Altarmquerungen) ist geringer. In der Nähe des Orther Uferhauses lassen Reiher die Boote um 50 Meter näher heran als am entlegenen Haslauer Arm. Beim Schloß Eisgrub (Lednice) betragen die Fluchtdistanzen der Reiher gar nur mehr 35 Meter.

Die ortsübliche Liebhaberei des Angel- und Daubel(netz)fischens kann als Erholungsaktivität in einem Nationalpark gestattet werden, wenn sie das Schutzziel nicht wesentlich gefährdet.

In der Regelsbrunner Au am Donau-Südufer – dem Schutzkaufgebiet der Aktion „Natur freikaufen" – wurden ab Januar 1991 Fischereilizenzen nur mehr an Einheimische ausgegeben. Damit konnte die Zahl der Fischer auf dem Altarmsystem auf ein Drittel reduziert werden, und die Anrainer kontrollieren „ihr" Wasser selbst gegen Schwarzfischer. Das Gebiet ist das beste Eisvogelrevier der Donau-Auen östlich von Wien und ein wichtiger Nahrungsplatz für Graureiher. Für den Freizeitbootsbetrieb sieht der Managementplan des Nationalparks örtliche Regelungen für alle Gewässer vor. Sinnvoll wären auch saisonale Regelungen. So halten die vom WWF lizenzierten Fischer den Regelsbrunner Arm noch den ganzen Mai frei von Anglern und ihren Zillen, um das Brutgeschäft der Vögel nicht zu stören. Der Mai ist ohnehin Schonzeit für die meisten Fische (Barbe, Brachse, Hecht, Zucht- und Wildkarpfen). Dafür

Förderung der Wildkarpfenpopulation im Nationalpark.

können die lokalen Lizenznehmer im WWF-Gebiet im September fischen (was bei den Bundesforsten am Nordufer wegen der Jagd traditionell verboten ist – seltsamerweise auch nach der Nationalparkgründung 1996).

Am wenigsten schaden Bootswanderungen auf der offenen Donau, sofern man bestimmte Inseln und Uferabschnitte mit Landeverboten belegt, um Kiesbrüter zu schonen. (Ein Problem, das sich in analoger Weise auch beim alpinen Raftingsport stellt, der nur durch konzessionierte Unternehmen betrieben werden sollte, die bestimmte Regeln einhalten, z. B. die Einigung auf wenige Landeplätze und Mülldisziplin. Man kann Rafting auch positiv sehen, da es Wertgefühle für wilde Fließgewässer weckt.)

Generell gilt folgende Erfahrung: Alles abseits der Wege Anschleichende oder Lauernde ist für Wildtiere bedrohlich, der natürliche Freßfeind ebenso wie der Jäger. Die Angst vor dem Jäger macht alle „aufrechten Zweibeiner" verdächtig, auch den einsamen Schiwanderer, und steigert die Fluchtdistanz. Stockenten, die an den Teichen städtischer Grünanlagen kaum mehr zu verscheuchen sind, seitdem sie herausgefunden haben, daß es dort Futter, aber niemals Jäger gibt, reagieren einige Kilometer weiter östlich im Nationalparkhoffnungsgebiet Donau-Auen auf jeden Menschen mit panischer Flucht.

Nicht der Tourismus macht Wildtiere scheu, sondern der Jagddruck. Man sollte auch nie auf Wildtiere zeigen („zielen"), sondern sie scheinbar ignorieren. Deshalb hat auch die notwendige Dichteregulierung bei Schalenwild im Nationalpark (Rot-, Reh- und Schwarzwild) ohne – für die Tiere erlebbaren – Jagddruck zu erfolgen. Ziel ist: Statt überhöhter Wildbestände, welche die Waldverjüngung behindern und trotzdem meist unsichtbar bleiben, lieber weniger, aber sichtbares Wild. Die notwendige Schalenwildkontrolle erfolgt daher unter minimaler Beunruhigung, z. B. durch Konzentration auf wenige Tage im Jahr und Abschuß durch erfahrene Fachleute, die dabei auch die artgemäße Sozialstruktur (Geschlechterverhältnis, Altersaufbau) des Wildes im Auge haben (Entnahme von Jung- und Alttieren statt hochgezüchteter Trophäenjagd). Außerdem sieht der Managementplan ausgedehnte Wildruhegebiete zwischen der Donau und dem Hochwasserschutzdamm vor.

Bewundernswerte „Off-road"-Techniken wie Mountainbiking, Telemarking fern der Pisten oder Paddeln in stillen Augewässern können für die Tierwelt verheerend sein. Wertvolle Naturräume sind leider kein Sportgerät. Es gibt ihrer schon zu wenige.

> In Nationalparkgebieten, in denen seit Jahrzehnten kein Schuß mehr fiel, sind die Wildtiere, einschließlich der sonst scheuen Großvögel, so vertraut, daß sie sich auf kürzeste Distanz an Besucherpfaden zeigen. Der Europäer empfindet dies dann wie ein Stück vom Paradies – denn auch dieses wurde in der Kunst verschiedenster Epochen als reizvolle Landschaft mit Gewässerrändern, weitläufigen Wiesen und knorrigen Baumpersönlichkeiten dargestellt, zwischen denen sich die interessantesten Tiere ohne Scheu vor dem Menschen bewegen. Es stimmt dies mit dem Phänomen sinkender Fluchtdistanz überein, das die Fachleute als „Nationalpark-Effekt" beschreiben.

Der Einwand, die Verhältnisse in den Donau-Auen seien mit dem riesigen US-Nationalpark Everglades schon wegen der Größe nicht vergleichbar, hält nicht stand. Die berühmteste Attraktion der Everglades ist der nur 800 Meter (!) lange Schwebepfad des Anhinga Trails. Hier werden – ohne Schaden für die Natur – jährlich zigtausende Besucher für den Schutz der Feuchtgebiete begeistert.

Der Anhinga Trail: Nur 800 Meter lang und doch Wildtiererlebnis für Tausende Besucher.

In Europa ist die weltberühmte Gehegezone mit naturnaher Präsentation von Charaktertieren des 130 Quadratkilometer großen Nationalparks Bayerischer Wald nur zwei Quadratkilometer groß und bindet auf diesen zwei Prozent der Fläche mehr als die Hälfte aller Besucher auf interessanten, mehrstündigen Rundwanderungen. Schließlich erwarten nach deutschen Umfragen fast 70 Prozent der Nationalparkbesucher, Wildtiere zu sehen.

Solche Modelle mit mehrstündigen Wegführungen wären bereits in einem Teil der Petroneller Schloßau realisierbar, wobei der heutige Städter, sobald man ihn vom Auto trennt, meist einen sehr begrenzten Aktionsradius hat (RUW-Konzept, sprich „rund ums Wirtshaus"). Naturnah weitläufige Gehege könnten sogar den Blick auf den „König der Auen", den Rothirsch, gewähren.

Die Bayerische Commerzbank hat überdies 60 Stipendien für junge Naturführer(innen) gewährt, die so stark gefragt sind, daß die deutschen Nationalparkverwaltungen jährlich die besten aus 1000 Bewerbern auswählen können. Besonders das US-Nationalpark-Service ist für Idealisten derart attraktiv, daß es jährlich über 90.000 Volontäre (VIPs = Volunteers in Park) verfügt, die es in relativ strenge Dienstabläufe einbindet.

Doch Tourismus in der Au?

Die qualitätsvollen Impulse des Nationalparks für die Regionalwirtschaft sind unübersehbar. Für Hainburg, Petronell oder Deutsch Altenburg gibt es neben dem Auen-Tourismus keine wirtschaftliche Entwicklungschance mit vergleichbarer Wertschöpfung, die umweltschonender wäre.

Ein noch zu erstellendes Verkehrskonzept der Besucherlenkung müßte der Donauschiffahrt und der Schnellbahn Priorität einräumen. Das würde zur Betonung des Südufers führen, und ein verstärkter Tourismus in Hainburg (Bahnstation und Schiffanlegestelle, geplantes Donau-Aquarium und künftige Ausstellungen, eventuell auch ein Schiffsmühlencafé etc.) bedroht keinen Auwald, da dieser in diesem Abschnitt auf der anderen Seite des Flusses liegt.

Ziel ist ein umwelt- und sozialverträgliches Mosaik von „Schützen und Nützen", statt zuzusehen, wie die letzten mitteleuropäischen Fluß-Auen durch einen gestörten Wasserhaushalt, Forstmonokulturen und unkontrolliertes Überrennen durch oft ahnungslose Natursucher aus den großen Ballungsräumen endgültig zerstört werden.

Requisiten in freier Natur – Au-Führerin mit Biberschädel am richtigen Standort.

Anrainerprivilegien

Seit der Arbeit der Ökologiekommission im Jahre 1985 bekennen sich die Nationalparkfachleute zur Schaffung von Vorrechten für die lokale Bevölkerung. Diese gelten für die Brennholz-Selbstwerbung (kombinierbar mit Eliminierung von Fremdgehölzen), fallweise Bevorzugung bei der Vergabe von Fischereilizenzen, prinzipielle (wenn auch limitierte) Zufahrt zu Daubelfischerhütten, freie Wegerechte (z. B. zusätzliche Radwege für Erholungssuchende aus Orth und Eckartsau), Langlauf- und Eislaufmöglichkeiten, ortsübliches Pilzesammeln durch Einheimische während der „Morchelwochen". Auch die fallweise Einbeziehung erfahrener Anrainer in die Schalenwildkontrolle und die Bewirtschaftungsverträge für Mähwiesen (ohne Dünger und Pestizide) sind Beispiele für Gewohnheiten und „alte Rechte", die dann, wenn sie wirklich nur von Einheimischen praktiziert werden, tolerierbar sind.

Naturführer – ein Schlüsselberuf für die Zukunft

Das neue Berufsbild des Naturführers erfordert vergleichbare Ausbildungsniveaus in den verschiedenen Regionen. Sie sollten nirgends unter einen bestimmten Qualitätsstandard sinken. Klaus Jacobs fordert sogar „Centers of Excellence" für die Schulung – mit weltweit ähnlichen Ausbildungsmustern.

Auch hier kann man vom US-Nationalpark-Service lernen, denn das Stephen T. Mather Training Center in Harpers Ferry ist für die Aus- und Weiterbildung von rund 2000 Interpreters zuständig, die das Gelernte in allen Klimazonen und Landschaften anzuwenden haben – von den Subtropensümpfen der Everglades bis zu den Gletschern Alaskas. Sehr viel Grundlegendes kann unabhängig von einem bestimmten Park vermittelt werden, vom Berufsethos bis zu Internationalen Schutzkategorien, von der Kunst der Vermittlung biologischer Zusammenhänge bis zum einfühlsamen Verhalten gegenüber Besuchern und Erste-Hilfe-Techniken. In einem darauf aufbauenden Unterrichtsblock wird dann das Spezialwissen zu einem bestimmten Naturreservat vermittelt.

Höchste Erlebnisqualität auf behutsam gewählten Bootsrouten.

Den Erfolg dieser Ausbildungsmethode bestätigte eine großangelegte Erhebung des U.S.-Departementes of the Interior über das Bild des Nationalpark-Rangers in der amerikanischen Bevölkerung. Der gemeinsame Nenner lautete:

„Ein Ranger ist die Person mit der bekannten graugrünen Uniform, dem goldenen Abzeichen und dem typischen Hut. Man trifft sie am

Naturführertraining durch erfahrene Interpretive Ranger des US-Nationalpark-Service im Nationalparkhaus Petronell.

Prägendes Naturerlebnis für die Generation von morgen. – Kleine Wilde und geborene Forscher.

Dazu zum Abschluß einige Worte aus dem Vermächtnis von Horace Albright, 1933:

„... Heute sorgen wir für unsere Naturlandschaften, damit die Menschen sich an ihnen erfreuen. Aber wir dürfen nie vergessen, daß alle Naturelemente, die Flüsse, die Wälder und Tiere und was sonst mit ihnen zusammenwirkt, auch für sich überleben müssen."

„Wegen unseres Einsatzes und unseres Corpsgeistes sind wir mit einer Truppe verglichen worden. In gewissem Sinne trifft das zu. Wir handeln als Schutzeinheit für Landschaften unserer Heimat. Die Dienstkleidung unseres National Park Service, die wir mit Stolz tragen, verdient die Achtung unserer Mitbürger. Wir haben so etwas wie Kampfgeist – aber nicht als zerstörende Streitmacht, sondern als Kraft für die Erhaltung des großartigen Erbes, das auf uns gekommen ist, so daß noch in Jahrhunderten Bewohner unserer Welt (oder vielleicht anderer Welten) sehen und verstehen können, was einzigartig ist für unsere Erde, im Wesen unverändert, unvergänglich."

Eingang, am Informationsstand, als Vortragender eines Lagerfeuerprogramms oder beim Hinweis auf eine Verletzung der Parkregeln. Der Ranger ist die Ansprechperson für eine Frage, einen Notfall oder eine Beschwerde. Der Ranger ist die freundliche, vertrauenswürdige und kenntnisreiche Person, die das Nationalpark-Service repräsentiert."

Eine gemeinsame Ausbildung könnte sicherstellen, daß der Nationalpark-Besucher und Naturfreund überall eine bestmögliche, kompetente Betreuung findet. Ein Vergleich: Auch zwischen einem praktischen Arzt in Wien und einem Tropenmediziner am Kongo liegen – bedingt durch die völlig unterschiedlichen Klimabedingungen, Parasitenspektren und Behandlungsmöglichkeiten – buchstäblich Welten. Dennoch liegt es im Interesse der Patienten, daß beide eine solide, schulmedizinische Ausbildung auf hohem Niveau nachweisen können.

Vielleicht haben die Naturführer im übertragenen Sinne auch „Patienten" zu behandeln – in einer Zeit der Bildschirm-Autisten, der Fernseh- und Computersucht, der Naturentfremdung durch Flimmerscheibe und Technozivilisation. Gerade vor dem wachsenden Totalitätsanspruch der „virtual reality" ist es unsere Pflicht, der „natural reality" zum Durchbruch zu verhelfen. Wir müssen vermeiden, daß unsere Gesellschaft in der nächsten Generation wertblinde „Technohybriden" züchtet, die der unverstandenen Natur alsbald den Rest geben würden. Es ist eine der schönsten Aufgaben, die wir uns suchen können, anhand der lebendigen Wildnis Menschen formen zu helfen, ohne dabei die Natur zu überfordern. Es ist eine ungeheure Aufgabe, aber eine der sinnvollsten an der Wende zum dritten Jahrtausend.

ZEITTAFEL
Der spannende Hürdenlauf zum Nationalpark

1978	Gründung der „Planungsgemeinschaft Ost" (PGO): Koordination der Raumplanung in Wien, Niederösterreich und Burgenland. Vorarbeiten für einen Nationalpark Ost an Donau, March und Thaya (der keine internationale Anerkennung gefunden hätte, weil er Kraftwerke mit einbezog).
16. 4. 1983	Beitritt Österreichs zum „Ramsar-Übereinkommen über Feuchtgebiete, insbesondere als Lebensraum für Wasser- und Watvögel, von internationaler Bedeutung". Österreich ernennt fünf Regionen zu Ramsar-Schutzgebieten, darunter die Donau-March-Auen samt der Unteren Lobau (zwischen Donau-Oder-Kanal und der Stadtgrenze Wien).
Gleichzeitig:	Die Donaukraftwerke setzen zum endgültigen Vollausbau der Donau-Staukette an: Das neunte Kraftwerk, Greifenstein, ist fertig, die Staustufen Wien, Rührsdorf (Wachau) und Hainburg fehlen noch. Hainburg soll das nächste sein, das größte der Donaukraftwerke. *Dieses Kraftwerk soll in Trockenbauweise errichtet werden. Das bedeutet: 7 km² Auwald werden gerodet bzw. im Baugeschehen vernichtet und großteils in einen wasserdichten Stauraum verwandelt. Mit zusätzlichen Seitendämmen soll das Wasser neun Meter über das derzeitige Niveau gehoben werden. Die 500 m breite Staumauer würde in der Stopfenreuther Au gegenüber von Hainburg auf der Nordseite der Donau errichtet. Das ursprüngliche Donaubett wäre ohne Fluß, mit drei stehenden Wasserflächen für die Freizeitnutzung*
2. 5. 1983	Österreich unterzeichnet das „Berner Abkommen zur Erhaltung wildlebender Tiere und Pflanzen".
7. 5. 1984	Umweltschützer aller Lager veranstalten – als Anwälte der stummen Natur – die „Pressekonferenz der Tiere" . Sie beabsichtigen auch, ein Konrad-Lorenz-Volksbegehren einzuleiten (unter Federführung von Gerhard Heilingbrunner und Günther Nenning).
30. 6. 1984	Der Leiter der niederösterreichischen Naturschutzbehörde, Hofrat Dr. E. Czwiertnia, wird wegen seines Aufbegehrens gegen das Kraftwerksprojekt und den SPÖ-Landesrat Ernest Brezovszky unter Androhung eines Disziplinarverfahrens pensioniert. Er schweigt auch dann nicht und erhält das Disziplinarverfahren als Pensionist.
27. 11. 1984	Landesrat Ernest Brezovszky erteilt dem Kraftwerk die naturschutzrechtliche Genehmigung. Czwiertnia kompromittiert den Landesrat vor laufenden Kameras.
5. 12. 1984	Wasserrechts- und Rodungsbescheid des Bundesministers für Land- und Forstwirtschaft Günther Haiden fallen wider Erwarten ebenfalls für das Kraftwerk aus.
8. 12. 1984	Sternwanderung des „Konrad-Lorenz-Volksbegehrens", von „Rettet die Auen" (WWF) und anderen Au-Initiativen auf die Brücklwiese bei Stopfenreuth (etwa 5000 Teilnehmer), Sprecher der Schweizer Weber, F. Meissner-Blau, G. Nenning, J. Mauthe, B. Lötsch u.a.
10. 12. 1984	Beginn der Rodungsarbeiten. Einige hundert Auschützer blockieren die Zufahrtswege, werden „geräumt" und erhalten Massenzulauf.
Dezember 1984	Aufbau von Lagern in der Stopfenreuther Au. Etwa 5000 Naturschützer verhindern gewaltfrei die Rodung; massiver Einsatz der Gendarmerie. Politiker versuchen, Arbeiter zum Marsch gegen die Aubesetzer aufzuwiegeln. Abordnungen der Aubesetzer verhandeln insgesamt 13 Stunden mit der Regierung und gewinnen Zeit.
19. 12. 1984	Prügeleinsatz der Polizei mit Knüppeln, Schubraupen und Hunden. 40.000 Menschen demonstrieren spontan auf dem Heldenplatz in Wien gegen die Rodung der Au bzw. das Vorgehen der Exekutive.
20. 12. 1984	Die Zahl der Naturschützer, die die Au besetzt halten, wächst auf über 7000.
21. 12. 1984	Bundeskanzler Fred Sinowatz verkündet den „Weihnachtsfrieden" und eine „Nachdenkpause".
2. 1. 1985	Der Verwaltungsgerichtshof hebt den Wasserrechtsbescheid für das Kraftwerk Hainburg wegen Rechtswidrigkeit auf. Baustopp: aufschiebende Wirkung bis zur Sanierung des Wasserrechtsverfahrens (was nie mehr geschieht).

12. 1. 1985	Historisches Treffen des Bundeskanzlers mit Nobelpreisträger Konrad Lorenz im Martinschlössl in Klosterneuburg.
9. 4. 1985	Bundeskanzler Fred Sinowatz und Umweltminister Kurt Steyrer setzen eine Ökologiekommission unter Führung von Jörn Kaniak (Flußbau) und Bernd Lötsch (Nationalpark) ein.
5. 11. 1985	Die Ökologiekommission erklärt öffentlich die Unvereinbarkeit von Auen-Nationalpark und Flußkraftwerk in jeder Variante. Kurz darauf präsentiert Jörn Kaniak „als Regierungsbeauftragter" ein Zweistufenprojekt Wildungsmauer-Wolfsthal, welches die Mehrheit der Ökologiekommission ablehnt. Kaniak geht bald danach in die Elektrizitätswirtschaft.
Mai/Nov. 1986	Beginn der Planungsphase für einen Nationalpark. Der Bundesminister für Umwelt Franz Kreuzer und Bernd Lötsch gründen den Verein „Nationalparkplanung Donau-Auen".
11. 6. 1987	Regierungsklausur Pertisau: Vorbeschluß für den Vollausbau der Donau bis zur Slowakei (Zweistufenprojekt Wildungsmauer-Wolfsthal II).
1988	Die Ökologiekommission tagt wieder. J. Kaniak wird durch Prof. Ogris ersetzt, B. Lötsch wird von M. Flemming zum Vorsitzenden des Plenums ernannt.
30. 3. 1989	Vorentscheidung des Wirtschaftsministers Robert Graf für ein Mega-Stauprojekt bei Engelhartstetten, kurz darauf Rücktritt nach Diskussionsniederlage gegen Umweltschützer im ORF.
1989-90	Der Verein Nationalparkplanung Donau-Auen (B. Lötsch) initiiert gemeinsam mit dem WWF (G. Harmer) die Aktion „Natur freikaufen" zum Schutz der 411 ha großen Regelsbrunner Au. Es gilt, rund 80 Millionen Schilling zu beschaffen, um den Kauf der Au durch die Donaukraft zu unterlaufen.
Sommer 1989	Grundsatzerklärung der „Fünf im Boot": Die Minister Marilies Flemming (Umwelt), Franz Fischler (Land- und Forstwirtschaft) und Wolfgang Schüssel (Wirtschaft), Vizekanzler Josef Riegler und der niederösterreichische Landeshauptmann-Stellvertreter Erwin Pröll erklären in einer Zille bei Haslau die Priorität eines Nationalparks vor weiteren Kraftwerksbauten.
1989	Die Betriebsgesellschaft Marchfeldkanal unter Fritz Kaupa wird vom Bund und den Ländern Wien und Niederösterreich mit der Detailplanung und den politischen Vorarbeiten für den Nationalpark beauftragt. Kaupa versucht Nationalpark-Varianten mit Staustufe zu lancieren, scheitert und entscheidet sich schließlich für ein Direktorat in der Donaukraft AG. Reinhold Christian plant bis 1995 weiter.
26. 10. 1990	Durch eine dreistündige Live-Sendung des ORF am Nationalfeiertag gelingt es, die noch fehlenden 26 Millionen für die Aktion „Natur freikaufen" durch Spenden der Zuseher in einer Nacht aufzubringen.
1992	Österreich wird Mitglied bei der IUCN (International Union for Conservation of Nature and Natural Ressources, 1948 gegründet, 1969 internationales NP-Reglement).
1994	Landeshauptmann Erwin Pröll (Niederösterreich), Landeshauptmann Michael Häupl (Wien) und die Bundesministerin für Umwelt und Familie Maria Rauch-Kallat fassen den Vorbeschluß für den Nationalpark.
Jänner 1996	Das Niederösterreichische Nationalparkgesetz tritt in Kraft.
Juni 1996	Das Wiener Nationalparkgesetz tritt in Kraft. Da Naturschutz in Österreich Landessache ist, ein Nationalpark aber zumindest in Teilen vom Bund mitgetragen wird, muß ein Staatsvertrag (ein sogenannter 15a-Vertrag) zwischen dem Bund und den beteiligten Ländern geschlossen werden.
27. 10. 1996	Der Staatsvertrag zwischen der Republik Österreich und den Ländern Wien und Niederösterreich wird unterzeichnet; als Höhepunkt der Feierlichkeiten zum tausendjährigen Bestehen Österreichs wird der Nationalpark Donau-Auen nach 18 Jahren Vorbereitung endlich gegründet.
1. 1. 1997	Die Nationalpark Donau-Auen GmbH unter der Leitung von Mag. Carl Manzano beginnt mit ihrer Arbeit.
1. 1. 1999	Inkrafttreten des niederösterreichischen Managementplanes und der Paragraphen 3 bis 5 der niederösterreichischen Nationalparkverordnung.

ZUGÄNGE ZUM NATIONALPARK
Pforten zur Donaulandschaft

Der Nationalpark Donau-Auen ist kostenlos zugänglich. Auf Grund seiner langgestreckten Form (er ist 47 km lang und maximal 4 km breit) gibt es keinen „Haupteingang"; er kann überall betreten werden, wo deutlich erkennbare Wege hineinführen. Besonders bieten sich die markierten Wege an (siehe Karte), die den Besucher an gut zugängliche, schöne und typische Stellen der Au führen.
Mit dem **Privatauto** (oder Fahrrad) sind sämtliche Eintrittspforten des Nationalparks erreichbar (siehe Karte und Straßenkarten). Mit **öffentlichen Verkehrsmitteln** ist der Nationalpark folgendermaßen zu erreichen:

a) Lobau:
Die Lobau ist mit den Wiener städtischen Autobussen (90A, 91A, 26A) erreichbar, und zwar vom Ölhafen, von Aspern, von Eßling und von Groß-Enzersdorf aus.

b) Niederösterreich (Nordseite):
Die Frequenz der Autobusse ist sehr gering. Um die Zugänge von Schönau, Orth a. d. Donau, Ekkartsau, Witzelsdorf und Stopfenreuth zu erreichen, sind Besucher auf Privatfahrzeuge angewiesen.

c) Niederösterreich (Südseite):
Die Ortschaften *Mannswörth, Fischamend, Maria Ellend, Haslau, Regelsbrunn, Wildungsmauer, Petronell, Hainburg* und *Wolfsthal* liegen alle an der Schnellbahn S 7.

Wegen der öffentlichen Verkehrsanbindung werden zunächst Zugänge zum Donau-Südufer empfohlen. Die Schnellbahn S 7 führt stündlich von den S-Bahnhöfen Wien-Nord, Wien-Mitte oder Wien-Rennweg über den Flughafen Schwechat die Südufer-Auen entlang bis Wolfsthal an der slowakischen Grenze.

Haslau a. d. Donau: Von der Station geht man zehn Minuten zum Ort. Dort führt ein Fußsteig neben dem Feuerwehrtürmchen und dem Gasthaus Haslauerhof den Steilhang hinab zur Traverse über den schönen Altarm bis zum Donauufer, von wo man zum Orther Uferhaus hinüberblickt (welches auch meist durch eine private Motorfähre erreichbar ist).

Regelsbrunn: In zehn Minuten gelangt man von der Bahnstation zum breiten Donauarm und über die (im Zuge der Gewässervernetzung erneuerte, stark unterströmte) Traverse bis zur Donau mit malerischen Inseln. Beliebter Startpunkt für Bootswanderungen. Diese Au war Teil des berühmten WWF-Schutzkaufes 1989/90.

Wildungsmauer: In 10 bis 20 Minuten erreicht man von der Bahnstation durch die Ortschaft die Donau. Die Straße endet bei der Strommeisterei (Schiffahrtspolizei). Von dort gelangt man stromaufwärts gehend zu schon teilweise baumbestandenen Schotterbergen (Aussicht) und zur Ausmündung des Regelsbrunner Armes in die Donau. Stromabwärts von der Strommeisterei kommt man zu einem strombegleitenden Gewässer mit einer hübschen Traverse („Dirndlbergtraverse").

Petronell-Carnuntum bietet Ausgrabungen, das frühbarocke Schloß und den Exkursionsstützpunkt des Naturhistorischen Museums (Ecke Lange Gasse 65 und Kirchengasse). Eine kleine Straße führt von dort abwärts in die Petroneller Schloßau. Der Wanderweg über die große Wiese gestattet von April bis Juni Fernglasblicke (Richtung Osten) auf Graureiher-Horstbäume am Waldrand. Der Weg führt schließlich am und über den Petroneller Arm in rund 20 Minuten zum Donauufer.

Bad Deutsch Altenburg: Der Kurort mit dem herrlich renovierten Römermuseum ermöglicht durch den großzügigen Kurpark den Zugang zum Donauufer und zu dem hier in die Donau mündenden Auenarm. Wandermöglichkeiten am Treppelweg stromaufwärts. Hinter dem Römermuseum führt eine kleine Asphaltstraße zwischen dem Gelände der Wasserstraßendirektion (flußseitig) und einem malerischen Steinbruch (landseitig) zur Donaubrücke. Über dem Steinbruch erhebt sich die frühgotische Marienkirche, eine Gründung des heiligen Stephan von Ungarn.

Führungswesen

Grundsätzlich empfiehlt sich, das Führungsangebot in den Informationen der Nationalparkverwaltung und des Naturhistorischen Museums zu beachten. Besonders beliebt sind Bootsexkursionen, die von der Nationalparkverwaltung oder von ihr autorisierten Institutionen auf nicht kommerzieller Basis und mit sachkundigen Auenführern gegen Unkostenbeiträge durchgeführt werden. Die besten Zeiten sind von Ende April bis Mitte Juli sowie September und Oktober. Zu erhoffen ist auch ein steigendes Angebot an Exkursionen mit Pferdewagen, da auch diese erlebnisbetont und für die Auennatur harmlos sind.

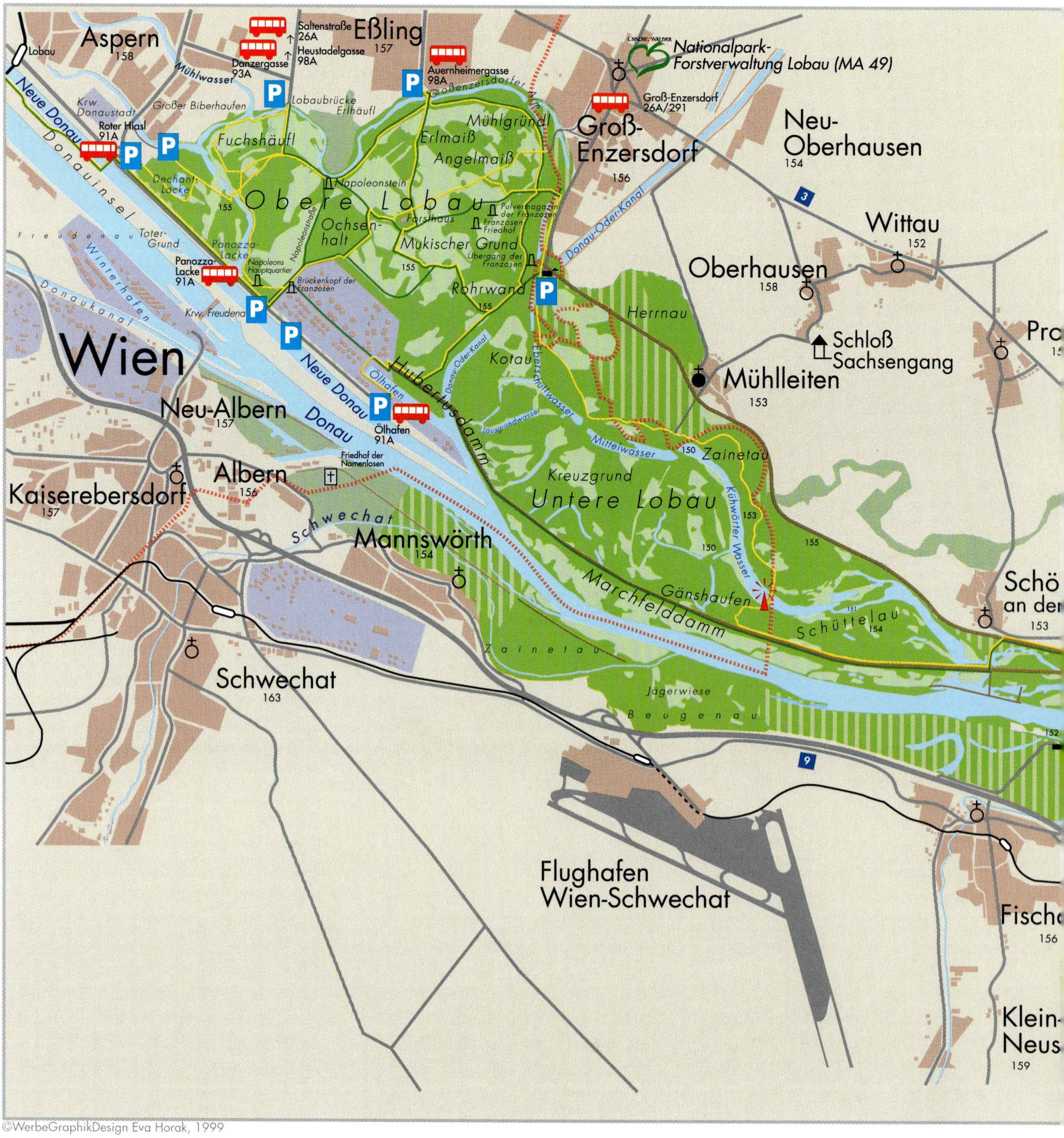

Legende:

- Nationalpark Donau-Auen
- Wiesen im Nationalpark
- Nationalpark-Hoffnungsgebiet
- Waldflächen außerhalb d. Nationalparks
- Gewässer
- Ortsgebiet (verbaute Fläche)
- Industrieflächen
- Hochwasserschutzdamm

nationalpark donau auen

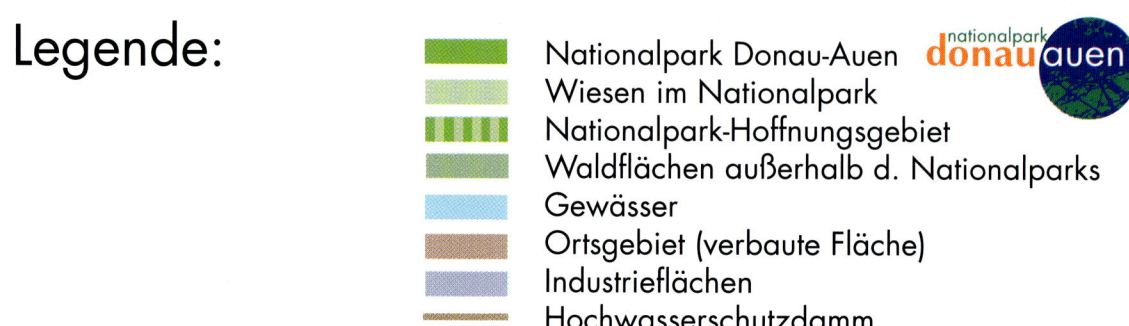

WICHTIGE ADRESSEN UND TELEFONNUMMERN

Informationen über das aktuelle Bildungsprogramm des Nationalparks und Anmeldung zu Exkursionen (ganzjährig):

Für den niederösterreichischen Teil des Nationalparks:
Nationalpark-Informationsstelle Schloß Eckartsau
2305 Eckartsau
Tel.: 02214 / 2335-18; Fax: 02214 / 2240-19
e-mail: infostelle@oebf.at

Für den Wiener Teil des Nationalparks:
Nationalpark-Forstverwaltung Lobau
Elisabethstraße 17, 2301 Groß-Enzersdorf
Tel.: 02249 / 2353; Fax: 02249 / 2353-18

Nationalpark-Informationsstellen:

Schloß Eckartsau
In einer kleinen Ausstellung „Vom kaiserlichen Jagdgebiet zum Nationalpark" erfährt man Wissenswertes über die historische jagdliche Nutzung der Donau-Auen bis hin zum Wildtiermanagement im Nationalpark. Mit allen Sinnen wird die Biologie von Auhirsch, Reh und Wildschwein erlebbar gemacht. Zudem gibt es natürlich Allgemeines über den Nationalpark Donau-Auen zu erfahren.
1. April bis 26. Oktober, täglich von 9.00 bis 16.00 Uhr
Kulturinteressierten ist eine Schloßbesichtigung zu empfehlen.
Tel.: 02214 / 2240.

Hainburg
Stadtinformation, Rathaus, Hauptplatz 23
April bis Oktober, Mo. bis Sa. 17.00 bis 19.00 Uhr, Di., Do., Sa., So. 10.00 bis 12.00 Uhr.

Bad Deutsch Altenburg
Tourismusbüro, Badgasse 17
Ganzjährig, Mo. bis Fr. 8.00 bis 12.00 und 12.30 bis 16.00 Uhr.
Tel.: 02165 / 62 459

Obere Lobau
Informationshütten an den wichtigsten Zugängen zum Nationalpark
April bis Oktober, Sa., So., Feiertage

Weitere allgemeine Informationen bei:

Nationalpark Donau-Auen GmbH
Fadenbachstraße 17, 2304 Orth a. d. Donau
Tel.: 02212 / 3450; Fax: 02212 / 3450-17
e-mail: nationalpark@donauauen.at

Nationalparkakademie des Naturhistorischen Museums Wien
1070 Wien, Messeplatz 1, Stiege 14
Tel.: 01 / 523 64 78 -17 (Anmeldung von Exkursionen)
Fax: 01/ 523 49 10, und
Außenstelle Petronell-Carnuntum
Nationalparkhaus der Jugend (Ökohaus)
(Möglichkeit für Projekttage mit Übernachtung)
2404 Petronell, Lange Gasse 65
Tel.: 02163 / 2811 (auch für Anmeldung zu Exkursionen)
Fax: 02163 / 2620

Die *Donaubrücke* ermöglicht nicht nur den Zugang bzw. die Zufahrt zum Nordufer, sie bietet bei der Donauquerung vor allem die besten Ausblicke auf die Flußlandschaft und in die Stopfenreuther Au – genau dort, wo sich im Dezember 1984 besonders dramatische Auseinandersetzungen zwischen Naturschützern, Rodungskommandos und Exekutive abspielten. Hoch über dem Hubertusdamm und dem Marchfeldschutzdamm führt die Brückenstraße Richtung Norden (vorbei an Schloß Niederweiden und Schloßhof zum WWF-Reservat Marchegg) oder gleich nach der Brücke links nach Stopfenreuth, Eckartsau und Orth. Die Brücke ist auch ein ausgezeichneter Fotostandort für Sonnenaufgänge und bei Hochwässern.

Hainburg: Die durch ihre mittelalterlichen Befestigungen geprägte Hauptstadt der Nationalpark-Region bietet nur schmale Auensäume stromabwärts von der Schiffsanlegestelle und dem Nationalpark-Informationspunkt am alten Wasserturm der Stadtmauer. Der Felsenweg entlang der Donau und den sogenannten „Kastln" (romantisch verwilderte Augewässer, die eigentlich hinter geschütteten Leitwerken und Buhnen entstanden sind) führt schließlich hinauf auf die Ruine Röthelstein zu einem fotogenen Blick auf den Fluß. Die großartigste Aussicht auf die Donau und ihre Auen ermöglicht aber die Besteigung des Hainburger Braunsberges – eines Kalkberges mit einmaliger pannonischer Trockenrasenvegetation und entsprechender Kleintierwelt. Fotografen schätzen die herbstlichen Sonnenuntergänge über der Donau. Auch der Schloßberg bietet von der Ruine Hainburg (Heimoburg) ein eindrucksvolles Panorama.

Die Donau-Auen

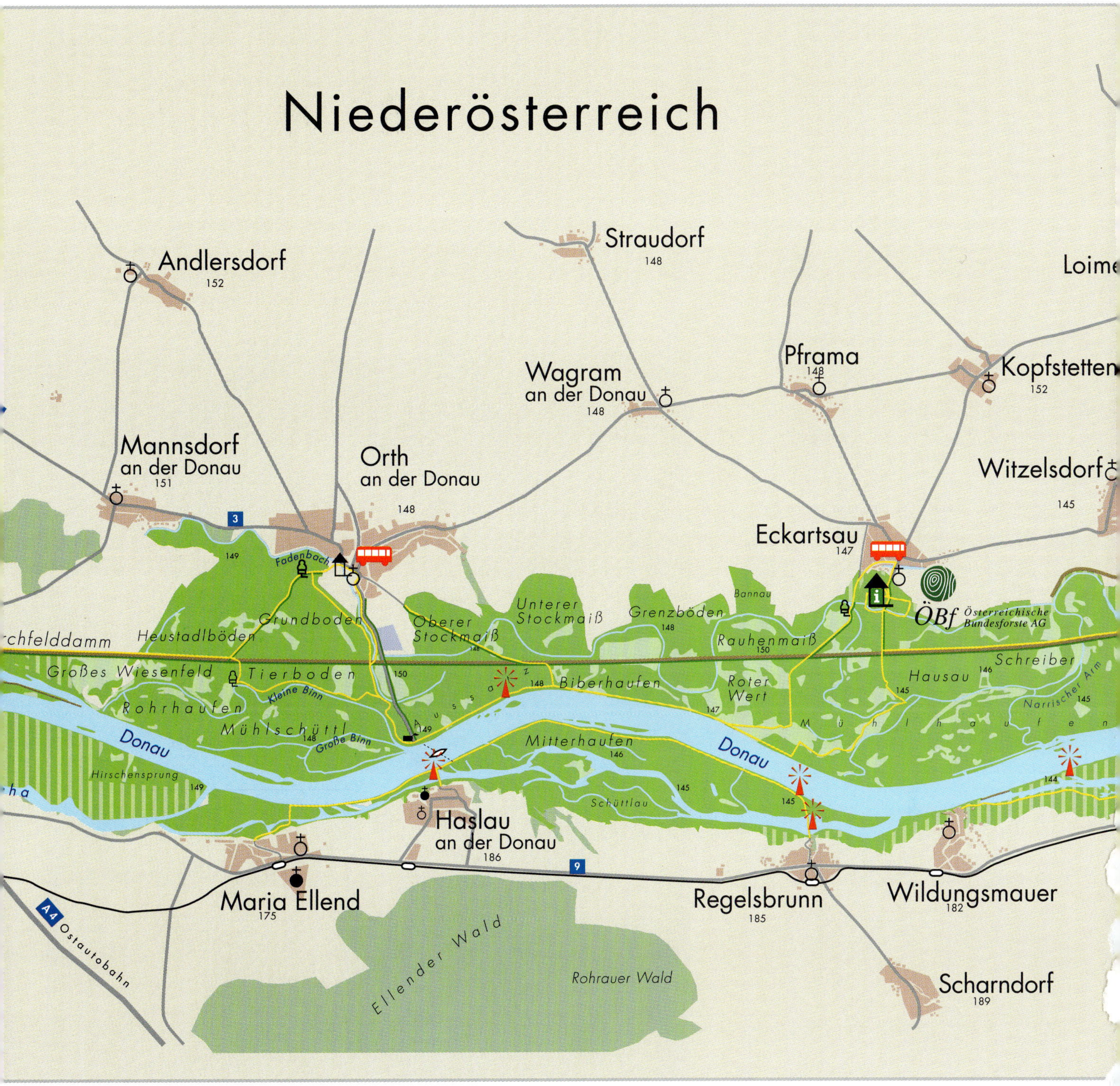

Niederösterreich

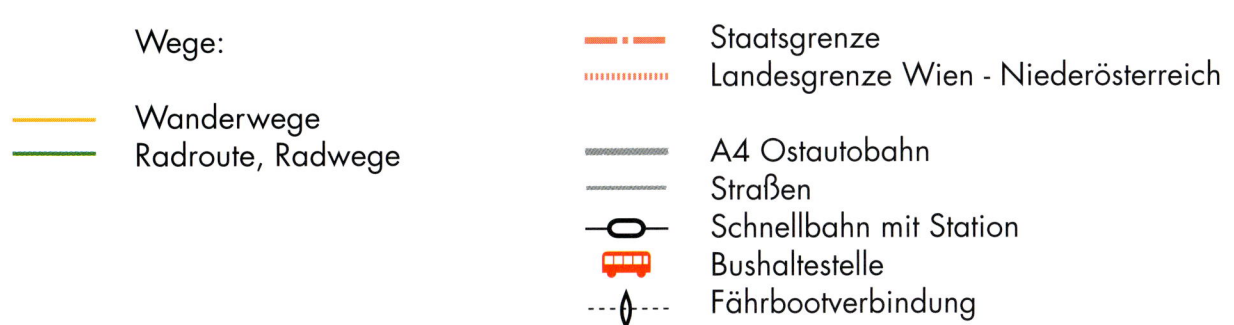

Am Donau-Nordufer, welches leider keine leistungsfähige öffentliche Verkehrsanbindung hat, sind die übersichtlichsten Zugänge zur Nationalpark-Au (Reihenfolge stromaufwärts Richtung Wien) wie folgt:

Stopfenreuth: *Eine Austraße führt zu Fuß oder per Rad bis zur Donau, von wo man auf dem Treppelweg die Abzweigungen zu den zwei Traversen über den Roßkopfarm erwandern und auch an der Schwalbeninsel vorbeikommen kann.*

Eckartsau: *Beim berühmten Jagdschloß der Habsburger, Zuflucht des letzten Kaisers Karl vor der Verbannung 1918 und Sitz der Bundesforstverwaltung, führen Wege in die Au und zur Donau.*

Orth an der Donau: *Das Schloß beherbergt ein Donau-, Fischerei- und Imkermuseum. Mehrere schöne Wanderwege führen in die Au und eine Straße zum Gasthaus „Uferhaus". Von dort sind es stromabwärts zwei Kilometer zu den Orther Inseln. Auch gibt es eine Überfuhr zum Haslauer Ufer.*

Richtung Wien empfehlen wir als reizvolle Zugänge jene bei Schönau, Mühlleiten und Groß-Enzersdorf an der Unteren Lobau.

ÖKO-HAUS DER NATIONALPARKAKADEMIE

Die Kursstätte des Naturhistorischen Museums als Musterhaus für Bauökologie

Das Nationalpark-Haus bietet „Ökologie zum Anfassen" – es ist ein Lehrbeispiel für Baubiologie und „Earth Care Design". Das beginnt schon bei der Nutzung gewachsener Bausubstanz – „Gebäuderecycling" als wichtigste Umweltentscheidung. Die Verwendung alter Grundmauern gab dem Planungsteam des Nationalpark-Instituts die Möglichkeit, ein typisches pannonisches Haus wieder-

erstehen zu lassen – aber bereichert durch 48 Quadratmeter Sonnenkollektoren für das Duschwasser im Sommer und die Fußboden-Niedertemperaturheizung unter den „römischen Fliesen" im Winter (ergänzt durch Hackschnitzel aus der Au oder Pellets). Die Wärmeisolation mit 14 Zentimeter starken Preßplatten aus Korkabfall über den S-38-Hochlochziegeln wirkt wie eine Thermosflasche. Die Sicherung des Korkabsatzes ist zugleich ein Beitrag zur ökonomischen Erhaltung artenreicher, nachhaltiger Kulturlandschaften Spaniens und Portugals.

Das Nationalparkhaus lebt mit den Jahreszeiten, statt unter großem Energieaufwand gegen sie. Südseitige Arkaden beschatten die Räume vor der heiß und hoch am Himmel stehenden Sommersonne. Die tiefstehende, erwünschte Wintersonne hingegen lassen sie ein. Die Glastüren werden zur Wärmefalle. Im Seminarraum für 40 Personen (ihre Körperwärme entspricht einer Zusatzheizung von drei bis vier Kilowatt) wird im Sommer der Plafond entfernt. Die animalische Wärme kann über Luken am Dachfirst entweichen. Im Winter jedoch wird eine Holzdecke eingezogen – der nun niedrigere Seminarraum ist rasch warm, darüber entsteht Lagerraum für die Boote. Das Haus bereitet das Duschabwasser der Gäste in einer Pflanzenkläranlage auf, um es in den WC-Spülungen nachzunutzen und dadurch den Trinkwasserverbrauch zu halbieren. Kein Tropfen Trinkwasser geht durchs WC. Hinzu kommen zwei neuartige Humustoiletten ohne Wasserspülung. Auch das Regenwasser wird gesammelt und verwertet.

Trotz seines traditionellen Äußeren – bedingt durch Klimagerechtigkeit und Ensembleschutz – ist das ehrgeizige Nationalparkakademie-Gebäude unseres Wissens das fortschrittlichste Ökohaus des Landes. Es ist ein Experiment für nachhaltige Wohn-, Gewerbe- und Tourismusbauten – zugleich rekordverdächtiger „Fünfkämpfer", der die Bereiche Energie, Wasser, Baustoffwahl, Klimaschutz und Regionale Einpassung in einem Konzept vereint.

Die Grundideen stammen von Univ.-Prof. Dr. Bernd Lötsch als Konsequenz jahrzehntelanger Studien, in der Formgebung harmonisch unterstützt vom Graphiker Mag. Dominic Groebner und in der Detailplanung und Bauaufsicht vom Architekten DI. Mag. Helmut Deubner, Atelier für naturnahes Bauen, Gänserndorf, und dessen Baustellenleiter Ing. Ewald Kunst. Erbaut wurde das Öko-Haus – mit mehreren Projektanpassungen an den Stand des Wissens – zwischen 1994 und 1999. Für die rund 18 Millionen Schilling (Grunderwerb, Baukosten, Einrichtung) konnte eine interessante Vielfalt an Sponsoren gewonnen werden, welche die wissenschaftliche Integrität und umweltpolitische Meinungsfreiheit des Instituts unangetastet ließen (in einem – potentiell kritischen Fall – sogar durch Zusätze zum Sponsorenvertrag verbrieft und gegengezeichnet): Karl-Heinz Essl, C&A Moden, Erdgas-Sektor der OMV, Jacobs Stiftung Zürich, CA (Creditanstalt Bankverein), sowie entscheidende Materialspenden von Dachziegel Gleinstätten, Wienerberger, Heraklith (Heraflax und Schaumglas), Leiner-Kika, Dr. G. Harmer, Senator Helbich (Fachverband Keramik Steine Erden) und Miele Wasch- und Spülautomaten.

Anmeldungen *für Exkursionen, Kurse und Seminare zu diversen Schwerpunkten*
beim Stadtbüro der Abteilung Ökologie des Naturhistorischen Museums Wien,
Tel. 01 / 523 73 02-17 od. 18 oder 01 / 523 64 78-17 od. 18;
Fax 01 / 523 49 10,
oder im Nationalparkhaus Petronell, Lange Gasse 65,
Tel.: 02163 / 2811;
Fax: 02163 / 2620.

BESUCHERREGELUNGEN IM MANAGEMENTPLAN 1999
Freizeit und Naherholung im Nationalpark Donau-Auen

Wegegebot

Grundsätzlich hält man sich an die Wege; sie sind frei und unentgeltlich benützbar. Hunde müssen an der Leine geführt werden. Abseits der Wege dürfen zur Erholung und zum Sammeln von Naturmaterialien folgende Nationalparkflächen betreten werden:
- Zehn Meter beiderseits markierter Wanderwege, abgesehen von Gewässern, Wiesen nur in gemähtem Zustand.
- Uferzonen der Donau, die zum Baden und Anlanden freigegeben wurden.
- Alle Wälder nördlich des Hochwasserdammes zwischen Mannsdorf an der Donau und der Trasse der Bundesstraße 49 zur Hainburger Donaubrücke sowie die Herrnau (Groß-Enzersdorf).
- Nationalparkflächen beim Johlerarm östlich der Hainburger Donaubrücke.

Empfohlen und in Karten ausgewiesen werden für Besucher nur markierte Wege, wobei es sich meist um örtliche Rundwanderrouten handelt, verknüpft mit dem Weitwanderweg 07. Einheimische kennen und benützen auch andere Au-Wege.

Auf dem Hochwasserdamm verläuft ein *Radweg* mit Verbindungen zu den Ortschaften. Einheimische kennen und benutzen auch andere Wege zum Radfahren.

Schilanglauf wird auf Wegen – allerdings ohne Loipen und primär für die lokale Bevölkerung – ebenso toleriert wie *Eislaufen* auf den meisten Altarmen.

Bootfahren, Anlanden, Baden

Die Altarme der Donau dürfen nur auf wenigen Abschnitten und ohne Motor befahren werden, z. B. zwei der drei Arme beim Orther Uferhaus einige hundert Meter von der Mündung landeinwärts und in der Stopfenreuther Au (Spittelauer Arm und unterer Roßkopfarm). Im Fluß sind alle Boote erlaubt. Achtung bei Begegnung mit Großschiffen, rechtzeitig die Schiffahrtsrinne räumen! Das Anlanden, Lagern und Baden ist an weiten Uferstrecken und bei vielen Schotterinseln verboten, z. B. nordufrig (linksufrig) zwischen Schönau und Orth, sowie von vis-à-vis von Wildungsmauer (Eckartsauer Auenufer) bis zum unteren Ende der Schwalbeninsel. Diese Verbote sollen Kiesbrütern (Flußregenpfeifer, Flußuferläufer – vielleicht dereinst auch wieder Flußseeschwalben) eine Chance geben sowie Rast- und Futterplätze der Wat- und Wasservögel samt den Stillwasserzonen für den Nachwuchs der Flußfische schonen.

Baden ist an den dafür vorgesehenen Plätzen erlaubt, Anrainern auch an ihren gewohnten Wildbadestellen, die aber nicht ausgewiesen werden. Ähnliches gilt für private Zillenplätze.

Vielleicht kommt es in ferner Zukunft zu einer Ausweitung genemigter Bootsrouten, allerdings mit Beschränkung auf jene Monate, in denen keine Bruten gestört werden (z. B. von August bis Ende Oktober). Auch wäre die Ausweisung einiger weniger Lagerfeuerplätze im Flußbereich für geführte Exkursionen, besonders mit Schulkindern, wünschenswert. Genießen Sie aber Zelt- und Feuerromantik nicht ausgerechnet in den sensiblen Lebensräumen des Nationalparks!

Entnahme von Naturmaterialien

Blumenpflücken und das Sammeln von Pilzen, Beeren, Nüssen, Muschelschalen, Flußkieseln etc. zum persönlichen Gebrauch wird – soferne es im Rahmen der generellen Naturschutzbestimmungen erfolgt – toleriert. Für Anrainer soll Pilzesammeln in der bisher ortsüblichen Weise für die drei- bis vierwöchige Morchelsaison mit unbürokratischen Sondergenehmigungen erlaubt bleiben.

Wichtige Ratschläge

- Bei Hochwasser sind Teile der markierten Wege unbegehbar. Absperrungen und Hinweise beachten – zu Ihrer Sicherheit!
- Reagieren Sie nicht merklich auf Wildtiere – keinesfalls Begleiter rufen oder hinzeigen (ist wie „zielen", löst Flucht aus). Versuchen Sie nicht anzuschleichen.
- Tragen Sie lockere Langarmkleidung. Schützen Sie Nacken und Knöchel. Shorts und T-Shirts erfreuen die Moskitos.
- Gelsen (Stechmücken) sind nach Hochwässern – meist im Juli und August – sowie bei Dämmerung, Bewölkung und Windstille besonders im Wald vermehrt anzutreffen. Suchen Sie offene, sonnige und windige Stellen. Stechmücken reagieren auf geringe Schwankungen der Luftfeuchtigkeit, sie meiden Trockenheit und Wind.

DIE DONAU IN ZAHLEN

Länge:	2888 km (Ursprung Breg; Ursprung Brigach 5 km weniger)
in Österreich:	rund 350 km (Passau – Wolfsthal)
Einzugsgebiet:	
bis zur Hainburger Pforte:	131.000 km²
nach Österreich:	686.000 km²
Gesamt:	817.000 km²
Gefälle in Österreich:	durchschnittlich 45 cm/km (= 0,45 Promille)

Donaukraftwerke (benannt nach dem Ort der Staumauer):

	Arbeitsvermögen	Baujahre
1. Jochenstein	(425 Mio kWh) (österr. Teil)	
2. Aschach	(1648 Mio kWh)	1959-64
3. Ottensheim-Wilhering	(1143 Mio kWh)	1970-74
4. Abwinden-Asten	(1028 Mio kWh)	1976-79
5. Wallsee-Mitterkirchen	(1320 Mio kWh)	1965-68
6. Ybbs-Persenbeug	(1282 Mio kWh)	1954-59
7. Melk	(1180 Mio kWh)	1979-82
8. Altenwörth	(1950 Mio kWh)	1973-76
9. Greifenstein	(1720 Mio kWh)	1981-85
10. Wien-Freudenau	(1037 Mio kWh)	1992-98

Die Donau unterhalb Wiens:

Stromgeschwindigkeit:	1,5–3,5 m/sec (= 5,4–12,6 km/Std.)
Breite:	230–400 m
Pegelschwankung:	7–8 m zwischen Regulierungs-Niederwasser und dem 100-jährigen Hochwasser
Geschiebemenge:	jährlich 300.000–400.000 m³
Wasserführung (grobe Richtwerte):	
Niederwasser:	600 m³/sec
Mittelwasser:	1.915 m³/sec
Hochwasser:	4.800 m³/sec (jährlich zu erwarten)
	bis 9.800 m³/sec (alle 50 Jahre)
	bis 10.400 m³/sec (alle 100 Jahre)
	Höchstes HW: 14.000 m³/sec (1501 n. Chr.)
Regulierung:	
1869–1875	Durchstich in Wien
1882–1900	Regulierung in Niederösterreich
1882–1904	Marchfeld-Schutzdamm:
	Länge: 50,4 km (von der Reichsbrücke in Wien bis Schloßhof)
	Höhe: 7,0 m über dem Mittelwasserspiegel
Gesamtfläche der Auen:	11.500 ha (= 115 km²)
Größe des Nationalparks:	9300 ha (= 93 km²) (weitere Teile der Au sollen angefügt werden)
	60 % Auwaldflächen
	25 % Wasserflächen

WIRBELTIERE DER AUEN

Fische

Einheimisch: 45; Neubürger: 8; derzeit verchwunden: 6

In Hauptstrom und in durchströmten Seitenarmen:

Aalrutte (Quappe), *Lota lota,* Burbot (Freshwater Cod)
Aitel (Döbel), *Leuciscus cephalus,* Chub
Bachschmerle, *Nemachilus barbatulus,* Stone Loach
Barbe, *Barbus barbus,* Barbel
Frauennerfling, *Rutilus pigus virgo,* Danubian Roach
Goldsteinbeißer, *Cobitis aurata,* Golden Loach
Gründling, *Gobio gobio,* Gudgeon
Hasel, *Leuciscus leuciscus,* Dace
Koppe (Groppe), *Cottus gobio,* Bullhead
Nase, *Chondrostoma nasus,* Nase
Nerfling, *Leuciscus idus,* Orfe, Ide
Rapfen (Schied), *Aspius aspius,* Asp
Rußnase, *Vimba vimba,* Vimba (Zanthe)
Schmerle (s. o. Bachschmerle), *Barbatula barbatula,* Stone Loach
Schneider, *Alburnoides bipunctatus,* Spirlin (Schneider)
Schrätzer, *Gymnocephalus schraetser,* Schraetzer (Danube Ruffe)
Steinbeißer, *Cobitis taenia,* Spined Loach
Steingreßling, *Gobio uranoscopus,* Danubian Gudgeon
Sterlet, *Acipenser ruthenus,* Sterlet
Streber, *Zingel streber*
Weißflossengründling, *Gobio albipinnatus,* White Gudgeon
Ziege (Sichling), *Pelecus cultratus,* Sabre Carp
Zingel, *Zingel zingel,* Zingel
Zobel, *Abramis sapa,* White-eyed Bream (Danube Bream)
Zope, *Abramis ballerus,* Blue Bream (Zope)

In Altarmen:

Bitterling, *Rhodeus sericeus amarus,* Bitterling
Güster (Blicke), *Blicca bjoerkna,* Silver Bream
Brachse, *Abramis brama,* Bream
Donaukaulbarsch, *Gymnocephalus baloni,* Balon's Ruffe
Flußbarsch, *Perca fluviatilis,* Perch

Giebel (Silberkarausche), *Carassius auratus gibelio,* Prussian Carp
Hecht, *Esox lucius,* Pike
Hundsfisch, *Umbra krameri,* European Mud Minnow
Karausche, *Carassius carassius,* Crucian Carp
Kaulbarsch, *Gymnocephalus cernuus,* Ruffe, Pope
Laube (Ukelei), *Alburnus alburnus,* Bleak
Marmorgrundel, *Proterorhinus marmoratus,* Tubenose Goby
Moderlieschen, *Leucaspius delineatus,* Moderlieschen
Rotauge, *Rutilus rutilus,* Roach
Rotfeder, *Scardinius erythrophthalmus,* Rudd, Red-eye
Schlammpeitzger, *Misgurnus fossilis,* Weatherfish
Schleie, *Tinca tinca,* Tench
Wels (Waller), *Silurus glanis,* Catfish (Wels)
Wildkarpfen, *Cyprinus carpio,* Carp
Zander (Schill, Fogosch), *Stizostedion lucioperca,* Pike perch

Neubürger (eingebracht):

Aal, *Anguilla anguilla,* Eel
Bachsaibling, *Salvelinus fontinalis,* Brook Trout
Blaubandbärbling, *Pseudorasbora parva,* Stone Moroco
Graskarpfen (Amur), *Ctenopharyngodon idella,* White Amur (Grass Carp)
Regenbogenforelle, *Oncorhynchus mykiss,* Rainbow Trout
Silberkarpfen (Tolstolob), *Hypophthalmichthys molitrix,* Silver Carp
Sonnenbarsch, *Lepomis gibbosus,* Sunfish (Pumpkin-seed)
Stichling, *Gasterosteus aculeatus,* Stickleback

Derzeit verschwunden:

Donauneunauge, *Eudontomyzon danfordi,* Carpathian Lamprey
Glattdick, *Acipenser nudiventris,* Ship (Fringe-barbel Sturgeon)
Hausen, *Huso huso,* Grand Sturgeon (Beluga)
Huchen, *Hucho hucho,* Danube Salmon
Sternhausen, *Acipenser stellatus,* Sturgeon
Waxdick, *Acipenser gueldenstaedti,* Danube Sturgeon

Amphibien

Teichmolch, *Triturus vulgaris,* Smooth Newt
Donau-Kammolch, *Triturus dobrogicus,* Danube Warty Newt
Kammolch, *Triturus cristatus,* Warty Newt
Rotbauchunke, *Bombina bombina,* Fire-bellied Toad
Knoblauchkröte, *Pelobates fuscus,* Common Spadefoot
Erdkröte, *Bufo bufo,* Common Toad
Wechselkröte, *Bufo viridis,* Green Toad
Laubfrosch, *Hyla arborea,* Common Tree Frog
Springfrosch, *Rana dalmatina,* Agile Frog
Moorfrosch, *Rana arvalis,* Moor Frog
Grasfrosch, *Rana temporaria,* Grass Frog, Common Frog
Teichfrosch, *Rana esculenta,* Edible Frog
Kleiner Wasserfrosch, Tümpelfrosch, *Rana lessonae,* Pool Frog
Seefrosch, *Rana ridibunda,* Marsh Frog, Lake Frog

Reptilien

Europäische Sumpfschildkröte, *Emys orbicularis,* European Pond Turtle
Smaragdeidechse, *Lacerta viridis,* Emerald Lizard, Green Lizard
Zauneidechse, *Lacerta agilis,* Sand Lizard
Blindschleiche, *Anguis fragilis,* Slow Worm
Äskulapnatter, *Elaphe longissima,* Aesculapian snake
Ringelnatter, *Natrix natrix,* Grass Snake
Würfelnatter, *Natrix tessellata,* Dice Snake
Schlingnatter, *Coronella austriaca,* Smooth Snake

Vögel

Brutvögel *(106 Arten mit Nachweis seit 1990 laut Birdlife Österreich):*

Zwergtaucher, *Tachybaptus ruficollis,* Little Grebe
Haubentaucher, *Podiceps cristatus,* Great Crested Grebe
Graureiher, *Ardea cinerea,* Grey Heron
Zwergrohrdommel, *Ixobrychus minutus,* Little Bittern
Weißstorch, *Ciconia ciconia,* White Stork
Schwarzstorch, *Ciconia nigra,* Black Stork
Höckerschwan, *Cygnus olor,* Mute Swan
Stockente, *Anas platyrhynchos,* Mallard
Wespenbussard, *Pernis apivorus,* Honey Buzzard
Schwarzmilan, *Milvus migrans,* Black Kite
Rotmilan, *Milvus milvus,* Red Kite
Sperber, *Accipiter nisus,* Sparrowhawk
Habicht, *Accipiter gentilis,* Goshawk
Mäusebussard, *Buteo buteo,* Buzzard
Turmfalke, *Falco tinnunculus,* Kestrel
Baumfalke, *Falco subbuteo,* Hobby
Sakerfalke, *Falco cherrug,* Saker
Rebhuhn, *Perdix perdix,* Grey Partridge
Fasan, *Phasianus colchicus,* Pheasant
Wasserralle, *Rallus aquaticus,* Water Rail
Teichhuhn, *Gallinula chloropus,* Moorhen
Bläßhuhn, *Fulica atra,* Coot
Flußregenpfeifer, *Charadrius dubius,* Little Ringed Plover
Kiebitz, *Vanellus vanellus,* Lapwing
Flußuferläufer, *Actitis hypoleucos,* Common Sandpiper
Straßentaube, *Columba livia,* Rock Dove
Hohltaube, *Columba oenas,* Stock Dove
Ringeltaube, *Columba palumbus,* Woodpigeon
Türkentaube, *Streptopelia decaocto,* Collared Dove
Turteltaube, *Streptopelia turtur,* Turtle Dove
Kuckuck, *Cuculus canorus,* Cuckoo
Waldohreule, *Asio otus,* Long-eared owl
Waldkauz, *Strix aluco,* Tawny Owl
Ziegenmelker, *Caprimulgus europaeus,* Nightjar
Mauersegler, *Apus apus,* Swift
Eisvogel, *Alcedo atthis,* Kingfisher
Bienenfresser, *Merops apiaster,* Bee-Eater
Wiedehopf, *Upupa epops,* Hoopoe
Wendehals, *Jynx torquilla,* Wryneck
Grauspecht, *Picus canus,* Grey-headed Woodpecker
Grünspecht, *Picus viridis,* Green Woodpecker
Schwarzspecht, *Dryocopus martius,* Black Woodpecker
Buntspecht, *Picoides major,* Great Spotted Woodpecker
Blutspecht, *Picoides syricus,* Syrian Woodpecker
Mittelspecht, *Picoides medius,* Middle Spotted Woodpecker
Kleinspecht, *Picoides minor,* Lesser Spotted Woodpecker
Feldlerche, *Alauda arvensis,* Skylark
Uferschwalbe, *Riparia riparia,* Sand Martin
Rauchschwalbe, *Hirundo rustica,* Swallow
Mehlschwalbe, *Delichon urbica,* House Martin
Baumpieper, *Anthus trivialis,* Tree Pipit
Bachstelze, *Motacilla alba,* White Wagtail
Zaunkönig, *Troglodytes troglodytes,* Wren
Heckenbraunelle, *Brunella modularis,* Dunnock
Rotkehlchen, *Erithacus rubecula,* Robin
Nachtigall, *Luscinia megarhynchos,* Nightingale
Hausrotschwanz, *Phoenicurus ochruros,* Black Redstart
Gartenrotschwanz, *Phoenicurus phoenicurus,* Redstart
Schwarzkehlchen, *Saxicola torquata,* Stonechat
Amsel, *Turdus merula,* Blackbird
Singdrossel, *Turdus philomelos,* Song Thrush
Misteldrossel, *Turdus viscivorus,* Mistle Thrush
Feldschwirl, *Locustella naevia,* Grashopper Warbler
Schlagschwirl, *Locustella fluviatilis,* River Warbler
Rohrschwirl, *Locustella luscinioides,* Savi's Warbler
Schilfrohrsänger, *Acrocephalus schoenobaenus,* Sedge Warbler
Sumpfrohrsänger, *Acrocephalus palustris,* Marsh Warbler
Teichrohrsänger, *Acrocephalus scirpaceus,* Reed Warbler
Drosselrohrsänger, *Acrocephalus arundinaceus,* Great Reed Warbler
Gelbspötter, *Hippolais icterina,* Icterine Warbler
Sperbergrasmücke, *Sylvia nisoria,* Barred Warbler
Klappergrasmücke, *Sylvia curruca,* Lesser Whitethroat
Dorngrasmücke, *Sylvia communis,* Whitethroat
Gartengrasmücke, *Sylvia borin,* Garden Warbler
Mönchsgrasmücke, *Sylvia atricapilla,* Blackcap
Waldlaubsänger, *Phylloscopus sibilatrix,* Wood Warbler
Zilpzalp, *Phylloscopus collybita,* Chiffchaff
Fitis, *Phylloscopus trochilus,* Willow Warbler
Grauschnäpper, *Muscicapa striata,* Spotted Flycatcher
Halsbandschnäpper, *Ficedula albicollis,* Collared Flycatcher
Schwanzmeise, *Aegithalos caudatus,* Long-tailed Tit
Sumpfmeise, *Parus palustris,* Marsh Tit
Weidenmeise, *Parus montanus,* Willow Tit
Blaumeise, *Parus caeruleus,* Blue Tit
Kohlmeise, *Parus major,* Great Tit
Kleiber, *Sitta europaea,* Nuthatch
Waldbaumläufer, *Certhia familiaris,* Treecreeper
Gartenbaumläufer, *Certhia brachydactyla,* Short-toed Treecreeper
Beutelmeise, *Remiz pendulinus,* Penduline Tit
Pirol, *Oriolus oriolus,* Golden Oriole
Neuntöter, *Lanius collurio,* Red-backed Shrike
Eichelhäher, *Garrulus glandarius,* Jay
Elster, *Pica pica,* Magpie
Dohle, *Corvus monedula,* Jackdaw
Aaskrähe, *Corvus corone,* Carrion Crow
Star, *Sturnus vulgaris,* Starling
Haussperling, *Passer domesticus,* House Sparrow
Feldsperling, *Passer montanus,* Tree Sparrow
Buchfink, *Fringilla coelebs,* Chaffinch
Girlitz, *Serinus serinus,* Serin
Grünling, *Carduelis chloris,* Greenfinch
Stieglitz, *Carduelis carduelis,* Goldfinch
Hänfling, *Acanthis cannabina,* Linnet
Kernbeißer, *Coccothraustes coccothraustes,* Hawfinch
Goldammer, *Emberiza citrinella,* Yellowhammer
Rohrammer, *Emberiza schoeniclus,* Reed Bunting
Grauammer, *Miliaria calandra,* Corn Bunting

Ehemalige Brutvögel *(keine beständige Brut seit 1980, aber zum Teil Durchzügler oder Wintergäste):*

Rothalstaucher, *Podiceps griseigena,* Red-necked Grebe, u = unregelmäßig
Kormoran, *Phalacrocorax carbo,* Cormorant, h = häufig
Purpurreiher, *Ardea purpurea,* Purple Heron, ss = sehr selten
Nachtreiher, *Nycticorax nycticorax,* Night Heron, ss
Rohrdommel, *Botaurus stellaris,* Bittern, ss
Schnatterente, *Anas strepera,* Gadwall, mh = mäßig häufig
Krickente, *Anas crecca,* Teal, mh
Spießente, *Anas acuta,* Pintail, s = selten
Knäkente, *Anas querquedula,* Garganey, mh
Löffelente, *Anas clypeata,* Shoveler, s
Moorente, *Aythya hyroca,* –
Fischadler, *Pandion haliaëtus,* Osprey, s
Seeadler, *Haliaeetus albicilla,* White-tailed Eagle, s
Kornweihe, *Circus cyaneus,* Northern Harrier, mh
Wiesenweihe, *Circus pygargus,* Harrier, s
Schreiadler, *Aquila pomarina,* Lesser Spotted Eagle, –
Kaiseradler, *Aquila heliaca,* Imperial Eagle, –
Zwergadler, *Hieraaetus pennatus,* –
Wachtel, *Coturnix coturnix,* Quail, ss
Tümpelsumpfhuhn, *Porzana porzana,* Rail, u
Wachtelkönig, *Crex crex,* Corn Crake, u
Rotschenkel, *Tringa totanus,* Redshank, u
Triel, *Burhinus oedicnemus,* –
Lachmöwe, *Larus ridibundus,* Common Black-headed Gull, h
Zwergseeschwalbe, *Sterna albifrons,* Little Tern, –
Flußseeschwalbe, *Sterna hirundo,* Common Tern, s
Lachseeschwalbe, *Sterna nilotica,* Grull-billed Tern, –
Weißflügelseeschwalbe, *Chlidonias leucopterus,* White-winged Black Tern, u
Trauerseeschwalbe, *Chlidonias niger,* Black Tern, s
Blauracke, *Coracias garrulus,* Blue Rake, –
Schafstelze, *Motacilla flava,* Blue-headed Wagtail, mh
Sprosser, *Luscinia luscinia,* Thrush Nightingale, –
Schwarzstirnwürger, *Lanius minor,* Shrike, –
Rotkopfwürger, *Lanius senator,* Shrike, –
Saatkrähe, *Corvus frugilegus,* Rook, h
Kolkrabe, *Corvus corax,* Raven, ss

Sonstige Durchzügler bzw. Wintergäste *(laut Birdlife Österreich, aktuelle Liste 1998):*

Prachttaucher, *Gavia arctica,* Black-throated Diver, ss
Sterntaucher, *Gavia stellata,* Red-throated Diver, ss
Schwarzhalstaucher, *Podiceps nigricollis,* Black-necked Grebe, u
Silberreiher, *Casmerodius albus,* White Egret, mh
Saatgans, *Anser fabalis,* Bean Goose, mh
Bläßgans, *Anser albifrons,* Greater White-fronted Goose, mh
Graugans, *Anser anser,* Greylag Goose, mh
Pfeifente, *Anas penelope,* Wigeon, mh
Tafelente, *Aythya ferina,* Common Pochard, mh
Reiherente, *Aythya fuligula,* Tufted Duck, mh
Schellente, *Bucephala clangula,* Goldeneye, h
Zwergsäger, *Mergus albellus,* Smew, mh
Gänsesäger, *Mergus merganser,* Goosander, mh
Rohrweihe, *Circus aeruginosus,* Marsh Harrier, h
Grünschenkel, *Tringa nebularia,* Common Greenshank, mh
Waldwasserläufer, *Tringa ochropus,* Green Sandpiper, mh
Sturmmöwe, *Larus canus,* Mew Gull, h
Weißkopfmöwe, *Larus cachinnans,* h
Wiesenpieper, *Anthus pratensis,* h
Bergpieper, *Anthus spinoletta,* mh
Braunkehlchen, *Saxicola rubetra,* Whinchat, mh
Wacholderdrossel, *Turdus pilaris,* Fieldfare, mh
Rotdrossel, *Turdus iliacus,* Thrush, mh
Wintergoldhähnchen, *Regulus regulus,* Kinglet, mh
Sommergoldhähnchen, *Regulus ignicapillus,* Firecrest, mh
Trauerschnäpper, *Ficedula hypoleuca,* Flycatcher, h
Bergfink, *Fringilla montifringilla,* mh
Zeisig, *Carduelis spinus,* mh
Gimpel, *Pyrrhula pyrrhula,* Bullfinch, h

Säugetiere

Igel, *Erinaceus concolor,* Hedgehog
Maulwurf, *Talpa europaea,* Mole
Waldspitzmaus, *Sorex araneus,* Common Shrew
Zwergspitzmaus, *Sorex minutus,* Pygmy Shrew
Wasserspitzmaus, *Neomys fodiens,* Water Shrew
Gartenspitzmaus, *Crocidura suaveolens,* Lesser white-toothed Shrew
Feldspitzmaus, *Crocidura leucodon,* Bicoloured white-toothed Shrew
Abendsegler, *Nyctalus noctula,* Noctule
Fransenfledermaus, *Myotis nattereri,* Natterer's Bat
Kleiner Abendsegler, *Nyctalus leisleri,* Leisler's Bat
Mopsfledermaus, *Barbastella barbastellus,* Barbastelle
Kleine Bartfledermaus, *Myotis mystacinus,* Whiskered Bat
Zwergfledermaus, *Pipistrellus pipistrellus,* Common Pipistrelle
Breitflügelfledermaus, *Eptesicus serotinus,* Serotine
Graues Langohr, *Plecotus austriacus,* Grey long-eared Bat
Braunes Langohr, *Plecotus auritus,* Brown long-eared Bat
Feldmaus, *Microtus arvalis,* Common Vole
Erdmaus, *Microtus agrestis,* Field Vole
Kurzohrmaus, *Microtus subterraneus,* Pine Vole
Schermaus, *Arvicola terrestris,* Water Vole
Rötelmaus, *Clethrionomys glareolus,* Bank Vole
Feldhamster, *Cricetus cricetus,* Common Hamster
Zwergmaus, *Micromys minutus,* Harvest Mouse
Waldmaus, *Apodemus sylvaticus,* Wood Mouse
Gelbhalsmaus, *Apodemus flavicollis,* Yellow-necked Mouse
Zwergwaldmaus, *Apodemus uralensis,* Pygmy Field Mouse
Hausmaus, *Mus musculus,* House Mouse
Ährenmaus, *Mus spicilegus,* Steppe Mouse
Wanderratte, *Rattus norvegicus,* Common Rat
Siebenschläfer, *Glis glis,* Fat dormouse
Eichhörnchen, *Sciurus vulgaris,* Red Squirrel
Biber, *Castor fiber,* Beaver

Feldhase, *Lepus europaeus*, Brown Hare
Wildkaninchen, *Oryctolagus cuniculus*, Rabbit
Rotfuchs, *Vulpes vulpes*, Fox
Hermelin, *Mustelus erminea*, Stoat
Mauswiesel, *Mustela nivalis*, Weasel
Iltis, *Mustela putorius*, Polecat
Steppeniltis, *Mustela eversmanni*, Steppe Polecat
Baummarder, *Martes martes*, Pine Marten
Steinmarder, *Martes foina*, Beech Marten
Fischotter, *Lutra lutra*, Otter

Dachs, *Meles meles*, Badger
Wildschwein, *Sus scrofa*, Wild Boar
Rothirsch, *Cervus elaphus*, Red Deer, Stag
Reh, *Capreolus capreolus*, Roe Deer

Neubürger in den Donau-Auen:
Bisamratte, *Ondatra zibethicus*, Muskrat
Marderhund, *Nyctereutes procyonides*, Racoon Dog
Mufflon, *Ovis aries*, Mouflon

AKTUELLE NATIONALPARKDEFINITION IUCN (WCU)
aus den authentischen Quellen, Stand 1998

IUCN (WCU) Kategorie II Nationalpark –
wird hauptsächlich zum Schutz von Ökosystemen und zu Erholungszwecken eingerichtet

Definition
Ein Nationalpark ist ein relativ großes natürliches Gebiet (wo nötig unter Einschluß von Küsten oder Meereselementen), bestimmt, um
a) die ökologische Unversehrtheit (ecological integrity) eines oder mehrerer Ökosysteme für diese und künftige Generationen zu schützen,
b) jede Ausbeutung (exploitation) oder intensive Inanspruchnahme (occupation) auszuschließen, die den Zielen der Ausweisung abträglich sind, und um
c) eine Basis für geistig-seelische (spiritual) Erfahrungen sowie wissenschaftliche Bildungs- und Erholungsangebote für Besucher zu schaffen. Sie alle müssen umwelt- und kulturverträglich sein.

Auswahlkriterien
Ein Nationalpark muß ein charakteristisches Beispiel (representative sample) für größere Naturregionen, Naturerscheinungen oder Landschaften (features of scenery) von herausragender Schönheit enthalten, in denen Pflanzen und Tierarten, Lebensräume und geomorphologische Situationen von besonderer Bedeutung für geistig-seelisches Erleben sowie für Wissenschaft, Erziehung, Erholung und Tourismus sind.
Das Gebiet muß groß genug sein, um ein oder mehrere vollständige Ökosysteme (entire ecosystems) zu umfassen, die weder durch menschliche Inanspruchnahme noch durch Ausbeutung wesentlich verändert wurden (not materially altered).

Managementziele
Schutz natürlicher und landschaftlich reizvoller Gebiete von nationaler und internationaler Bedeutung für geistig-seelische, wissenschaftliche, erzieherische und touristische oder Erholungszwecke.
Dauerhafter Erhalt charakteristischer Beispiele physiographischer Regionen, Lebensgemeinschaften, genetischer Ressourcen und von Arten in einem möglichst natürlichen Zustand, um ökologische Stabilität und Vielfalt zu gewährleisten.
Besucherlenkung für geistig-seelische, erzieherische, kulturelle und Erholungszwecke in der Form, daß das Gebiet in einem natürlichen oder naturnahen Zustand erhalten bleibt.
Beendigung und danach Unterbindung von Nutzungen oder Inanspruchnahme, die dem Ziel der Ausweisung entgegenstehen.
Respektierung der ökologischen, geomorphologischen, religiösen oder ästhetischen Elemente, welche Hauptgründe für die Ausweisung waren.
Berücksichtigung sozialer Überlegungen und Bedürfnisse der einheimischen Bevölkerung einschließlich Deckung ihres Lebensbedarfes (z. B. Entnahme von Tieren zur Selbstversorgung), soweit dies den anderen Managementzielen nicht entgegenwirkt.
Diese Ziele haben für mindestens zwei Drittel (in Paralleltexten 70%) des Gesamtgebietes zu gelten.

Zuständigkeit
Die oberste zuständige Behörde eines Staates sollte im Normalfall Eigentümer und Rechtsverantwortlicher des Nationalparks sein. Die Verantwortung kann aber auch einer anderen Regierungsstelle, einem Einwohnergremium, einer Stiftung oder einer rechtlich anerkannten Organisation übertragen werden, die das Gebiet einem dauerhaften Schutz gewidmet hat.

Als weltberühmte Beispiele führt die IUCN an: Abisco (Schweden), Canaima (Venezuela), Chobe (Botswana), Jasper (Canada), Kakadu (Australia), Sagarmatha (Nepal), Serengeti (Tanzania), Yellowstone (USA).

Quellen

BAYERISCHER OBERSTER RECHNUNGS-HOF: Bericht zum Ausbau der Donau zwischen Straubing und Vilshofen sowie zur Zukunft der Rhein-Main-Donau AG, München (Präsident Dr. Walter SPAETH), Pressemitteilung 15. 06. 1993.

BERNHART Hans Helmut: Sohleneintiefungen unterhalb von Staustufen und mögliche Schutzmaßnahmen, in: Perspektiven (Compress Verlag Wien), Heft 9/10 (1988), S. 37–40.

BUNDESGESETZBLATT Jg. 1997, 17: Vereinbarung gemäß Artikel 15a BVG zwischen dem Bund und den Ländern Niederösterreich und Wien zur Errichtung und Erhaltung eines Nationalparks Donau-Auen samt Anlagen (NR: GP XX RV 411 AB 4385.48. BR: AB 53375 S. 619), ausgegeben am 28. Jänner 1997, Teil I.

DONAUKOMMISSION, Internationale: Empfehlungen bezüglich der Aufstellung von Regelmaßen für die Schiffahrtsrinne sowie den wasserbaulichen und sonstigen Ausbau der Donau, Budapest 1988.

ERLINGER G.: Der Einfluß kurz- und langfristiger Störungen auf Wasservogelbrutbestände, in: ÖKO-L 3 (1981), S. 36–39.

GAYL Reinhold: Ökologie am Beispiel einer Flußlandschaft. Overheadfolienmappe mit Fachartikeln und didaktischen Beiblättern. Grafik Dominic Groebner, Hrsg. Nationalpark-Institut Donau-Auen, Österreichischer Bundesverlag Wien 1991.

HARY N., NACHTNEBEL H. P. (Hrsg.): Ökosystemstudie Donaustau Altenwörth. Veränderungen durch das Donau-Kraftwerk Altenwörth (Veröffentlichungen des Österreichischen MaB-Programms 14), Universitätsverlag Wagner Innsbruck 1989, 445 Seiten.

HIESS H., KORAB R.: Güterverkehr auf der Donau, WWF-Eigenverlag 1992, 151 Seiten.

LÖTSCH Bernd: Nationalpark Donau March Thaya Auen. Die Empfehlungen der Ökologiekommission (Arbeitskreis Nationalpark 9. 4. – 5. 11. 1985), Hrsg. Nationalparkplanung Donau Auen (Redaktion Mag. Carl Manzano) i. A. des BM f. Umwelt, Gesundheit u. Familie 1986, 63 Seiten.

LÖTSCH Bernd: Fracht statt Pracht. Europakanal und Nationalpark, in: Kommunal aktuell Nr. 3 (1992), 8. Jahrgang, S. 10–14.

LÖTSCH Bernd: Vom Auenschutz zur Naturwasserstraße. In: Der Donauausbau zwischen Straubing und Vilshofen. Ökologische und ökonomische Folgen. Tagungsband der AG Donau a. d. Univ. Regensburg 1993, Hrsg. „Rettet die Donau", S. 52–66. *LBV-Geschäftsstelle Regensburg: Reinhausen 19, 93059 Regensburg.*

LÖTSCH Bernd: Wünsche an den Nationalpark, in: Perspektiven (Compress Verlag Wien), Heft 6/7 (1995), S. 48–49.

MaB-Programm (1989) siehe HARY, N.

NATIONALPARK DONAU-AUEN GmbH: NÖ Managementplan. *Nationalpark Donau-Auen: Verwaltung, Fadenbachstr. 17, A-2304 Orth a. d. D., Tel. 02212 / 3450, e-mail: nationalpark@donauauen.at.*

ÖKOLOGIEKOMMISSION der Bundesregierung für den Östlichen Donauraum: Protokoll des Plenums vom 3. Feb. 1994 zu den Themen: 1) Ausbauziele für die Europaschiffahrt, 2) Auen-Nationalpark und Trinkwasser, 3) Sohlstabilisierung, 4) Rechnungshofkritiken Bayern und Österreich, BMUJF oder Nationalpark-Institut Donau-Auen (c/o Abt. Ökologie d. Naturhistorischen Museums Wien, Messeplatz 1).

OGRIS Harald: Modellversuche zur Stabilisierung der Donausohle, in: Perspektiven (Compress Verlag Wien), Heft 12 (1988).

OGRIS Harald: persönliche Mitteilungen und Versuchsdemonstrationen, 1999.

PERSPEKTIVEN (Compress Verlag Wien): Sondernummer Nationalpark Donau Auen, Heft 6/7 (1995). Mit Beiträgen von G. Haubenberger, Hermann Schacht, Konrad Wildenauer, Reinhold Christian, Michael Häupl, Robert Brunner, Hans Peter Graner, Werner Schiel, Fritz Schiemer, Bernd Lötsch, Monika Närr.

REICHOLF J.: Der Angelsport als Naturschutzproblem. In: Fischerei und Naturschutz. Tagungsbericht 4. Akad. Naturschutz und Landschaftspflege 1981, S. 7–15, zitiert nach: R. Schön.

SCHÖN R.: Auswertung ornithologischer Untersuchungen für die Avifauna im geplanten Nationalpark Donau-Auen. Auftragsstudie der Nationalpark Planung Donau Auen, gef. d. BMUJF (G.Z. 01 3131/3-I/1/88) 1989, 21 Seiten.

SPITZENBERGER F.: Artenschutz in Österreich. Grüne Reihe, Bundesministerium für Umwelt, Jugend u. Familie, Band 8, Wien 1988, 335 Seiten.

TOCKNER K., SCHIEMER F., WARD J. V.: Conservation by restoration: the management concept for a river floodplain system on the Danube River in Austria Aquatic Conserv: Mar. Freshw. Ecoyst. 8 (1998), S. 71–86.

WIRTH Eugen: Ökonomische Fragen des Donauausbaues. In: Der Donauausbau zwischen Straubing und Vilshofen. Ökologische und ökonomische Folgen. Tagungsband der AG Donau a. d. Universität Regensburg 1993, S. 67–77. *Prof. Dr. Eugen Wirth, Inst. f. Geographie d. Univ. Erlangen-Nürnberg, Reinhausen 19, 93059 Regensburg.*

WWF, WSD, NP DONAU-AUEN: Donau – Die Rückkehr. Gewässervernetzung im Nationalpark Donau-Auen, WWF Österreich Verlag 1997 *(Ottakringer Straße 114–116, 1160 Wien)*, 19 Seiten.

ZOTTL Hermann: Staustufe Freudenau. Sohlstabilität im Raum Wien bis Bad Deutsch Altenburg, in: Perspektiven (Compress Verlag Wien), Heft 9/10 (1988), S. 46–51.

Literatur
zum Hauptteil von Werner Gamerith

AUBRECHT Gerhard, BÖCK Fritz: Österreichische Gewässer als Winterrastplätze für Wasservögel. Grüne Reihe des BM für Umwelt 1985.

BERG Hans-Martin, RANNER Andreas: Vögel. Rote Listen ausgewählter Tiergruppen Niederösterreichs. NÖ. Landesregierung, Abt. Naturschutz 1997.

BERG Hans-Martin, ZUNA-KRATKY Thomas: Heuschrecken und Fangschrecken. Rote Listen ausgewählter Tiergruppen Niederösterreichs. NÖ. Landesregierung, Abt. Naturschutz 1997.

CABELA Antonia, GRILLITSCH Heinz, TIEDEMANN Franz: Lurche und Kriechtiere. Rote Listen ausgewählter Tiergruppen Niederösterreichs. NÖ. Landesregierung, Abt. Naturschutz 1997.

CHRISTIAN Reinhold, BRUNNER Robert (Betriebsgesellschaft Marchfeldkanal): Nationalparkplanung Donauauen, Endbericht. Blaue Reihe des BM für Umwelt 1994.

FREYTAG & BERNDT WANDERKARTE 013 LOBAU – HAINBURG Nationalpark Donauauen, Stockerauer Au – Marchegg. Wander- und Radtourenkarte, 1 : 50.000 mit Begleitheft.

GAMERITH Werner, BOGNER Dieter, POLLEROSS Friedrich: Zwischen Bedrohung und Bewahrung. Das Kamptal – Eine ökologische Parabel. Verlag C. Brandstätter 1987.

GAMERITH Werner: Lechtal. Eine Landschaft erzählt ihre Geschichte. Tyrolia-Verlag 1997.

GAYL Reinhold, ERKYN Ingrid: Auenblicke. Neugebauer Press 1984.

GAYL Reinhold, GROEBNER Dominic: Ökologie am Beispiel einer Flußlandschaft (Folienmappe mit fachlichen Einführungen). Österreichischer Bundesverlag 1991.

GEPP Johann und Mitarbeiter: Rote Listen gefährdeter Tiere Österreichs. Grüne Reihe des BM für Umwelt, 5. Auflage 1994.

GRANER Hans Peter: Nationalpark Donau-March-Thaya-Auen. Die letzte Aulandschaft Mitteleuropas. Verlag C. Brandstätter 1991.

HOLZNER Wolfgang und Mitarbeiter: Österreichischer Trockenrasenkatalog. Grüne Reihe des BM für Umwelt 1986.

HÖDL Walter, EDER Erich: Urzeitkrebse Österreichs. OÖ. Landesmuseum, Stapfia 42, 1996.

KAINEDER Helga: Naturschutzgebiet Hundsheimer Berg. NÖ. Landesregierung, Abt. Naturschutz 1990.

LANGTHALER Gerhart, WENDELBERGER Elfrune, FORISCH Elke, ANTONICEK Franz: Donauauen. Verlag Kremayr und Scheriau 1985.

MIKSCHI Ernst, WOLFRAM-WAIS Anita: Fische und Neunaugen. Rote Listen ausgewählter Tiergruppen Niederösterreichs. NÖ. Landesregierung, Abt. Naturschutz 1999.

NIKLFELD Harald und Mitarbeiter: Rote Liste gefährdeter Pflanzen Österreichs. Grüne Reihe des BM für Umwelt, 2. Aufl. 1999.

RAAB Rainer, CHWALA Eva: Libellen. Rote Listen ausgewählter Tiergruppen Niederösterreichs. NÖ. Landesregierung, Abt. Naturschutz 1997.

SCHIEMER Fritz, JUNGWIRTH Mathias, IMHOF Gerhard: Fische der Donau – Gefährdung und Schutz. Ökologische Bewertung der Umgestaltung der Donau. Gründe Reihe des BM für Umwelt, 1994.

SCHIEMER Fritz, WAIDBACHER H.: Zur Ökologie großer Fließgewässer am Beispiel der Fischfauna der österreichischen Donau. OÖ. Landesmuseum, Katalog Donaufische, Stapfia 52, 1998.

SPINDLER Thomas: Fischfauna in Österreich. Ökologie – Gefährdung – Bioindikation – Gesetzgebung. Umweltbundesamt, Monographien Bd. 53, 1995.

SPITZENBERGER Friederike und Mitarbeiter: Artenschutz in Österreich. Grüne Reihe des BM für Umwelt 1988.

WENDELBERGER Elfrune: Grüne Wildnis am großen Strom. Die Donauauen. NÖ. Pressehaus 1976, 3. Aufl. 1998.

WIESBAUER Heinz, MAZZUCCO Karl: Dünen in Niederösterreich. NÖ. Landesregierung, Abt. Naturschutz/Landschaftsfonds 1997.

Elisabeth Beyerl
KOMM MIT IN DIE AU
TIERE ERLEBEN
Band 1: Winter-Frühling
ISBN 3-7022-2238-3

Band 2: Sommer-Herbst
ISBN 3-7022-2239-1

Vergnügliche Streifzüge durch die Au – mit zahlreichen Fotos, Zeichnungen und Cartoons, pro Band 96 Seiten.

TYROLIA-VERLAG

Register*

Pflanzen

Ackerdistel, *Cirsium arvense*. 116
Akazie, Falsche, siehe Robinie
Aschweide, *Salix cinerea* 210
Barbarakraut, Gemeines, *Barbarea vulgaris* 47
Bärlauch, *Allium ursinum*. 23, **101**
Bittersüßer Nachtschatten, *Solanum dulcamara* 123
Blasenkirsche, *Physalis alkekengi* 123
Blaustern, *Scilla bifolia*. 100, **101**
Blutroter Storchschnabel, *Geranium sanguineum*. 170
Blutweiderich, *Lythrum salicaria* . . . . Umschlag
Bocksbart, *Tragopogon pratensis*. 138
Brandknabenkraut, *Orchis ustulata* 141
Brennessel, *Urtica dioica* 52, 106, 114
Bruchweide, *Salix fragilis* **196**, 199
Buche, *Fagus sylvatica* **22**, 23
Christophskraut, *Actaea spicata* 23
Diptam, *Dictamnus albus* **170**, 171
Dost, *Origanum vulgare*. 116
Drüsenspringkraut, *Impatiens glandulifera* **117**, 118
Dünenveilchen, *Viola tricolor „subsp. curtisii"*. 185
Echter Haarstrang, *Peucedanum officinale*. 189
Echter Hartriegel, *Cornus mas*. 165
Efeu, *Hedera helix* 92, **93**, 94
Eiche, siehe Stieleiche
Eingriffeliger Weißdorn, *Crataegus monogyna* **129**, **165**, 184
Erle, siehe Grauerle
Erzengelwurz, *Angelica archangelica* 47
Esche, *Fraxinus excelsior*. 23, 52, 94, 102, **107**
Federgras, siehe auch Zierliches und
    Grauscheiden-Federgras **162**, **168**, 170
Feinstrahl, *Erigeron annuus*. 116
Flatterulme, *Ulmus laevis* 52, **100**, 102, 107, 201
Flaumeiche, *Quercus pubescens*. **170**, 171
Flechtbinse, siehe Teichbinse
Frühlingsadonisröschen, *Adonis vernalis* **172**, 173
Frühquendel, siehe Kriechquendel
Furchenschwingel, *Festuca rupicola* 131
Ganzblattwaldrebe, *Clematis integrifolia* 198, **199**
Geißfuß, siehe Giersch
Gelbes Windröschen, *Anemone ranunculoides* **100**
Gelbstern, *Gagea lutea*. 100
Giersch, *Aegopodium podagraria* 102
Glanzgras, *Phalaris arundinacea* **28/29**, 47, 52
Golddistel, *Carlina vulgaris* 130
Goldschopfaster, *Aster linosyris* 169
Götterbaum, *Ailanthus altissima* 117, **118**
Graue Aster, *Aster canus*. **189**
Grauerle, *Alnus incana* 52
Graues Sonnenröschen, *Helianthemum canum* **171**

Grauscheiden-Federgras, *Stipa Joannis* 168
Großes Springkraut, *Impatiens noli-tangere* 118
Gundelrebe, *Glechoma hederacea* **108**
Hainburger Federnelke, *Dianthus lumnitzeri* **168**
Hartriegel, siehe Echter und Roter Hartriegel
Heckenrose, *Rosa canina* **175**
Heidefackel-Königskerze, *Verbascum lychnitis* 130
Helmknabenkraut, *Orchis militaris* 131, **137**
Helmkraut, *Scutellaria galericulata* 47
Herbstzeitlose, *Colchicum autumnale* **146**, 147
Holunder, *Sambucus nigra* 107
Hopfen, *Humulus lupulus*. 89, **90**, 91, **117**
Hungerblümchen, *Erophila verna* 131
Hybridpappel, *Populus x canadensis*. 120
Jungfernrebe, *Parthenocissus inserta* 91
Kanadapappel, siehe Hybridpappel
Kanadisches Berufkraut, *Conyza canadensis* 116
Kantenlauch, *Allium angulosum*. **147**
Klappertopf, *Rhinanthus minor* und *R. serotinus* 144
Klebriges Labkraut, siehe Klettlabkraut
Kleines Knabenkraut, *Orchis morio* **128**, 130, **131**
Klettlabkraut, *Galium aparine*. **106**
Knoblauchsrauke, *Alliaria petiolata*. 109
Knollenmädesüß, *Filipendula vulgaris*. **138**
Knöterich, *Polygonum lapathifolium* 47
Krausdistel, *Carduus crispus* 116
Krauser Ampfer, *Rumex crispus*. 47
Krebsschere, *Stratiotes aloides* **60**, 61
Kriechquendel, *Thymus praecox* **136**, **171**
Kuckucksnelke, *Lychnis flos cuculi* 143
Kuhschelle, *Pulsatilla grandis* 181
Labkraut, *Galium sp.* 118
Laichkraut, *Potamogeton sp.*. 62
Lerchensporn, *Corydalis cava* 102
Liguster, *Ligustrum vulgare* 129, **165**, 184
Lungenkraut, *Pulmonaria officinalis* 108
Mannstreu, *Eryngium campestre*. **131**
Margerite, *Leucanthemum vulgare* **138**, 140
Märzveilchen, *Viola odorata*. 108
Mauerpfeffer, *Sedum sp.* 130
Milchstern, *Ornithogalum kochii* **131**
Nachtkerze, *Oenothera biennis* 116
Natternkopf, *Echium vulgare* **118**
Osterluzei, *Aristolochia clematitis*. **142**
Österreichische Schwarzwurzel, *Scorzonera austriaca* **171**, 173
Österreichischer Drachenkopf, *Dracocephalum austriacum* 171, **174**
Österreichischer Quendel, *Thymus odoratissimus* **187**
Pfaffenhütchen, Pfaffenkäppchen, *Evonymus europaeus* 94, 107
Pfeilkraut, *Sagittaria sagittifolia* 59

Pilze, *Fungi* 95, 103
Purpurkönigskerze, *Verbascum phoeniceum* **181**
Purpurlila Schwarzwurzel, *Scorzonera purpurea* 174
Purpurweide, *Salix purpurea*. **46**, 47
Quirlesche, *Fraxinus angustifolia*. 198, **199**
Ragwurz, *Ophrys sp.* 141
Riedgräser, *Cyperaceae* 143
Riesengoldrute, *Solidago gigantea*. 116
Rispenflockenblume, *Centaurea stoebe* 131, 185
Rispengipskraut, *Gypsophila paniculata* 185
Robinie, *Robinia pseudacacia*. 117, 181, 184
Rose, *Rosa sp*. 164
Roter Hartriegel, *Cornus sanguinea* 94, 107, **165**
Rotföhre, *Pinus sylvestris* 184
Rührmichnichtan, siehe Großes Springkraut
Ruthenische Kugeldistel, *Echinops ruthenicus* 169
Salbei, *Salvia pratensis* **138**, 140
Sanddorn, *Hippophae rhamnoides* **129**
Sandstrohblume, *Helichrysum arenarium* 185
Sauergräser, *Cyperaceae*. 143
Scharbockskraut, *Ranunculus ficaria* 101
Schilf, *Phragmites australis* 52
Schlehe, Schlehdorn, *Prunus spinosa* **126/127**, **165**, 171
Schleierkraut, siehe Rispengipskraut
Schlüsselblume, *Primula veris*. 102
Schmetterlingstramete, *Trametes versicolor* **102**, 103
Schneeball, *Viburnum opulus*. **94**, 107, 123
Schneeglöckchen, *Galanthus nivalis* **100**
Schotendotter, Pannonischer, *Erysimum odoratum* 170
Schuppenwurz, *Lathraea squamaria* 102
Schwanenblume, *Butomus umbellatus* 61
Schwarzkiefer, *Pinus nigra* 184
Schwarznessel, *Ballota nigra*. 117
Schwarzpappel, *Populus nigra* 52, **93**, 96, 129, **132**, 201
Schwefelporling, *Laetiporus sulphureus*. **103**
Schwertblättriger Alant, *Inula ensifolia* 169
Seerose, *Nymphaea alba* **50**, 58, 59
Sibirische Schwertlilie, *Iris sibirica* **143**
Silberpappel, *Populus alba* 52, **96**, 107, **201**
Silberscharte, *Jurinea mollis*. **172**
Silberweide, *Salix alba*. **48/49**, 51, 52, **53**, **104**, **105**
Skabiosenflockenblume, *Centaurea scabiosa* 131, 185, **186**
Sommerknotenblume, *Leucojum aestivum*. 143, **198**, 201
Späte Federnelke, *Dianthus serotinus* 185
Spinnenragwurz, *Ophrys sphegodes* **141**
Steifsegge, *Carex elata* 50
Steinnelke, *Dianthus carthusianorum*. **138**, 140, 144
Steinweichsel, *Prunus mahaleb*. **170**, 171
Steppengrasnelke, *Armeria elongata* 199

Steppenwolfsmilch, *Euphorbia seguieriana* **171**
Stieleiche, *Quercus robur* 140, **200**, 201, 209
Sumpfdistel, *Cirsium palustre* 116
Sumpfschwertlilie, siehe Wasserschwertlilie
Sumpfwolfsmilch, *Euphorbia palustris* 198, **199**
Süßgräser, *Poaceae*. 143
Tannenwedel, *Hippuris vulgaris* 60
Taubnessel, *Lamium maculatum* 106, 108
Teichbinse, *Schoenoplectus lacustris*. **50**
Teichrose, *Nuphar lutea* **51**, **59**, 62
Traubenhyazinthe, *Muscari neglectum* 131
Traubenkirsche, *Prunus padus*. 92, 94, 107
Vergißmeinnicht, Sumpf-, *Myosotis scorpioides* 143
Wacholder, *Juniperus communis* 164, **165**, 184
Waldmeister, *Galium odoratum* 23
Waldrebe, *Clematis vitalba*. **92**
Wasseraloe, siehe Krebsschere
Wasserhahnenfuß, *Ranunculus aquatilis* 59
Wasserhanf, *Eupatorium cannabinum*. 116
Wasserknöterich, *Polygonum amphibium* **58**, 59
Wasserlinsen, *Lemnaceae*. **59**, 61
Wasserpest, *Elodea canadensis*. 61
Wasserschlauch, *Utricularia vulgaris*. 60
Wasserschwertlilie, *Iris pseudacorus* **143**, 201
Wasserstern, *Callitriche palustris*. 59
Wegerich, *Plantago media*. **138**
Weidenröschen, *Epilobium sp*. 118
Weißdorn, siehe Eingriffeliger und Zweikernweißdorn
Weißes Straußgras, *Agrostis stolonifera* 47
Wiesenschaumkraut, *Cardamine pratensis*. **109**
Wilde Weinrebe, *Vitis vinifera subsp. sylvestris* 91
Witwenblume, *Knautia arvensis* 144
Wundklee, *Anthyllis vulneraria* 140
Zaunrübe, *Bryonia dioica*. 123
Zaunwinde, *Calystegia sepium* **90**, 91
Zierliches Federgras, *Stipa eriocaulis*. **168**
Zinnoberroter Kelchbecherling, *Sarcoscypha coccinea* **102**, 103
Zweikernweißdorn, Zweigriffeliger,
    Crataegus laevigata. 123, 164, **165**, 184
Zwergschwertlilie, *Iris pumila*. **172**, **173**, 181
Zwergweichsel, *Prunus fruticosa* 171
Zypressenwolfsmilch, *Euphorbia cyparissias* 164

* *Das Register der Pflanzen und Tiere (unterteilt in Wirbeltiere und wirbellose Tiere) bezieht sich auf die Kapitel von Werner Gamerith. Die* **fett** *gedruckten Seitenzahlen verweisen auf Abbildungen.*

Wirbeltiere

Amsel, *Turdus merula* 113
Äskulapnatter, *Elaphe longissima* **176**, 177
Barbe, *Barbus barbus* **75**, 76
Baumfalke, *Falco subbuteo* 119
Biber, *Castor fiber* 79
Bienenfresser, *Merops apiaster* 42, 174, **178**
Bitterling, *Rhodeus sericeus amarus* **72**, 73
Bläßhuhn, *Fulica atra* **64**
Blaumeise, *Parus caeruleus* 98
Brachse, *Abramis brama* 202
Braunbär, *Ursus arctos* 212
Buntspecht, Großer, *Picoides major* 113
Distelfink, *Carduelis carduelis* 98
Dompfaff, *Pyrrhula pyrrhula* 98
Donaukaulbarsch, *Gymnocephalus baloni* 75
Eisvogel, *Alcedo atthis* **42**
Erdkröte, *Bufo bufo* 65
Feldmaus, *Microtus arvalis* 39
Fledermäuse, *Chiroptera* 98, 114, 178, **179**, 180
Flußregenpfeifer, *Charadrius dubius* 44
Flußuferläufer, *Actitis hypoleucos* 44
Frauennervling, *Rutilus pigus virgo* 75
Gelbspötter, *Hippolais icterina* 113
Gimpel, *Pyrrhula pyrrhula* 98
Glattdick, *Acipenser nudiventris* 76
Grasfrosch, *Rana temporaria* 65, 66
Graue Langohrfledermaus, *Plecotus austriacus* **179**
Graugans, *Anser anser* 123
Graureiher, *Ardea cinerea* **4/5**, **44/45**, 64, **80**, **81**, 83, 210, 211
Grünfink, *Carduelis chloris* 98
Habicht, *Accipiter gentilis* 119
Hausen, *Huso huso* 76
Hecht, *Esox lucius* 73
Hirsch, siehe Rothirsch
Höckerschwan, *Cygnus olor* 64
Hundsfisch, *Umbra krameri* 73
Igel, *Erinaceus concolor* 110
Kammolch, *Triturus dobrogicus, T. cristatus* 66
Karausche, *Carassius carassius* 73
Karpfen, *Cyprinus carpio* 73
Kernbeißer, *Coccothraustes coccothraustes* 98
Kleiber, *Sitta europaea* 98, **99**, 113
Kleiner Teichfrosch, *Rana lessonae* 64
Knäkente, *Anas querquedula* 84
Knoblauchkröte, *Pelobates fuscus* **67**
Kormoran, *Phalacrocorax carbo* 44, **45**, **82**, **83**, 211
Kuckuck, *Cuculus canorus* 113
Lachmöwe, *Larus ridibundus* 82
Laubfrosch, *Hyla arborea* .... Umschlag, **64**, 65, 66, **67**, 207
Mäusebussard, *Buteo buteo* **119**
Moorfrosch, *Rana arvalis* 65, 66, 207
Nachtigall, *Luscinia megarhynchos* 113

Nachtreiher, *Nycticorax nycticorax* 210, **211**
Nachtschwalbe, siehe Ziegenmelker
Nase, *Chondrostoma nasus* **75**, **76**
Pirol, *Oriolus oriolus* 113
Purpurreiher, *Ardea purpurea* **210**, 211
Reh, *Capreolus capreolus* **39**, 112
Reiher, siehe Graureiher
Ringelnatter, *Natrix natrix* 65, 78, **79**
Rotbauchunke, *Bombina bombina* **64**, 65
Rothirsch, *Cervus elaphus* **111**, 112, 113, **120/121**
Rotkehlchen, *Erithacus rubecula* 113
Schellente, *Bucephala clangula* **82**
Schied, *Aspius aspius* 75
Schleie, *Tinca tinca* **73**
Schrätzer, *Gymnocephalus schraetser* 75
Schwan, siehe Höckerschwan
Schwarzmilan, *Milvus migrans* **119**
Schwarzstorch, *Ciconia nigra* 210
Seeadler, *Haliaeetus albicilla* 64, 85
Seefrosch, *Rana ridibunda* 64
Silberreiher, *Casmerodius albus* **80**, 211
Singdrossel, *Turdus philomelos* 110, 113
Smaragdeidechse, *Lacerta viridis* 174, **176**, 177
Spießente, *Anas acuta* 84
Springfrosch, *Rana dalmatina* **65**, **66**, 207
Star, *Sturnus vulgaris* 113, 207
Sterlet, *Acipenser ruthenus* **76**
Stockente, *Anas platyrhynchos* **45**, 82
Streber, *Zingel streber* 75
Sumpfschildkröte, *Emys orbicularis* 65, 78, **79**
Teichfrosch, *Rana esculenta* 64
Teichmolch, *Triturus vulgaris* **66**
Tieflandunke, siehe Rotbauchunke
Uferschwalbe, *Riparia riparia* 42, **156**, **188**
Wachtelkönig, *Crex crex* 210
Waldlaubsänger, *Phylloscopus sibilatrix* 113
Waldmaus, *Apodemus sylvaticus* 110, **111**
Wasserfrosch: Sammelname für See-, Teich- u. Kl. Teichfrosch ... 67
Wechselkröte, *Bufo viridis* **207**
Weißfische, *Cyprinidae* 202
Weißstorch, *Ciconia ciconia* **209**, 212
Wels, *Silurus glanis* 202
Wendehals, *Jynx torquilla* 113
Wespenbussard, *Pernis apivorus* 119
Wildgans, siehe Graugans
Wildkarpfen, *Cyprinus carpio* 73, 202
Wildschwein, *Sus scrofa* 111, 112
Zander, *Stizostedion lucioperca* 73
Ziegenmelker, *Caprimulgus europaeus* 185
Ziesel, *Spermophilus citellus* **177**
Zingel, *Zingel zingel* 75
Zope, *Abramis ballerus* 75

Wirbellose Tiere

Admiral, *Vanessa atalanta* ... 118
Adonislibelle, *Pyrrhosoma nymphula* ... **69**
Aurorafalter, *Anthocharis cardamines* ... **109**
Bänderschnecke, *Cepaea hortensis*,
    C. vindobonensis und *C. nemoralis* ... **110**
Baumschnecke, *Arianta arbustorum* ... 109, **110**
Biene, siehe Honigbiene
Blattfußkrebse, Groß-Branchiopoden,
    Notostraca und *Conchostraca* ... 208
Blaue Holzbiene, *Xylocopa violacea* ... **132**, 133
Blauer Laufkäfer, *Carabus intricatus* ... **110**
Blaugrüne Mosaikjungfer, *Aeshna cyanea* ... **68**
Blutrote Heidelibelle, *Sympetrum sanguineum* ... **68**
Bockkäfer, *Cerambycidae* ... 109, 212
Büschelmücke, *Corethra plumicornis* ... 70
Distelfalter, *Vanessa cardui* ... **116**, 118
Eintagsfliegen, *Ephemeroptera* ... 70
Feuerfalter, *Lycaena dispar* ... **109**
Frühe Adonislibelle, *Pyrrhosoma nymphula* ... **69**
Gebänderte Prachtlibelle, *Calopteryx splendens* ... **69**
Gelbrandkäfer, *Dytiscus marginalis* ... **63**, 64
Gelbrandrüßler, *Chlorophanus viridis* ... **118**
Gelsen, siehe Stechmücken
Heidenwiesenbläuling, Gemeiner, *Lycaeides idas* ... **187**
Gnitzen, *Ceratopogonidae* ... 70
Goldene Acht, *Colias hyale* ... **133**
Gottesanbeterin, *Mantis religiosa* ... **134**
Großlibellen, *Anisoptera* ... 68, 69
Hirschkäfer, *Lucanus cervus* ... **116**
Honigbiene, *Apis mellifica* ... 133
Hüpferlinge, *Copepoda* ... 62
Johanniskäfer, *Lampyris noctiluca* ... 115
Kiemenfuß, *Triops cancriformis* ... **208**
Kleine Goldschrecke, *Euthystira brachyptera* ... **134**
Kleiner Weinschwärmer, *Deilephila porcellus* ... **118**
Kleinlibellen, *Zygoptera* ... **69**
Köcherfliegen, *Trichoptera* ... 70
Königslibelle, Große, *Anax imperator* ... **69**
Krabbenspinne, siehe Veränderliche Krabbenspinne
Kurzfühlerschrecken, *Caelifera* ... 204
Landkärtchen, *Araschnia levana* ... 118
Langfühlerschrecken, *Ensifera* ... 204
Laufkäfer, *Carabidae* ... 44, 110
Leuchtkäfer, siehe Johanniskäfer
Libellen, *Odonata* ... 64, 65, **68**, 114
Maiwurm, siehe Ölkäfer
Malermuschel, *Unio pictorum* ... 72
Mauerbiene, *Osmia bicolor* ... **174**
Maulwurfsgrille, *Gryllotalpa gryllotalpa* ... **204**
Ockergelber Braundickkopf, *Thymelicus sylvestris* ... 133
Ölkäfer, *Meloe proscarabaeus* ... 108, **109**
Osterluzeifalter, *Zerynthia polyxena* ... **142**

Pfauenauge, *Inachis io* ... **116**, 118
Plattbauch, *Libellula depressa* ... **68**, 69
Posthornschnecke, *Planorbarius corneus* ... 71
Rädertiere, *Rotatoria* ... 62
Rückenschwimmer, *Notonecta glauca* ... 70
Sandbiene, *Andrena vaga* ... **188**
Schlammröhrenwurm, *Tubifex sp.* ... 71
Schmetterlingshaft, *Libelloides macaronius* ... **178**
Schwalbenschwanz, *Papilio machaon* ... **133**
Schwarzer Apollo ... **174**
Schwimmkäfer, *Dytiscidae* ... 65
Spinnen, *Araneae* ... 108, **114**, 144
Spitzschlammschnecke, *Lymnea stagnalis* ... 70
Springschwänze, *Collembola* ... 95
Stechmücke, *Culex pipiens* ... 70, 114, **115**
Sumpfdeckelschnecke, *Viviparus viviparus* ... 72
Sumpfschrecke, *Stethophyma grossum* ... 212
Süßwassermeduse, *Craspedacusta sowerbii* ... 71
Teichläufer, *Hydrometra stagnorum* ... 70
Teichmuschel, *Anodonta sp.* ... 72
Traubenkirschen-Gespinstmotte, *Yponomeuta evonymellus* ... **107**
Veränderliche Krabbenspinne, *Misumena vatia* ... **175**
Waldsandlaufkäfer, *Cicindela sylvatica* ... **186**
Wasserflöhe, *Cladocera* ... 62, 63
Wasserjungfern, *Zygoptera* ... **69**
Wasserläufer, *Gerris lacustris* ... 70
Wassermilben, *Hydracarina* ... 56
Weinbergschnecke, *Helix pomatia* ... 109
Widderchen, *Zygaena carniolica* ... **186**
Widderchen, *Zygaena laeta* ... **186**
Wiener Nachtpfauenauge, *Saturnia pyri* ... **174**, 175
Wiener Schnirkelschnecke, *Cepaea vindobonensis* ... **110**
Windenschwärmer, *Herse convolvuli* ... 90
Zuckmücken, *Chironomidae* ... **71**, 202
Zweiflügler, *Diptera* ... 70

Gedruckt mit Unterstützung der Niederösterreichischen Landesregierung und der
Nationalparkakademie des Naturhistorischen Museums Wien
(aus Mitteln des Konrad Lorenz Staatspreises 1998
und der Jacobs Stiftung Zürich)

Bildnachweis

W. Gamerith: alle Bilder außer den hier angeführten.
Bildarchiv Nationalparkinstitut (NPI): S. 222 Mitte/u., 226 ob., 232, 240 li., 243
NPI/L. Beckel: S. 211 ob.; NPI/R. Golebiowski: S. 241 u. re.
NPI/B. Klötzl: S. 225 u. li.
NPI/B. Lötsch: S. 211 u. re., 225 u. re., 226 Mitte, 227–230, 231 u. re.,
234–235, 236 re., 237, 240 re., 241 ob./u. li., 244 ob. li./u., 245 u., 254–255
NPI/K. Momen: S. 211 u. li., 225 ob., 236 li., 239 Mitte, 245 ob., 246
NPI/G. Navara: S. 233 ob., 231 ob./u. li.; NPI/P. Weish: S. 242, 244 ob re.
Lötsch-Film/R. Stifter: S. 222 ob., 233 Mitte/u., 224 ob.
H. Kluger: S. 11; E. Sokal: S. 244 u.

Mitglied der Verlagsgruppe „engagement"

Die Deutsche Bibliothek – CIP-Einheitsaufnahme

Gamerith, Werner:
Donau-Auen : Naturreichtum im Nationalpark / Werner Gamerith
Mit Beitr. von Bernd Lötsch und Reinhold Gayl. –
Innsbruck ; Wien : Tyrolia-Verl., 1999
ISBN 3-7022-2251-0

1999
© Verlagsanstalt Tyrolia, Innsbruck
Umschlaggestaltung: Stefan Glatzl, Innsbruck
Layout: Stefan Glatzl, Innsbruck
Karte: Eva Horak, Orth/Donau
Grafiken S. 235– 238: Dominic Gröbner, aus R. Gayl, Ökologie am Beispiel einer Flußlandschaft;
mit freundlicher Genehmigung des Österreichischen Bundesverlags Wien.
Grafik S. 239: aus Nationalpark Donau-Auen GmbH, NÖ Managementplan 1999.
Lithografie: eurocrom 4, Villorba (TV), und Laserpoint, Innsbruck
Druck: Athesia-Tyrolia Druck, Innsbruck
ISBN 3-7022-2251-0